NOS ADOS.COM
EN IMAGES

Dr Xavier Pommereau

NOS ADOS.COM EN IMAGES

Comment les soigner

Odile Jacob

15, rue Soufflot, 75005 Paris

www.odilejacob.fr

ISBN : 978-2-7381-2324-4

À Françoise, mon épouse et soutien quotidien
À Julie, Charlotte et Léonard, nos trois ex-ados
À Gaston et Lucien, futurs ados.com

Avant-propos

Elles ont entre 12 et 16 ans, parfois moins. Le portable à la main, elles évoluent sûres en apparence de leurs effets. En presque toutes saisons, elles peuvent aller au collège en tenue de plage – shorts, petits hauts dénudant l'épaule, et deux options aux pieds : tongs colorées ou talons hauts. Elles adorent « mixer » les vêtements et accessoires, et tout autant se donner un style romantique, provocateur ou « classe », sans hésiter à puiser dans les clichés d'un autre âge – des dentelles bretonnes aux insignes *peace and love*, en passant par les frous-frous les plus aguichants. Un autre âge ? C'est aussi cela qu'inspire leur allure : elles font beaucoup plus que leur âge réel, et accèdent sans problème à tous les lieux festifs pourtant interdits aux mineurs. Leurs copains ont du mal à être à la hauteur. Ils skatent à fond comme pour essayer de rattraper leur retard de maturité, se jouent des obstacles pour s'affirmer en jeunes guerriers à grand renfort de sweats à impressions « tag », de pantalons de combat et de casques stéréo vissés sur les oreilles. Les mêmes, paradoxe oblige, cultivent la *cool attitude*, vénérant Bob Marley, Che Guevara et Jimi Hendrix qu'ils croient rois du « pétard » et du reggae réunis. Ils ont la coiffure gélifiée façon « sortie du lit » ou la mèche laquée qui tire le rideau sur leur visage. *Fashion* ou non, ils soignent comme jamais leur peau et leur look, allant jusqu'à calculer la chute de leur T-shirt et l'affaissement de leurs jeans. Le point commun de ces filles et de ces garçons ? Ils sont plutôt très réussis ! Leurs parents les ont choyés, protégés, amenés chez l'orthodontiste au moindre défaut dentaire, pour les rendre encore plus beaux. Comment leur reprocher aujourd'hui d'être des narcisses en fleur qui cultivent eux-mêmes leur propre apparence ? Nés avec la révolution numérique, ce sont avant tout des enfants de l'image. Depuis leur premier cliché qui est celui de l'échographie à haute résolution les ayant saisis dans le ventre de leur mère, ils évoluent sous le signe de l'image. Dès la naissance, ils ont été exposés aux objectifs sous toutes les coutures et ont vite appris à « se la jouer » en jonglant avec les tenues et postures pour s'incarner. Et, dans tout ce qu'ils projettent de faire, le paraître est au cœur de l'action. Il leur faut s'autodéfinir, se trouver une appartenance, se mettre en scène, faire savoir leurs goûts et leurs aptitudes, bref *communiquer*. Voici venu le temps des nouveaux ados : les *ados.com*.

Tous sont « branchés » en permanence. En quête de tendances et de liens, ils se rêvent citoyens de la « planète ado », cette constellation scintillante des *stars* de la société de consommation, et savent emprunter ses grandes voies de circulation qui ajoutent au texte l'image et le son. Les ados.com captent mieux que les adultes les nouvelles technologies de l'audiovisuel et ils y nagent comme des poissons dans l'eau, pendant que nous, les « vieux », ramons pour essayer de les suivre. En matière de numérique, ils en savent plus que leurs éducateurs au sens large, ce qui est particulièrement déstabilisant puisque le concept même de transmission éducative se trouve ainsi remis en cause. Non contents d'en remontrer aux adultes qui les ont en charge, dès qu'ils le peuvent, ils n'ont de cesse de vouloir s'échapper, quitte à le faire par la fenêtre de l'Internet. Ils se connectent de plus en plus tôt pour « faire le mur » à leur façon – entre soi, sur Facebook. Ils s'y affichent, se branchent avec des dizaines d'amis, font circuler potins et rumeurs, téléchargent et se téléportent, sans oublier de soigner leur look et d'arborer parures et toilettes de sortie pour rester au *top* en toutes circonstances. Ils veulent séduire en images, et certains trouvent même plus simple de se livrer aux jeux du sexe que d'investir les subtilités des jeux de l'amour. Tous ont en tête de *briller*. Ils jouent des apparences, privilégient la forme au fond, et prétendent n'accorder du crédit aux profondeurs de l'âme que lorsqu'elles peuvent faire surface, apparaître au grand jour, s'exprimer à l'air libre. Ils sont tout entiers tournés vers l'extérieur. À la maison ou en cours, ils se sentent enfermés. L'intérieur est, pour ces nouveaux ados, synonyme sinon de mise à l'ombre, du moins de contraintes liées à la *vie de famille* et à la *vie scolaire*. L'intériorité n'échappe pas toujours à cette vision négative, avec ses doutes et ses angoisses qui trahissent, derrière une superbe assurance de façade, un cruel manque de confiance en soi. L'idéal est de sauver les apparences et de *sortir* – en mode réel ou virtuel –, pour voir ses amis, faire la fête, s'étayer entre semblables, en somme faire corps pour se sentir moins seul et démuni.

Les parents se sentent largués. Et les professionnels en charge d'ados sont loin d'être tous « à jour ». La plupart sont parents eux-mêmes et ils ont souvent l'impression d'être dépassés, débordés, inadaptés pour répondre aux attentes et besoins des ados, des mères inquiètes, des pères arrêtant de jouer en touche, et dorénavant des fratries qui réclament de l'aide. Cette demande est également une nouveauté : à la maison, l'ado.com fait de l'ombre à ses frères et sœurs qui se plaignent de le voir accaparer l'attention parentale avec ses frasques et ses provocations. L'ambiance peut devenir explosive, et les crises des uns faire écho à celles des autres. Les tensions sont également vives lorsque les enfants vivent chez un seul parent et qu'ils jouent de la rivalité pour convoquer le parent manquant, ou que la recomposition familiale elle-même incite aux comparaisons et aux confrontations fraternelles. Les bouleversements sont profonds et surtout rapides, entraînés et majorés par la révolution numérique en marche. Depuis les années 2000, celle-ci attise deux tendances contradictoires : l'affirmation de l'individualité, sur l'air du « soi d'abord », et la quête de liens pour se prémunir des solitudes qui font mal. Le renforcement des *ego* de chacun complique la vie domestique et relationnelle, et la recherche de nouveaux « contacts » ne lui profite aucunement. Les *réseaux* sont davantage investis que les liens de sang. Dans ces conditions, les forfaits téléphoniques sont âprement discutés à table, ainsi que les changements de portable, et les insistances de l'ado.com à disposer de son propre ordinateur ne peuvent être circonvenues qu'au prix de dispositions sans cesse réaménagées concernant l'usage de l'ordinateur familial. Par ailleurs, consommation oblige, les négociations vont bon train pour indexer l'argent de poche à l'inflation, et la situation de « branché » permanent sur laquelle campe l'ado.com oblige à reconsidérer en permanence les limites de ses heures de sortie – qu'il veuille quitter la maison en chair et en os ou s'en évader *via* les ondes et les fréquences du numérique. Et la crainte qu'il confonde la virtualité avec la « vraie vie » croît à mesure que s'invitent à la maison de nouveaux personnages, aujourd'hui l'avatar, demain l'hologramme, avec dans toutes les têtes la perspective du clone qui se profile à l'horizon.

Qu'est devenue l'adolescence, dans tout cela ? Une vaste nébuleuse qui peut s'étirer jusqu'à l'âge de 25 ans, et qui débute de plus en plus tôt. La puberté est aujourd'hui plus précoce, mais le règne de l'apparence conduit les 8-12 ans à se presser aux portes de cet *âge ingrat* pour rejoindre leurs aînés. Et tous n'ont de cesse que de former une troupe homogène où les mineurs jouent aux majeurs pour forcer les accès des discothèques et des sites Internet. *Âge ingrat*, ai-je dit ? Oui, mais pas au sens des manuels de pédiatrie des années 1960. Garçonnets et fillettes n'ont plus grand-chose de disgracieux ou de dégingandé ; ils manquent par contre singulièrement de gratitude envers ceux qui les nourrissent, alors qu'ils se montrent affamés de toujours plus de *reconnaissance*. On les gave, répètent-ils. Ils ne croient pas si bien dire. Ils n'ont jamais été aussi nourris d'aliments et de biens matériels, chosifiés en « objets de toutes les attentions », enveloppés, cocoonés et avertis pour ne rien risquer, traités en purs consommateurs pour pousser comme des champignons, devenir grands avant l'heure et s'employer, espère-t-on, à collectionner les diplômes afin de se faire une situation enviable. Consommer ? Ils sont d'accord. Se sentir libres et sexy, et plus si affinités ? OK, disent-ils encore. Mais, ce faisant, ils s'exposent de plus en plus jeunes à nombre de dangers sans forcément appartenir aux 15 % d'adolescents qui vont mal et le montrent à travers toutes les *ruptures* : fugues, comas éthyliques, IVG précoces, tentatives de suicide, automutilations, addictions aux drogues et aux pratiques informatiques, troubles graves des conduites alimentaires. Ceux-là glacent les sangs de leurs proches. Impossible en effet de se voiler la face : les statistiques indiquent qu'ils sont surreprésentés parmi les victimes des deux premières causes de décès chez les moins de 25 ans – les accidents de la circulation et les suicides.

Les adolescents qui sont censés aller bien ne sont pas tous imperméables à ces orages violents. Les drames pleuvent aussi sur eux et leur entourage. Agressions et « pétages de plombs » en tout genre émaillent les soirs de week-end où l'alcool coule à flots. Avec le cannabis, la cocaïne est aujourd'hui souvent de la partie, attisant mal-être et plans à risques. On veut s'éclater, déclarent les ados.com en fixant leurs Converse pour ne pas croiser notre regard. Ils savent que ces écarts peuvent aller jusqu'à la cassure, et la plupart ne se font pas prier pour admettre que, malgré tout ce qu'on leur donne et met à leur disposition, ils se sentent insuffisamment reconnus, pris en compte, considérés comme de véritables interlocuteurs. Ils n'aiment pas que les adultes leur « collent aux baskets » pour épier leurs moindres faits et gestes, mais ils détestent plus que tout être *transparents*. Lorsqu'ils passent du temps devant leur miroir, c'est pour se rassurer, se raccrocher à leur image, la stabiliser en quelque sorte, sans négliger les essais de nouvelles coiffures ou de maquillage. Et lorsqu'ils cherchent à accrocher le regard des adultes, c'est pour exister à leurs yeux, fût-ce au prix d'évidentes provocations. Au fond, ils sont moins en manque d'apports supplémentaires destinés à les satisfaire, que d'échanges, de rencontres avec des adultes au regard « reconnaissant » – entendons capables de les voir en tant que sujets, acteurs, avec des opinions et des projets. Une crise non de confiance, mais de *reconnaissance*.

Faut-il se contenter de faire un tel constat ? Je suis persuadé du contraire. Les parents sont très seuls et désemparés, avec un corps social qui ne vient plus en appui et qui joue l'indifférence, sauf lorsqu'il est l'objet de violences antisociales et qu'il se révèle à son tour violemment « antijeunes » au nom du moindre fait divers. Les parents ont besoin d'aide et de conseils pour savoir comment offrir aux ados des *espaces d'évolution* adaptés et supportables. Et les professionnels de l'adolescence, qu'ils soient enseignants, éducateurs ou soignants, ont à réaliser que leurs méthodes et leurs outils devenus obsolètes sont à réviser. Doivent-ils ouvrir davantage de Points Écoute au profit d'ados qui n'ont rien à dire et tout à montrer ? Ou continuer à attendre en cabinet une « demande » qui ne vient pas ? L'urgence est à l'adaptation. Les ados qui peuvent parler de leurs tensions et de leurs aspirations sont évidemment à entendre et à écouter. Mais ceux dont le langage n'est pas le nôtre doivent aussi être entendus à leur manière – en l'occurrence *être vus* pour ce qu'ils ont à nous faire voir. Eux se mettent en jeu et en scène, plus qu'ils ne mettent en mots leurs pensées et leurs ressentis. Pour entrer en communication avec ces ados d'aujourd'hui et ouvrir le dialogue, nous devons nous intéresser à leur look, à leurs modalités d'incarnation et de présence au monde, aux nouvelles technologies qui les projettent dans l'action. Nous montrer bienveillants, accorder de l'importance à leurs représentations, promouvoir leurs talents créatifs et accepter d'investir des terrains d'échange qui ne soient pas sous notre contrôle exclusif. En somme, modifier notre regard sur eux et miser sur leurs compétences plutôt que sur leurs insuffisances.

Je suis un spécialiste de l'adolescence qui travaille depuis vingt-cinq ans auprès de jeunes en grande difficulté – suicidaires ou anorexiques-boulimiques. Je les ai vus exprimer leur mal-être de plus en plus précocement et recourir de manière croissante aux actes de rupture plutôt qu'aux mots pour dire leur souffrance. Et j'ai pu constater que, à l'instar des mentalités et des modes de vie ayant évolué avec les nouvelles technologies, l'expression des troubles suivait une même inclination – en l'occurrence, davantage de mises en images et de mises en scène de soi. Les ados qui souffrent le communiquent à travers des expositions d'apparences et de postures tranchant dans le vif des chairs et des relations à autrui. On répète à l'envi qu'en conséquence ils ne sont pas représentatifs des jeunes de la population générale. C'est vrai qu'ils sont excessifs et hypersensibles, à l'affût de tous les expédients pour « s'oublier », ne plus penser, fuir sous diverses formes. Amateurs de sensations fortes et de flashs ordaliques aux couleurs du célèbre « ça passe ou ça casse », ils s'exposent à feu et à sang et le font avec éclat, en brillant par leur absence ou en forçant les traits de leur présence, de peur qu'on ne les voie pas. Mais en passant de la simple incartade au grand écart, puis aux déchirures de toutes natures, eux aussi témoignent d'un immense besoin de reconnaissance, avec le secret espoir d'exister autrement, fût-ce à titre posthume. Enfants de l'image comme les autres, les ados qui vont mal révèlent en caricature ce à quoi tous les ados aspirent : *se mettre à l'épreuve* pour davantage exister… au risque d'en mourir.

Après avoir fait valoir que petits et grands excès demandent à être pris en compte, on pourrait s'attendre à ce que j'invite les adultes à exercer une surveillance plus étroite des allées et venues des ados en ville ou sur le Web, en leur conseillant de les protéger de l'influence néfaste des images violentes et suggestives. Dans une telle perspective, on trouverait également normal que je les engage à lutter encore un peu plus contre les prises de risque qu'adoptent les ados lorsqu'ils cherchent à s'éprouver, à se mesurer et à s'afficher sans avoir pleinement conscience des dangers réels ou virtuels auxquels ils s'exposent. Avec quels moyens de prévention ? En les avertissant, en les empêchant de sortir et en punissant les fauteurs de troubles, tout en se gardant bien d'admettre que le caractère simpliste d'une telle solution annulerait du même coup l'énoncé du problème. Et l'on ne serait pas surpris qu'enfin je recommande de chercher à en savoir plus en amenant les ados à se mettre à table pour répondre de leurs actes, aux accents de : « Parle, qu'est-ce que tu as ? »

Vais-je affirmer à présent qu'il faut procéder autrement ? Oui, effectivement, et en voici les arguments. Il n'est évidemment pas dans mon intention de nier qu'un cadre est nécessaire à tout espace d'évolution. Et que ce sont les adultes qui encadrent les ados, et non le contraire. Aux premiers revient la charge de signaler aux seconds les écueils à éviter et de leur apprendre à les contourner ou à s'en éloigner. Mais encadrer ne veut pas dire détenir, et tout empêchement qui par son exagération oblige le sujet à se soumettre suscite la résistance. La limite est au sens étymologique un *entre-deux*, un espace de confrontation qui doit permettre aux protagonistes d'échanger, de se tolérer et de reconnaître mutuellement leurs frontières réciproques, sans quoi le plus faible aura le sentiment d'être non respecté ou envahi par l'autre. Nous devons matérialiser, chaque fois que nous le pouvons, cette distinction entre les ados et nous, les adultes, car c'est une preuve tangible que nous les prenons en considération. Savoir garder nos distances et ne pas confondre surveillance et vigilance. Entre écarts et écrans, les ados cherchent aussi à se donner de la marge et du jeu. Leur appétence pour les écrans du numérique n'est pas qu'un effet de mode. Ces écrans sont à la fois miroirs (plus ou moins déformants), surfaces de projection et rideaux destinés à se protéger. *Espaces entre-deux de distinction*, pourrait-on les appeler, qui séparent et relient, s'offrant comme les prolongements numériques par lesquels les ados.com peuvent appréhender le monde. Et tandis que ces nouveaux espaces d'évolution s'offrent *sans limites*, tout se passe comme si les ados devaient s'acharner à interroger et à mesurer les *prises de distance* qui les distinguent ou les rapprochent des pairs et des adultes. Comment ? En faisant varier les plaisirs de voir sans être vus, de se lier virtuellement sans réellement s'attacher, de jouer au montré-caché, d'exhiber une vraie fausse intimité, et d'user selon les circonstances du patronyme véritable ou du pseudo. L'un des paradoxes de l'ado.com est de s'employer à échapper à notre angle de vision, tout en ne cessant de se produire devant nos yeux pour qu'on le reconnaisse et le contienne. Et les ados qui vont mal sont en la matière les figures radicales et extrêmes de ceux qui vont bien.

Depuis que je me suis engagé, avec les équipes soignantes du centre Abadie, à définir un lieu thérapeutique où le cadre matériel participe des soins, en appui des compétences de chaque intervenant, j'ai pu réaliser l'importance de travailler avec les métaphores. J'affirme aujourd'hui qu'une modalité de soin, quelle qu'elle soit, ne saurait s'intégrer utilement à l'ensemble du dispositif mis en place que dans la mesure où elle entre en cohérence avec les autres éléments thérapeutiques, selon la loi fondamentale suivante : ce qui est vrai au sens propre l'est aussi au sens figuré, et *vice versa*, sauf exception qui confirme la règle. Ces derniers temps, constatant que les ados que nous recevions affichaient davantage leur souffrance qu'ils ne l'exprimaient par la parole, j'ai fini par avoir la conviction que nous devions nous saisir de cette évolution plutôt que la déplorer. Puisque ces ados veulent tant *se mettre à l'épreuve* pour exister, pourquoi ne prendrions-nous pas ce besoin au pied de la lettre et dans tous les sens du mot « épreuve », en leur proposant de relever des défis consistant à jouer de leur image, à s'autoreprésenter le plus fidèlement possible en effigie matérielle ou en avatar numérique et à s'incarner dans le look de leur choix, jusqu'à tirer d'eux les clichés instantanés les plus impressionnants et les plus explicites. L'expérience est en cours, mais les résultats déjà obtenus sont spectaculaires. Sans qu'elles destituent ou amoindrissent la valeur des entretiens et des groupes de parole destinés à favoriser l'expression verbale, ces nouvelles pistes se révèlent particulièrement fécondes. Là où le dialogue se refermait en impasse, renvoyant soignant et soigné à la vacuité d'un interrogatoire prétendant extraire la souffrance sous la forme d'aveux, nous obtenons maintenant un véritable échange autour d'un support projectif chargé – comme on s'en doute – de signes et symboles *à haute valeur ajoutée métaphorique.*

Partis de la création intuitive d'un cadre d'évolution spécifique et de la constitution d'un « corps groupal » de jeunes gens identifiés autour des mêmes problématiques, nous avons matérialisé des coupures faisant écho aux ruptures de l'ado.com en souffrance, puis nous avons travaillé sur les contours de son espace – sa chambre, sa silhouette, ses formes –, avant d'en arriver à des mises en représentation très individualisées, allant du jeu des tenues sur soi-même à l'habillage et à la personnalisation d'un « double » – doudou ou poupon remanié, figurine simili vaudou en pâte à modeler, jusqu'à l'avatar créé sur écran, élément par élément. Observable sous le regard croisé du patient et du soignant, l'objet réel ou virtuel incarnant ce double fonctionne à double détente : il fournit au soignant les clés du néolangage de l'ado.com, fût-il « en vrille » ; il libère la parole de ce dernier en lui permettant de prendre du recul par rapport à lui-même.

Je suis persuadé que l'accès à ce nouveau langage par l'image de l'ado.com peut s'avérer très utile à tous les adultes qui ont des ados en charge. Non pour avoir un lexique qui traduirait de manière simpliste chacun de leurs faits et gestes, mais pour améliorer la communication avec ceux qui se déchirent, comme avec ceux qui maintiennent un cap acceptable, au prix de quelques écarts de conduite. *Aucun ne fait jamais n'importe quoi*, c'est une certitude. Ils « parlent couramment » la langue numérique de leur époque, et nous devons chercher à la comprendre pour faire évoluer nos attitudes, nos repères éducatifs, nos actes de soins et nos représentations les concernant.

À travers le récit de ma propre évolution, celle de mon équipe, et les changements de comportement que nous avons observés chez les jeunes en souffrance, c'est le but du présent livre que d'inviter parents et professionnels à porter un regard différent sur les jeunes d'aujourd'hui, pour mieux savoir les aimer, les « entendre », les instruire et les soigner.

Partie I

L'URGENCE DE LES « ENTENDRE »

CHAPITRE 1

Nos ados aujourd'hui : des enfants de la com'

La révolution numérique est en marche et, avec elle, le règne de l'image atteint des sommets. Après avoir investi les blogs, l'ado.com dispose aujourd'hui d'une page Facebook sur l'Internet et, de plus en plus souvent, d'une webcam et d'un smartphone pour ajouter à l'appui des mots la saisie des photos à échanger avec ses amis. Et, lorsque l'un d'entre eux veut quelques clichés de lui, l'ado.com prend tout naturellement la pose devant l'objectif comme un mannequin professionnel rompu aux podiums de la mode, voire s'autophotographie puis lui expédie son fichier « jpeg ». Commencée avec l'arrivée du CD, il y a un peu plus de quinze ans, cette révolution – démultipliée par le boom de l'Internet – est aujourd'hui *adolescente*. On ne sait ce qui nous attend dans les dix ans à venir. Une quatrième dimension qui rendra la 3D obsolète ? Des vies virtuelles à animer en parallèle à la « vraie vie » ? La « téléportation » de nos hologrammes en guise de voyages ?

Nés avec cette révolution ou dans son sillage, et eux-mêmes objets d'une autre mutation, celle de l'incontournable puberté, nos ados.com ne semblent pas s'inquiéter du devenir de la *réalité*. Ils sont en phase avec les nouvelles technologies. Ils ne se contentent pas de porter sur eux ces outils de communication qu'ils consultent sans arrêt, ils font corps avec, se projettent et s'incarnent en allures « branchées » et « stylées » à travers looks et déplacements en souplesse. Malgré tous nos efforts, nous sommes beaucoup moins à l'aise... Et comme toujours face à l'inconnu et à ce que l'on ne maîtrise pas, la tentation est grande de diaboliser l'influence de la mode et de dénoncer les écrans installés chez soi – hier, ceux de la télévision, aujourd'hui ceux du numérique entrés chez nous par la petite porte et qui occupent maintenant le terrain, bouleversant nos pratiques et contestant nos connaissances. Nous savons en notre for intérieur que rien ne peut stopper cette révolution, sauf catastrophe planétaire. Nous nous sentons forcés à l'ouverture et à l'adaptation, et cela nous coûte dans tous les sens du terme. D'autant plus que nos résistances comme nos insuffisances n'échappent pas aux ados.com qui s'en régalent, trouvant en la matière de quoi nourrir la nécessaire désacralisation du « modèle parental ». Une désillusion qui commence d'ailleurs de plus en plus précocement, avant même la puberté, et qui s'appuie sur l'aisance et l'apparente liberté d'action que leur donnent ces outils numériques, ainsi que sur la profusion de figures d'identification, les fameuses « stars », qui rayonnent sur tous les écrans et semblent maîtriser leur image et leur communication. Pour nous adapter et cesser de souffrir en secret face à ces changements, nous devons voir les choses en face et examiner les principales cartes de cette nouvelle donne.

Une main digitale pour saisir le monde

Les technologies du numérique font non seulement partie du quotidien des adolescents d'aujourd'hui, mais elles les complètent et les prolongent *physiquement*. Chez les ados.com, les messageries, les listes de contacts et les accès de l'Internet composent un véritable « cœur numérique ». Une pulsation de silicium qui bat au rythme du cœur des pairs, assurant par le tempo incessant de ses « alertes », un tam-tam qui nous échappe. Et l'agilité de leurs doigts lorsqu'ils pianotent sur les claviers et les écrans tactiles de leurs appareils, même si elle nous agace et nous laisse pantois, confirme qu'ils ont aussi la main numérique. Cette « digitalité », ils l'utilisent pour *saisir, donner, recevoir* et *échanger,* en d'autres termes « (re)prendre la main » sur le monde. Le « petit » et le « grand » monde – c'est-à-dire le leur, celui de leur entourage immédiat, comme celui plus vaste de la planète à découvrir, à l'âge où leurs propres bouleversements les obligent à s'approprier leurs forces nouvelles et à les mettre à l'épreuve en dehors du giron familial. Mobiles et portables en tout genre fournissent aux adolescents une formidable « main virtuelle » pour se lancer dans cette exploration, une main agissante au bout d'une connexion tellement *sans fin* et *sans fil* qu'elle symbolise une liberté nouvelle les sortant de la position de jouets de parents marionnettistes. Elle leur permet de s'extraire du cadre familial et scolaire pour s'aventurer sur l'Internet, s'écarter des « clics » recommandés, et s'inventer même des personnages dotés de superpouvoirs. Bref, réaliser une échappée belle hors des chemins balisés.

Les adolescents s'en saisissent à mesure que le progrès technologique le leur permet et, il faut bien le dire, que le mode de vie qu'ils subissent les y oblige – la société et leurs parents cherchant à les dissuader toujours davantage d'explorer la rue et la cité censées les exposer à tous les dangers. Depuis qu'ils sont tout petits, nous ne cessons de vouloir les protéger et les mettre en garde, préférant les voir jouer à l'abri de telle ou telle « activité » parfaitement encadrée ou dans le cocon douillet de leur chambre. Nous craignons tout ce qui pourrait menacer leur *intégrité physique*, exigeant garanties et mesures de protection en tout genre pour qu'il ne leur arrive rien de fâcheux. Et, sans toujours en avoir conscience, nous avons très tôt entraîné les enfants du « risque physique zéro » sur la voie de la virtualité pour qu'ils se tiennent tranquilles. La vie est violente et cruelle, et le monde extérieur dangereux ? Pour qu'ils l'oublient, nous avons cherché à leur offrir un havre de paix et de douceurs où le *soft* s'est décliné sous toutes les formes – du doudou au joystick, en passant par la tendre moquette de leur chambre. Familiers de la télévision, nous avons veillé à ce que celle-ci diffuse des programmes édulcorés destinés à leur jeune public, assortis de messages de prévention. Et nos enfants se sont saisis de l'écran de la télé pour suivre ces programmes et les relayer avec leur console de jeux... Sans le savoir, nous avons contribué à « virtualiser » leur ouverture au monde, les incitant curieusement à se désincarner pour qu'ils restent sains et saufs. Nous connaissons la suite : ce que nous leur interdisons de faire dans la vraie vie, ils se l'autorisent par la voie des ressources virtuelles ; et la violence du monde et de la vie dont nous prétendons les épargner, ils l'approchent et la traitent à leur façon dans ces jeux vidéo hyperviolents qu'ils maîtrisent à la perfection.

Il y a là matière à réflexion, même si l'on sait que ceux qui s'adonnent à ces pratiques avec démesure sont aussi ceux qui s'exposent corps et biens à tous les dangers. La transmission éducative ne saurait se résumer aux mises en garde affichées sur les écrans, pas plus qu'elle ne peut reposer sur l'étendue des « ouvertures virtuelles » auxquelles elle donne accès. Les systèmes informatiques dits *éducatifs* ne sont que des outils. Les « transmetteurs » les plus puissants sont les adultes qui ont en charge enfants et ados. Leur autorité et les enseignements qu'ils dispensent n'ont de portée que s'ils sont incarnés, soutenus par un engagement affectif et une *présence* perceptibles. De leur côté, les enfants ou ados à qui cette transmission s'adresse doivent pouvoir vivre tous les aspects (négatifs ou positifs) de cette confrontation, *en chair et en os*. Ce qu'ils savent obtenir tout seuls, ce sont les sensations fortes qu'ils se procurent jusqu'à saturation. Ce qui leur manque, ce sont les expériences bien réelles qui les reconnaissent et les mettent en scène. Les faire passer de la position de consommateurs passifs à celle d'acteurs mus par l'envie de faire des recherches et des projets, tel devrait être notre objectif, à condition que nous ayons la volonté de les accompagner et d'enrichir leurs perceptions afin qu'ils en tirent des conclusions utiles à leur esprit critique.

Il n'en demeure pas moins que la magie de la « désincarnation numérique » existe, et qu'il faut aussi la reconnaître. S'affranchir des contraintes et des limites de son propre corps n'a pas que des aspects problématiques, loin de là. Nul ne peut contester son intérêt lorsqu'il s'agit par exemple de visiter un site inaccessible physiquement, et de le faire avec les apports enrichissants que confère cette nouvelle technique appelée *réalité augmentée*[1]. Personne ne peut nier son extraordinaire utilité pour dépasser l'inaptitude d'un corps défaillant, malade ou paralysé. Chacun sait également que le principe de virtualité numérique est à la base d'outils thérapeutiques fort utiles au service de ceux qui souffrent de phobies, ces peurs paralysantes faisant éviter certaines relations ou situations angoissantes, et pour qui la pacification du corps réel passe par l'exposition du corps virtuel à ces sources d'angoisse, afin de les apprivoiser peu à peu et de les supporter dans la vraie vie. Chez les ados.com, la *main digitale* permet de s'affranchir des premiers blocages relationnels que la timidité et l'inexpérience

1. Insertion d'images de synthèse 3D sur les images du monde réel.

provoquent lorsque la rencontre est vécue comme un *corps à corps* trop exposant. Prendre la plume numérique, fût-ce de manière phonétique, leur permet de « faire écran » au pied de la lettre et de filtrer ainsi les messages émis. En même temps qu'elle les protège, cette même ressource les autorise à réduire toutes les « distances » qui les séparent du groupe des pairs ou des adultes qu'ils veulent contacter. Ils s'écrivent beaucoup entre eux et s'adressent de plus en plus aux professionnels qui les ont en charge par SMS ou mails interposés pour solliciter un avis ou faire une demande. Et tandis que nous les attendons aux « portails informatiques » que nous mettons en ligne pour les recevoir, eux savent se procurer ou reconstituer nos adresses électroniques pour entrer directement sur nos propres portables ou ordinateurs de bureau.

Les mêmes ados qui se plaignent d'avoir toujours leurs parents sur le dos et de devoir rester à l'abri des risques et des mauvaises fréquentations, sont avidement en quête de contacts et de liens pour rompre leur vécu de solitude, et ce d'autant plus qu'ils éprouvent à tort ou à raison de la part de leurs proches un sentiment de non-reconnaissance. Ils se sentent souvent seuls et incompris, ce qui en soi n'est pas nouveau, mais disposent à présent d'une puissante main digitale qui se transforme en *main tendue* pour se lier à des « correspondants » et ainsi se sentir moins soumis à l'ordre adulte. D'où le succès des réseaux sociaux et des guildes de jeux vidéo, avec pour tous les adolescents « branchés » un axe commun, se reconnaître entre *semblables*, selon deux options reflets de leur mode de relation à l'autre : soit chercher, sinon l'âme sœur, du moins l'alter ego qu'il faudra s'employer à rencontrer *en vrai*, soit rester anonyme et distant, caché derrière son avatar et son pseudo, pour éviter la réalité, la complexité et l'évolution non maîtrisée de la vraie rencontre. Sans parfois réaliser que les correspondants usent des mêmes subterfuges pour masquer des desseins inavouables.

Restent-ils sages comme des images ?

Photographiés et filmés sous tous les angles depuis leur plus tendre enfance, les ados.com sont eux-mêmes devenus producteurs de leurs propres images. La plupart se sont affichés et répandus sur les blogs – ces journaux indûment prétendus intimes mis en ligne sur l'Internet et exposés aux regards de tous –, avant de connaître le réseau social Facebook, *alias* « trombinoscope », en anglais. Celui-ci connaît un succès confondant. Selon le quatrième Baromètre *Enfants & Internet*[1], 75 % des jeunes Français âgés de 13-17 ans étaient membres de Facebook en juin 2010, chiffre sans doute à revoir à la hausse fin 2011. Ce réseau social est devenu à la fois leur nouvel album photo interactif et un carnet de correspondance ouvert aux internautes autorisés à y entrer et appelés « amis ». Là encore, les adolescents ont l'impression d'avoir la haute main sur l'image qu'ils donnent d'eux-mêmes. Ils veulent s'exposer, « se voir » dans tous les sens du terme, être vus, ouvrir ou fermer à volonté le rideau du spectacle de leur vie quotidienne. *Ils se produisent* et n'hésitent pas à remanier textes et photos qui les concernent, jusqu'à devenir en quelque sorte « sculpteurs de pixels », capables de s'incarner virtuellement dans des avatars plus vrais que nature.

Les ados.com n'en restent pas à la *haute résolution* numérique d'eux-mêmes. Sans doute parce qu'ils aspirent à jouer un rôle reconnu d'*acteurs,* au lieu de continuer à

1. Agence Calysto, *Un clic, déclic : le tour de France des établissements scolaires*, avec le soutien de La Voix de l'enfant, 2010.

être traités en purs consommateurs, ils se livrent au jour le jour à un véritable travail de mise en valeur personnelle à travers ce qu'ils donnent à voir : le fameux *look*. Vêtements, accessoires, parures et postures entrent au service d'une « autodéfinition » de soi dont les *marques*, ou à l'inverse les *démarques* revendiquées, signent le groupe d'appartenance ou la tendance du moment. Les appellations des tenues changent, évoluent ou se conjuguent au gré des courants de la mode, répondant à la fois à des exigences commerciales qui échappent aux ados et au besoin qu'ils éprouvent de se distinguer des adultes s'employant à les singer. Garçons et filles « se cherchent » par looks interposés, ce qui n'est pas non plus très différent de la génération de leurs parents. Malgré une éducation qui se veut plus égalitaire qu'auparavant, les stéréotypes sociaux ont la vie dure. Ainsi, le look « banlieue » est connu pour ses vêtements de sport à capuche arborant ostensiblement des marques réputées « bourgeoises ». Et le look « urbain » se porte à la ville comme à la campagne, selon diverses déclinaisons mais généralement une différence par sexe très marquée.

Outre la précocité d'investissement des enfants dans l'élaboration de leur look, la vraie nouveauté est sans aucun doute l'importance en temps et en énergie que consacrent les ados.com à leur apparence. Le règne du paraître les oblige à adopter un *rôle de composition* – ce que le *Petit Larousse* définit très précisément comme « la représentation par un comédien d'un personnage très typé qui nécessite une transformation et un travail de l'expression, de l'attitude, du physique ». La plupart ont pour objectif de suivre les tendances de la mode pour s'intégrer au groupe des pairs, plaire et s'y distinguer à travers des codes partagés entre amis ou membres d'un sous-groupe d'appartenance. Les garçons optent souvent pour la « cool attitude » en misant sur des tenues décontractées, teintées de nuances « macho », « sportive » ou « hippie », tandis que nombre de filles n'hésitent pas à porter très jeunes des tenues incroyablement sexy, à grand renfort de petits hauts échancrés, de jupes ou shorts ultracourts et de bas résille faisant hurler leurs mères féministes. Le jeu principal consiste à faire plus vieux que son âge, tout en conservant doudous et peluches au titre de reliquats de la petite enfance. Cet affichage paradoxal est emblématique du *jeu des apparences* auquel se livrent les ados.com. Il tente de masquer mais trahit à la fois un besoin éperdu de sentimentalité où dominent la tendresse et l'affection. Une dépendance affective persistante qu'ils ne cessent de dénoncer sur tous les tons, mais qui continue à transparaître à travers les « branchements » matériels ou spirituels dont ils semblent ne pouvoir se passer. Aux cordons des écouteurs qui ne les quittent pas, ils associent des T-shirts à l'effigie de certains héros de leurs parents qu'ils confondent en une même figure de rebelle intemporel. Ils ajoutent des « codes de consommation » qui font intégralement partie du look et qui sont justement réputés rendre *dépendants*. Ces marqueurs qui prétendent trancher avec le monde de l'enfance et s'affirmer contre la volonté des parents, sont, dans l'ordre d'apparition le tabac, l'alcool et le cannabis. Pour « poser » devant son collège, un ado.com peut s'afficher non loin de l'entrée avec telle marque de cigarettes en évidence, un pack de bières à la main et un pendentif en forme de feuille de cannabis au cou. D'autres s'appliquent à revêtir des tenues passe-muraille pour jouer la discrétion, et certains préfèrent s'affirmer dans le style « *no look, no drug* » qui réalise un autre uniforme.

En apparence, la provocation se décline sous toutes les formes. À commencer par celle du *désir*, avec une incontestable « sexualisation » précoce des tenues et des attitudes, puis des pratiques. Pour beaucoup d'ados.com, la sexualité se résume au domaine des plaisirs du corps et peut se pratiquer sans être nécessairement liée aux élans sentimentaux. Le message est explicite : les sensations peuvent l'emporter sur les émotions. Garçons et filles partagent cette idée, même si derrière cette « décontraction » de façade se profilent avec la même vigueur qu'auparavant deux angoisses vieilles comme le monde : le sexe et la mort. Les ados.com ne cessent de les conjurer en assortissant leurs tenues à leurs états d'âme – le rouge et le noir restent très *tendance* – et en raffolant frissonner aux films de vampires ou de morts vivants. À travers ce qu'ils donnent à voir, la provocation vise aussi à se démarquer des parents, tout en sollicitant leur attention. En l'absence de rites de passage instaurés par le corps social afin de marquer la transition enfance âge adulte, les adolescents semblent devoir définir leurs propres « passages », pour à la fois se situer et susciter des réactions de notre part. La radicalité ou l'outrance du look signale évidemment une fragilité identitaire à la mesure de l'énergie déployée pour provoquer, trancher, rompre avec la norme, dans le but de *se définir* et de *se faire reconnaître*. Tous les ados ne sont pas des adeptes des *skins parties*, heureusement, mais ce mode festif les intéresse. Il s'agit de soirées de lâchage organisées chez quelqu'un ou dans un lieu désaffecté, où les provocations le disputent aux mises en scène délibérément outrées. Rappelons que ce sont des « parties » qui semblent improvisées, alors qu'elles sont en réalité organisées en détail. Chaque participant est prévenu au dernier moment de l'heure et du lieu, *via* Facebook. Chacun peut arriver habillé comme il le souhaite, l'important est que sa tenue choque. Garçons et filles se mélangent et conjuguent alcool, drogues, sexe et musique électro de façon débridée. Ce modèle caricatural de « fête orgiaque » s'inspire de *Skins* – une série télévisée britannique sortie en 2007 et accessible sur

Canal+ ou sur le Web. En anglais argotique, *skins* signifie « papier à rouler » (sous-entendu utile à la confection des joints), mais le mot veut dire aussi « peau », au pluriel, car l'objectif de chaque épisode de la série est de mettre les spectateurs *dans la peau* d'un des personnages – un ado plongé avec ses pairs dans la vie dissolue de lycéens d'un établissement scolaire fictif. La série, volontairement « déjantée », traite avec un humour trash et sans détour les sujets qui fâchent ou se révèlent sensibles, comme le sexe, la drogue, l'anorexie, l'homosexualité, la détresse morale, etc., autant de sujets qui figurent parmi les préoccupations adolescentes.

« Lâchez-nous, mais surtout ne nous laissez pas ! »

Ce slogan des ados.com, nous l'avons tous en tête. Ils réclament à cor et à cri que l'on cesse d'être *sur eux*, c'est-à-dire toujours en train de les surveiller ou de leur demander des comptes, et de les mettre en garde. Ils nous reprochent de leur « prendre la tête » en les assommant de recommandations scolaires qui négligent leurs vues et leurs projets. Et ils considèrent que nous leur brossons de l'avenir un portrait trop souvent exagérément sombre. Ont-ils tort ? C'est un fait que nous sommes soucieux de leur devenir et que certains d'entre nous leur transmettent leurs propres angoisses. C'est également vrai que nombre d'adultes qui s'adressent à eux confondent invitations au dialogue et exhortations à se justifier. Est-ce cet excès d'attentions et de pressions que les ados.com cherchent à fuir ? Toujours est-il qu'ils sortent, fument et boivent beaucoup les soirs de week-end, comme s'ils voulaient se mettre entre parenthèses, oublier les contraintes, annuler les attentes parentales. Les moins de 16 ans qui le peuvent, rejoignent les plus grands à qui ils ressemblent « comme deux gouttes de vodka » – l'alcool fort plébiscité par les jeunes. Au cours de véritables beuveries, les plus radicaux *se lâchent* eux-mêmes, mais ils le font sous nos yeux, sur les places publiques, avant de laisser en évidence les traces de leur passage sous forme de cadavres de bouteilles jonchant le sol et de traînées de vomissures. « Ivres morts et malades, de peur de s'assumer », pourrait-on traduire en mots ces images destinées à heurter. « Et ne nous abandonnez pas à notre triste sort ! », semblent ajouter ceux qui ont été jusqu'au bout de la nuit, s'exposant à tous les risques. N'espèrent-ils pas secrètement que nous réagissions ? Mais comment le faire sans tomber dans l'excès de l'« interdiction de bouger » qui n'appellerait que l'envie de transgresser ?

Les adolescents attendent qu'on les contienne sans les enfermer ni les empêcher de bouger. *Contenir sans détenir*, un programme difficile et surtout très fatiguant à mettre en œuvre. À la maison, plusieurs fronts sont concernés. Citons, entre autres : la participation minimum aux activités domestiques ; la tenue jugée correcte pour se rendre au collège, ni provocante ni trop négligée ; le temps consacré aux devoirs ; les heures et les modalités de « sortie » – en chair et en os, et *via* l'Internet ou les jeux vidéo ; les emportements et les paroles blessantes, de part et d'autre, etc. À l'école et en ville, des règles identiques doivent établir clairement les conditions des allées et venues, ainsi que celles des *tenues* au sens propre et au figuré. Deux points sont essentiels : d'une part, l'application des lois ne supporte aucun accommodement, que l'on soit ado ou adulte ; d'autre part, chaque fois que possible, en contrepartie des interdits adressés aux ados, il est important d'énoncer des autorisations qui puissent leur donner une liberté de mouvement tolérable. Par exemple, à l'heure du numérique, l'usage du portable au collège mériterait deux mesures : son interdiction formelle en classe, son utilisation acceptée en récréation et dans la cour. De telles dispositions nécessitent des accords entre adultes et des échanges avec les ados pour que règles et mesures soient bien comprises et bien posées. La cohérence interparentale est indispensable, le soutien mutuel parents-enseignants est éminemment souhaitable, et la solidarité des autres adultes du corps social est espérée mais, hélas, rarement au rendez-vous. Tous les adultes auraient pourtant un rôle à jouer pour ne pas laisser les parents et les éducateurs de métier gérer seuls les situations difficiles et trouver des réponses appropriées. La désolidarisation du corps social dans une société hyper-individualiste est un aspect important du problème qui explique l'épuisement et le découragement de certains adultes.

C'est un enjeu sociétal majeur : les ados.com ne peuvent pas être renvoyés à eux-mêmes pour à la fois appliquer à la lettre nos vues concernant leur avenir et explorer le monde d'une façon qui nous convienne. Les avoir *en charge* suppose que nous acceptions de définir et de préserver des espaces d'évolution tolérables.

Nos peurs et nos reproches

Les excès des ados.com en matière de consommation de substances licites ou illicites – et surtout leurs conséquences – ne sont évidemment pas les seules inquiétudes qu'ils suscitent. L'insistance avec laquelle ils clament un autre slogan qui pourrait s'intituler « Un look, sinon rien ! » agace les parents et les préoccupe. Ces derniers n'y voient qu'artifices et fantaisies superflues, là où les ados considèrent devoir se plier à des exigences de conformité vis-à-vis des pairs. Et si les parents finissent par tolérer une certaine dose de provocation, le look et les postures décontractées de leurs ados leur font craindre qu'ils soient mal jugés par les autres adultes et que cela leur soit préjudiciable. Ils redoutent aussi que les petits hauts affriolants et les mini-jupes assorties portés par les adolescentes ne les transforment en « objets de désir » à la merci de toutes les convoitises. Quant aux demandes de piercing ou de tatouage, elles font non seulement courir des risques hygiéniques, mais elles attaquent directement la conception que les parents se font de leur rôle de garants de l'intégrité physique de leurs enfants. Pour tout remerciement des bons soins prodigués lorsqu'ils étaient bébés, voilà ces derniers prêts à *risquer leur peau* du haut de leurs 15 ans, tout en prétendant afficher, à travers ces marques cutanées, une appartenance à une autre « tribu » que celle de leur famille.

Les accès et les multiples usages des nouvelles technologies qui déclinent à l'envi le besoin de sortir du giron familial, suscitent également la crainte que les ados.com ne finissent par être emportés par cette lame de fond et qu'ils s'y noient. Tous les adultes sont conscients qu'ils savent faire sauter les verrous de « contrôle parental » puisqu'ils connaissent mieux que quiconque les arcanes du numérique. Cette « science infuse » dont ils font preuve bouleverse nos repères éducatifs. Et les promesses de gratuité, d'égalité, de générosité et de pacifisme que véhicule l'Internet nous semblent suspectes. Que cachent-elles ? À nous de chercher les pièges, tandis que nos valeurs sont menacées par une moralité qui paraît à géométrie variable. Les ados.com sont à l'aise dans l'univers du numérique qui est aussi historiquement celui du « bidouillage » et de la « débrouille », pouvant aller jusqu'aux transgressions quasiment encouragées par la communauté des internautes au nom de la libre circulation des idées et des créations (téléchargements illégaux). Ajoutons à cela que nous les savons capables de se téléporter sur des sites infréquentables ou de s'exhiber devant leur webcam, alors qu'ils ont l'air de rester sagement dans leur chambre.

Le temps qu'ils passent devant les écrans est jugé exorbitant et souvent superflu, quand il n'est pas considéré comme une preuve évidente de dépendance à la « drogue informatique. » De telles craintes ne sont pas infondées. L'évitement phobique se développe chez les jeunes, et le filtre numérique peut maintenir certains adolescents dans l'écart, la fuite et l'illusion que les évolutions virtuelles sont préférables aux « vraies » rencontres. L'addiction aux écrans existe, même si les adolescents qu'elle frappe se caractérisent généralement par d'autres appétences excessives et aliénantes, celles-là incontestablement toxiques comme l'abus d'alcool et de substances psycho-actives. Dans l'un et l'autre cas, la démesure et le retentissement que ces pratiques ont sur la vie quotidienne sont évidemment des indicateurs de gravité, au même titre que la répétition et le cumul des conduites de rupture. Mais, même sans aller jusqu'à ces excès, nombreux sont ceux qui s'absorbent plusieurs heures par jour dans des jeux en ligne ou dans le visionnage par *streaming* et à la chaîne de plusieurs épisodes de séries télévisées. Est-ce seulement pour fuir la réalité ? Ou bien doit-on plutôt penser que la recherche de sensations est préférée à la vie émotionnelle estimée plus compliquée à gérer ? Ou encore s'agit-il de se plonger avec délices dans une sorte de téléobservation des affres de la vie humaine que ces films souvent caricaturaux rendent de ce fait plus visibles ? Il y a sûrement un peu de tout cela, les rapports établis par les jeunes entre le réel et les différentes formes de ses reflets, demandant en effet à être explorés, étudiés, évalués, à condition toutefois de ne pas systématiquement les condamner par principe et sans preuve.

Échappant au contrôle des adultes, les fréquentations virtuelles des ados.com sont souvent suspectées d'être mauvaises, dangereuses, subversives, porteuses de plans à risque ou franchement nuisibles, en tous les cas susceptibles d'avoir une influence délétère. Dans le cyberespace Internet, ne vont-ils pas se faire absorber par des sectes ou fréquenter des sites interdits susceptibles de les traumatiser ? Et, sous couvert de virtualité, se laisser aller à des pulsions violentes « gratuites » et exprimer les plus bas instincts humains ? Avec toute la naïveté propre à leur jeune âge, ne risquent-ils pas de faire des mauvaises rencontres – virtuelles dans un premier temps, puis dangereusement charnelles ? Inutile de nier que la fréquentation d'un « espace de tous les possibles » convoque nécessairement les risques inhérents à toute exploration poussée à l'extrême. Imparable également l'idée que, bien qu'ils soient plus matures que leurs aînés au même âge, les adolescents sont par essence des explorateurs vulnérables et des victimes d'intrusions potentielles. Réaffirmons que les jeunes ne s'élèvent pas tout seuls. Il appartient aux adultes de leur border des espaces d'évolution qui leur soient profitables, et d'en baliser les écueils pour les avertir des dangers qu'ils encourent en société ou sur l'Internet. En la matière, le « réseau des réseaux » manque encore de signalisation et de règles obligeant les opérateurs à être responsables des sites qu'ils hébergent. Mais il est impossible d'affirmer que les enfants du numérique s'exposent à des dangers plus périlleux que ceux auxquels étaient confrontés les jeunes à l'ère analogique ; on aurait même envie de penser le contraire. Et les menaces de confusion identitaire qui, à l'évidence, existent davantage aujourd'hui qu'hier, nous semblent concerner autant les jeunes que les adultes, avec pour les premiers, une souplesse adaptative qui peut cruellement manquer aux seconds.

Pour nombre d'entre nous, la virtualité est en elle-même source d'inquiétudes, puisque le monde des nouvelles technologies ajoute au réel et à l'imaginaire cette dimension jusque-là inconnue. Les parents mettent souvent en accusation cette dernière, susceptible à leurs yeux de provoquer de redoutables confusions. Nos ados.com ne risquent-ils pas de se prendre pour le personnage qui les incarne dans tel ou tel jeu vidéo, ou d'adhérer aux images de synthèse qu'ils voient, au point de vouloir faire pareil ou de fuir la vraie vie ? Nous redoutons qu'ils mélangent virtualité et réalité et qu'ils mettent en actes ce qu'ils visionnent ou produisent sur les écrans. Nous les imaginons tentés de préférer les mondes parallèles et la vie relationnelle simplifiée qui s'y déroule. Et, pour clore le tout, sachant qu'ils passent déjà beaucoup de temps à se regarder dans le véritable miroir de la salle de bains, nous craignons qu'ils n'utilisent leurs écrans aux mêmes fins, risquant de s'aliéner à une autocontemplation maladive, tel Narcisse emprisonné par son propre reflet. À l'heure où *pixels* et *GPS* apportent une précision croissante à la définition des images et à la géolocalisation, ne vont-ils pas croire que cette netteté apparente peut résoudre tous les floutages identitaires, oubliant que l'on ne peut se construire et se sentir exister que dans le regard de l'autre ?

Ni trop près ni trop loin

Les adolescents les plus fragiles ou les plus démunis peuvent évidemment se faire piéger par la virtualité et ses chimères. C'est le cas d'un adolescent sur sept qui multiplie les ruptures pour *se couper* de la réalité. En revanche, pour la grande majorité des adolescents, il semble que le passage du réel au virtuel n'est pas aussi problématique qu'on le prétend. Eux font la part des choses et ne confondent pas ces deux dimensions qu'ils s'efforcent d'accorder à leur imaginaire. Leur but n'est pas de se réfugier dans la fiction – fût-elle en 3D ; ils ont en général le désir de s'amuser et de se rencontrer en *vrai*. Nous nous plaignons de les voir derrière des écrans et branchés entre eux en permanence ? Mais que faisons-nous pour favoriser leurs rencontres et leurs échanges *dans la vraie vie*, sans les transformer en « objets » de toutes nos attentions ? Ni trop près ni trop loin, nous devrions assurer une contenance acceptable en respectant leurs distances, ce qui pourrait peut-être atténuer les excès informatiques et les beuveries déchirantes des soirs de week-end. Avons-nous conscience qu'à travers ces ivresses numériques et ces libations géantes, la plupart cherchent moins à se couper de tout qu'à créer des liens pour se nourrir mutuellement d'échanges et de regards, de relations amicales et d'expériences amoureuses ? Et nous qui les imaginons les proies faciles de toutes les intrusions, savons-nous qu'ils possèdent mieux que beaucoup d'adultes la « science » des pare-feu informatiques et des codes d'accès ?

Qu'on le veuille ou non, l'ère du numérique modifie en profondeur la communication – c'est-à-dire les échanges, les partages et les rencontres. Les images, les SMS et les tchats servent de « liens » qui unissent, rattachent, mais peuvent aussi enchaîner. Et ce n'est pas le moindre des paradoxes que de voir les adolescents les plus dépendants se livrer pieds et poings liés à toutes les attaches excessives – celles que l'on nomme *addictions* –, dans l'espoir de rompre avec leurs turpitudes. À nous de les repérer à temps et d'admettre qu'ils sont *en souffrance* – c'est-à-dire à la fois en difficulté et en attente de la reconnaissance de leur mal-être.

Pour tous les autres qui s'incarnent en ados.com afin de traverser l'adolescence, sachons proposer discussions et négociations, avec tact et mesure, en évitant si possible les clashs relationnels. Il est vrai qu'il faut souvent s'armer de patience et que les talents de diplomate et de modérateur des parents peuvent être mis à rude épreuve, au moment où ces derniers ont à faire face à une solide concurrence de la part des figures d'identification qu'incarnent les stars. Nos ados.com se sentent familiers de ces personnages à qui tout semble réussir, et dont ils croient connaître la vie intime – profusion d'« infos » oblige. À leur image, ils en profitent pour afficher ostensiblement leur aisance, y compris *matérielle*. Et ils passent avec agilité d'un look ou d'un écran à l'autre, sans manifester de résistance à ces influences extérieures qui nous dérangent ou nous inquiètent, non seulement du fait qu'elles nous échappent, mais parce que nous savons que derrière les pluies de strass et de paillettes se profilent des intérêts commerciaux qui les traitent en « cœurs de cible » rêvés. Élevés en consommateurs avertis et exigeants, les ados.com ne cherchent-ils pas justement à nous renvoyer qu'ils portent sur eux ces *signes d'aisance* auxquels nous semblons tant tenir ? Et ne traduisent-ils pas à leur manière les contraintes auxquelles les soumet une société où l'individu prévaut sur le groupe et dans laquelle chacun doit afficher « ce qu'il possède » ou « de quoi il se réclame », plutôt que « d'où il vient » et « de qui il tient » ?

CHAPITRE 2

« Écoutez » leurs images, vous parviendrez à les comprendre

À l'heure du numérique, l'image est omniprésente, aussi « parlante » que l'échange verbal et l'écrit auxquels elle est dorénavant associée pour communiquer. Les ados.com sont passés maîtres en frappe digitale qu'ils tapent autant qu'ils parlent, mais ils s'emploient à souligner ce qu'ils ont à dire à l'aide d'icônes et d'illustrations fixes ou animées, et se racontent en photos, vidéos, voire en avatars. Ils se produisent en images, saisissent le monde à partir de tous les clics et clichés – du *scoop* à l'idée reçue la plus banale – et s'incarnent en figures et effets se cherchant un style. Si les adultes veulent mieux les comprendre et entrer en relation avec eux, il leur faut non seulement investir les nouvelles technologies, mais également accepter de *voir* ce qu'ils expriment à travers leur look, leurs postures et leurs agissements. À l'instar des fameux guillemets mimés avec deux doigts de chaque main pour insister sur un mot, ils joignent le geste à la parole et en font une représentation évocatrice. Le geste et l'image se renforcent mutuellement, et cette expression est à leurs yeux paradoxalement moins exposante que la *parole nue* qui les met souvent mal à l'aise, et qu'ils vivent même, parfois, sinon comme un aveu arraché, du moins comme une réplique forcée risquant de leur faire perdre la face. Ils communiquent ainsi leurs attaches et leurs peines et n'ont pas toujours conscience, loin s'en faut, de ce qu'ils produisent. C'est encore plus vrai avec les jeunes en souffrance dont les conduites radicales forcissent les traits de l'adolescence classique, tout en donnant des clés utiles à la compréhension de l'ensemble de la communauté des ados.com.

Ce langage par l'image et le geste qui « dit sans dire » s'est aujourd'hui considérablement développé, mais le phénomène consistant pour les ados à préférer *agir* plutôt que parler est loin d'être une nouveauté. Se distinguer dans l'action, de façon *spectaculaire*, pour frapper l'attention des proches était déjà à l'œuvre chez les ados en crise qualifiés de « bondissants et agissants » lorsque j'ai débuté la psychiatrie au début des années 1980. On insistait alors beaucoup sur l'impulsivité adolescente et sur la propension des jeunes à *passer à l'acte* au lieu de se confier par la parole. Cela valait d'ailleurs comme explication principale, sans que l'on cherche à interpréter la nature même de ces actions ou exactions. C'est un fait que la plupart des ados détestent les mots pour dire leurs appétences ou leurs difficultés, et ce d'autant plus que les adultes à qui ils ont affaire veulent les faire parler sans vraiment les écouter. Ceux qui sont en souffrance parlent couramment le langage par l'acte et ils s'acharnent à s'illustrer en images. Ils *s'affichent* dans tous les sens du terme, pour à la fois s'exprimer et espérer secrètement qu'on les reconnaisse. Depuis vingt-cinq ans que je les soigne, je les ai vus se mettre *en jeu* et *en scène* de plus en plus précocement, à travers des passages à l'acte dans lesquels chaque détail représente à leur insu un substitut au mot correspondant pour le dire. Une forme de langage que l'on doit saisir si l'on veut entrer en communication avec les ados.com.

Ruptures sans paroles

Les formes d'expression de la souffrance psychique évoluent avec les progrès techniques, comme les mentalités, les mœurs et les modes de vie. Ce que nous appelons les *troubles* change d'apparence ou de registre en fonction du contexte sociétal – qu'ils soient *mentaux* (c'est-à-dire structurels, touchant la personnalité, l'humeur, le caractère), *conjoncturels* (c'est-à-dire en rapport avec des événements de vie présents ou passés), ou qu'ils relèvent plus ou moins distinctement de ces deux domaines. Il y a une vingtaine d'années, les adolescents en mal-être se signalaient vers l'âge de 16-17 ans par des *conduites de rupture* prenant surtout la forme, chez les garçons, de l'absentéisme scolaire et des actes de vandalisme « gratuits » et, chez les filles, de crises de spasmophilie et d'intoxications médicamenteuses volontaires à base de tranquillisants, souvent précédées de fugues. Aujourd'hui, les fugues restent très fréquentes et sont hélas banalisées en « absences non justifiées », tandis que les syncopes et les crises de spasmophilie qui incriminaient le manque de magnésium ou de calcium ont quasiment disparu. Dans une société de plus en plus tournée vers la consommation, les adolescents qui vont mal expriment leur souffrance dès l'âge de 14 ans en moyenne, parfois avant, à travers de nouvelles ruptures, notamment des ivresses allant jusqu'aux vomissements, voire jusqu'au coma, la prise chronique de cannabis à visée anxiolytique, les tentatives de suicide (TS) associant intoxications et automutilations, et les crises de boulimie suivies de vomissements provoqués. Et, dans cette société qui est aussi celle du paraître et de l'individualisme exacerbé, les adolescents en mal-être accordent une importance croissante au contrôle de leur apparence corporelle et de leur look, à ce qu'ils exposent de leurs blessures intérieures sur leur propre peau (automutilations), et à ce qu'ils montrent, provoquent et attendent à travers toutes ces déchirures. Plus ils sont dépendants de leur environnement et donc dans l'incapacité de se sentir exister en tant que sujets – avec une place singulière et des perspectives personnelles –, plus ils s'acharnent à jouer la *rupture* au sens propre comme au figuré, pour à la fois ne plus y penser et espérer se faire reconnaître, quitte à briller par leur absence ou leur « compétence autodestructrice ».

Tous les psys savent que, malades ou pas, ces adolescents éprouvent beaucoup de difficulté à mettre des mots sur leur souffrance. Ils restent imprécis sur les raisons de leur mal-être ou n'évoquent qu'une cause déclenchante actuelle (déception sentimentale, conflit avec un parent, etc.), sans pouvoir mettre en perspective (et en parole) ces événements défavorables avec leur histoire personnelle ou celle de leur famille. Lorsqu'on les interroge de manière insistante, ils n'ont plus *rien à dire* parce qu'ils ne trouvent pas les mots, ou bien vivent cette invite comme un interrogatoire de police et se retranchent derrière un mutisme obstiné. Les entretiens psy restent généralement pauvres et convenus, centrés sur le factuel des jours écoulés ou le rabâchage de mises en tension ou de « pétages de plombs » dont ils ressassent les circonstances sans pouvoir leur donner du sens. « Ça ne va pas, dit Élodie, 16 ans. Je ne m'entends pas avec ma mère, elle me prend la tête tout le temps. Mon père a disparu de la circulation et s'en fiche de moi. Mon frère m'ignore. Je devrais moi aussi m'en foutre, mais ça me fait mal. J'aurais voulu une autre famille. Qu'est-ce que vous pouvez faire à ça, vous les psys ? Me changer mes parents ? Me faire m'aimer alors que je me déteste plus que tout au monde ? »

Parler pour dire quoi ?

Les garçons sont encore plus réticents que les filles à investir la parole pour exprimer leurs difficultés. « Je n'ai pas envie de pleurnicher et de me plaindre devant un psy, reconnaît Matthieu, 15 ans, de quoi j'aurais l'air. Ce serait reconnaître que je suis faible et de toute façon ça ne servirait à rien. » Dans l'esprit de ces adolescents, non seulement le champ de la parole est détenu par les adultes – avec l'idée que « s'y soumettre, c'est se démettre » –, mais les mots sont déclarés impuissants à changer les choses. Ils peuvent même se révéler dangereux et trompeurs lorsqu'ils trahissent et exposent une intimité que les jeunes concernés voudraient garder pour eux. La parole est réduite à ses plus simples expressions pour *raconter* et *se justifier*, non servir de modalité d'échange avec quelqu'un dont les questions, les commentaires et les réactions permettraient un « retour sur soi » propice à donner du sens au mal-être. À cause de cela, les propositions de psychothérapie sont repoussées ou vécues avec réticence. La réputation du thérapeute qui reste muet est certes rédhibitoire, mais celle du psy inquisiteur « qui juge, étiquette et distribue des médicaments » n'est pas plus enviable.

Le paradoxe est que les mêmes adolescents sont particulièrement friands d'émissions dites de « téléréalité » où des jeunes à peine plus âgés qu'eux ne ménagent pas leurs efforts et leurs explications pour livrer leur intimité et leur histoire devant les caméras avec mission de conserver le plus longtemps possible un secret personnel. Ces jeunes gens « télématés » vingt-quatre heures sur vingt-quatre obéissent de bonne grâce aux injonctions d'une voix anonyme qui leur lance des défis plus ou moins transgressifs dans le but de les faire craquer. À la fois *acteurs* et *joueurs*, les personnages souvent très stéréotypés balancent avec malice entre vraies et fausses déclarations, exhibitions et réserves, illusions et réalités, chaque posture étant assortie d'expressions de tristesse ou de gaieté toujours exagérées, voire contradictoires. L'ensemble évoque par ses caricatures un « théâtre de Guignol » qui serait joué par des marionnettes humaines. Les jeunes hospitalisés au Pôle aquitain de l'adolescent, que je dirige au centre Abadie à Bordeaux, raffolent de ces psychodrames télévisés. Alors qu'ils sont habituellement peu enclins à solliciter l'équipe soignante de manière collective, ils ont récemment constitué une véritable délégation pour obtenir de notre part l'autorisation exceptionnelle de report de l'heure du coucher, le soir d'une finale de *Secret Story* sur TF1 – demande à laquelle nous avons souscrit en contrepartie du rangement de leurs chambres et des salles communes.

Croient-ils *vraiment* en l'authenticité des « révélations » faites par ces jeunes gens manifestement sélectionnés selon un casting-cliché destiné à faire de l'audience ? Pas plus que dans l'épate tonitruante des combats de catcheurs dont ils raffolent également et qu'ils visionnent sur diverses chaînes numériques. Pour eux, l'essentiel n'est pas – comme chez leurs aînés – de *croire à ce qu'ils voient*. Ils admettent d'ailleurs volontiers que ces scènes sont des jeux de rôle et qu'elles sont souvent surjouées. Ce qui compte pour ces enfants de l'image, c'est la *mise en représentation* d'émotions et de perceptions indicibles. C'est-à-dire à la fois l'évocation de situations vécues, la projection visuelle d'éléments abstraits, cachés ou absents, la matérialisation d'événements imaginaires et la mise en scène de ces différentes réalités. Pour certains, l'intérêt est de *se retrouver* dans des situations jugées proches et d'observer comment s'en sort le « semblable » qui y est confronté. Pour d'autres, il s'agit de *se rassurer* en constatant *de visu* qu'ils ne sont pas soumis aux tensions extrêmes que vivent les personnages incarnés. Au propre comme au figuré, voir d'autres que soi-même être *aux prises* avec de sérieuses difficultés a pour effet, bien au-delà de la simple distraction, de réduire en la relativisant la souffrance personnelle ressentie.

Comment « écouter » des ados qui n'ont rien à dire ?

Dans la plupart des services spécialisés pour adolescents, les équipes soignantes ont compris l'intérêt de *médiations* afin qu'ils puissent trouver à se dire autrement, à emprunter d'autres voies que celle d'une parole *a priori* barrée. Il s'agit le plus souvent de médiations par le corps, élaborées à partir de la relaxation, du soin esthétique, de toutes sortes d'activités destinées à établir d'autres formes de communication. Ces pratiques ont leur utilité dès lors qu'elles ne se contentent pas de contourner la difficulté de la mise en mots de la souffrance pour seulement obtenir une alliance thérapeutique minimale destinée à faire accepter aux jeunes patients des prescriptions médicamenteuses, et qu'elles n'ont pas pour vocation d'être simplement « occupationnelles » pour éviter de les confronter au vide de l'absence et de l'ennui. Il y a là un malentendu qui doit être levé : une activité de médiation est selon moi thérapeutique lorsqu'elle sert de support intermédiaire à la relation soignant-soigné pour favoriser les échanges, donc favoriser ce « retour sur soi » que permet le dialogue. Faire s'exprimer les adolescents en difficulté autrement que par la parole sans prendre en compte ce nécessaire *travail*, ce serait réduire l'activité proposée à un simple passe-temps, au mieux ludique et apaisant.

Les thérapies d'inspiration cognitiviste cherchent à relayer l'insuffisance des *mots pour le dire* par l'expérience vécue, comme celle consistant à proposer des séances de désensibilisation à des adolescents entretenant une relation phobique avec certains objets, sources chez eux de souffrance, comme une lame de rasoir ou un pot de Nutella. Le principe consiste à les exposer graduellement à ces objets « fascinants-repoussants » pour obtenir peu à peu l'épuisement de l'angoisse qu'ils suscitent. Leur postulat théorique est que le développement de nouveaux comportements ou l'adoption d'une nouvelle manière de voir les situations « problèmes » peut avoir des effets thérapeutiques.

Quant à la pratique du psychodrame psychanalytique qui associe le jeu de rôle et l'échange verbal, elle n'est pas nouvelle, mais elle est très spécifique et requiert simultanément plusieurs cothérapeutes formés à la technique, ce qui réduit son champ d'application. Son principe s'appuie sur l'idée qu'un jeu de rôle suscite et répète chez son « acteur » des perceptions physiques et psychiques pouvant produire des représentations mentales qui donnent du sens à sa souffrance. Cette pratique s'effectue dans le cadre bien défini d'une séance circonscrite en temps et en lieu, au cours de laquelle un patient (ou un groupe de patients) choisit un thème et élabore une scène avec un thérapeute meneur de jeu pour la jouer en interaction avec six à huit cothérapeutes – capables, à travers leur jeu d'acteurs, d'avoir une portée interprétative au plus près des associations inconscientes exprimées par le patient.

Tirer parti de ces méthodes, les adapter pour en faire de nouveaux outils de soin destinés aux ados.com en souffrance, tel est l'objectif que mes équipes du centre Abadie se sont assigné, avec l'idée que nos éventuelles avancées dans ce domaine pourraient être utiles à tous les adultes ayant en charge ces jeunes d'aujourd'hui qui ont tant besoin de *s'incarner* pour se faire reconnaître et se sentir exister. Cet engagement n'est pas soudain. Il a pris corps au fur et à mesure d'un cheminement qui s'est étalé sur trois décennies, à partir de l'observation des changements que donnaient à voir les jeunes et de nos propres convictions et perceptions. Mon expérience personnelle d'interne en psychiatrie, dont je vais esquisser les débuts, m'a d'abord confronté à deux aspects contradictoires de cette spécialité qui ont heurté ma sensibilité. Le premier aspect dérangeant a été de découvrir que la pratique de la psychothérapie traditionnelle, telle qu'elle s'exerçait alors en cabinet de ville, semblait très peu adaptée – au moins en début de prise en charge – à des jeunes ayant du mal à parler de leurs problèmes. Les psychothérapeutes disaient attendre de la part de leurs patients la formulation d'une *demande*, avant de leur proposer une *écoute* censée être neutre et bienveillante, alors que cette réserve silencieuse pouvait être perçue par les ados comme jugeante et agressive. Le second aspect, le plus choquant pour moi, était que le recours à l'hôpital psychiatrique ne pouvait raisonnablement s'envisager, à l'époque, que pour le traitement de cas très « lourds ». L'enfermement, les crises de démence, les déambulations de « malades-zombies » sous sédatifs puissants, les méthodes de soins relevant davantage de la surveillance que de l'échange librement consenti, tout cela m'apparaissait peu compatible avec la prise en charge d'adolescents en souffrance.

Devenu psychiatre en poste à l'hôpital général, chargé d'évaluer aux urgences les jeunes admis pour tentative de suicide, j'ai peu à peu compris – comme je le relate ci-après – qu'ils ne faisaient jamais *n'importe quoi* et que les détails de leurs passages à l'acte demandaient à être « entendus » comme les composants d'un nouveau langage. À partir de cette expérience, j'ai eu la chance que l'on me laisse concevoir le projet d'une unité ouverte destinée à accueillir ces jeunes après les soins d'urgence pour se donner le temps de « faire le point » avec eux et leur entourage. Ce service a vu le jour au début des années 1990, constituant la première unité hospitalière française spécifiquement dévolue aux jeunes suicidants. Avec cette équipe de soignants « pionniers », nous avons cherché à relier la *forme* au *fond*, convaincus que ce qui s'exprime *en surface* est révélateur de ce qui se joue *en profondeur* à l'insu du sujet. Il y a en effet un point qui suscite des malentendus et mérite un éclaircissement : c'est celui du supposé *défaut de mentalisation* dont seraient victimes ces adolescents, dans l'action davantage que dans la parole, et dans l'impulsivité plutôt que dans la réflexion, faute de pouvoir se représenter les choses. Il ne faudrait pas confondre l'inaccessibilité consciente à certaines représentations mentales dont ils souffrent avec une quelconque incapacité de leur « appareil à penser ». Ils sont au contraire particulièrement productifs en actes à forte valeur ajoutée métaphorique, mais en ignorent le sens et la portée. Ils « agissent » en quelque sorte sans le savoir leurs affres les plus intimes, à travers des comportements manifestes et des postures qui témoignent de ressources insoupçonnées. Force est de constater qu'ils font preuve d'un très grand talent pour *communiquer*, mais d'une autre manière, par exemple en s'accoutrant de façon extrêmement provocatrice, en arborant des piercings ou des tatouages particuliers, en usant et abusant de ruptures de toutes sortes – toujours avec une capacité créatrice indiscutable.

Je me suis ainsi mis à oser dire un jour dans mes conférences, ce que je n'osais pas exprimer jusque-là, à savoir qu'on ne pouvait pas être idiot et être en situation de malêtre identitaire. Tous ces jeunes gens que nous essayons d'aider sont donc sensibles et intelligents très au-delà de la moyenne. On ne peut pas s'interroger à feu et à sang, *à mort*, sur son identité, sans en avoir les moyens psychiques. Comment des jeunes gens aussi intelligents pouvaient-ils demeurer aussi muets au niveau de l'expression verbale ? Il fallait donc bien essayer de chercher *par où* on aurait pu engager le dialogue avec eux et les faire « réfléchir » sur leurs difficultés. C'est ce défi que mon équipe s'est mise en situation de relever et que je vais tenter de rapporter à travers une exploration faite d'errements, d'intuitions et d'expérimentations.

Des débuts peu encourageants

C'est au cours de mes années d'internat à l'hôpital psychiatrique que j'ai réalisé que la philosophie qui présidait à l'admission et à la détention des malades *ne pouvait pas* être la mienne. Il me paraissait en effet incongru, pour ne pas dire davantage, que des soignants se promènent en permanence avec d'énormes trousseaux de clés, ne cessant d'ouvrir et de fermer des portes, c'est-à-dire se comportant à la fois comme soignants animés de la volonté de guérir et comme geôliers chargés de « garder ». J'avais étudié, pendant mes études, l'histoire de la psychiatrie, et le moins que l'on puisse dire est qu'il en restait des traces tangibles – y compris sur le tronc de certains arbres de l'hôpital où des cicatrices témoignaient d'un temps heureusement révolu où des malades y avaient été attachés la nuit parce qu'ils étaient trop agités ou punis. La psychiatrie est née sous le signe de l'enfermement et de la ségrégation. Il ne s'agissait pas au départ de soigner les fous mais de les écarter du monde des bien portants. Les asiles psychiatriques, d'abord tenus par des religieuses, avaient accueilli les fous afin qu'ils ne viennent pas déranger le corps social, puis on avait entrepris de les classer par familles de troubles. J'ai bien entendu beaucoup appris durant mes années d'internat et je ne veux pas donner l'impression de cracher dans la soupe. Jc suis redevable à mes maîtres en psychiatrie d'avoir compris comment écouter et déchiffrer la souffrance psychique ; mais tout autant redevable que j'étais, je ne pouvais pas adhérer à l'idée que l'on pouvait soigner quelqu'un sous la contrainte. Et, même aujourd'hui, j'admets que certains états psychiques obligent *provisoirement* à débuter les soins ainsi – notamment dans certaines formes de dépression hautement suicidaires –, mais en dehors de ces cas et de ceux d'ailleurs assez rares des forcenés et des malades mentaux dangereux relevant de dispositifs spécifiques associant soins et détention je ne peux accepter aucun aménagement thérapeutique consistant à priver durablement un adolescent de sa liberté.

Certains collègues me font remarquer que lorsqu'on a affaire à un jeune désespéré *en rupture* de sa famille, de sa vie sociale et même de sa vie tout court, on ne peut faire autrement que de le placer contre sa volonté dans un service spécialisé. Je reconnais que de tels cas existent, mais ils sont rares et, surtout, j'affirme qu'ils doivent rapidement bénéficier de modalités de soins effectuées avec le consentement de l'intéressé et de ses proches. Le refus farouche témoigne avant tout d'une *résistance* et d'une *crise de confiance* qu'il faut s'efforcer de saisir plutôt que d'essayer de vaincre par la force. De quelle *oppression* ou de quelle *trahison* cet adolescent se sent-il victime pour refuser les soins ? Quelle mauvaise expérience a-t-il de la psychiatrie ? Est-ce la maladie mentale qui alimente ce vécu ? Et, si oui, qu'en dit-on exactement à l'adolescent et comment envisage-t-on d'obtenir son adhésion aux soins ? Les circonstances, l'attitude de l'entourage indiquent-elles au contraire une volonté de corriger le comportement de l'adolescent sans tenir compte de son point de vue, le chosifiant à l'état d'« objet » forcé de se couler dans la norme ? Lui a-t-on sincèrement expliqué ce qui allait se passer et pour combien de temps ? En quoi cherche-t-on à favoriser son accord et son engagement dans les soins ? Voilà quelques questions qu'il faut oser se poser. Vouloir soulager la souffrance est un objectif louable à condition de ne pas *réduire* le sujet et rétrécir son ouverture au monde. Les choses ont évolué depuis, mais c'est ce manque d'« ouverture » qui m'a fait quitter l'hôpital psychiatrique pour rejoindre l'hôpital général qui me semblait plus libre, précisément plus ouvert, moins réducteur.

Le pavillon des aliénés

Avant cela, j'effectue mes quatre années d'internat à l'hôpital psychiatrique. Pour mon premier semestre d'interne, je suis affecté dans un pavillon de trente lits. Le chef de service m'accueille en me disant : « Vous allez rester six mois dans ce pavillon d'admission. Je vous préviens. C'est un travail très difficile. » Je demande pourquoi. « Parce que les malades arrivent ici directement, sans filtre, sans tri. » À l'époque, l'hôpital ne dispose pas encore d'un service d'urgence permettant d'évaluer les entrants. L'établissement comporte alors des pavillons dits de « chroniques », autrement dit hébergeant des malades qui croupissent là depuis des années et depuis si longtemps parfois que personne ne sait plus très bien au juste à quel moment ils sont entrés, et les pavillons d'admission recevant les patients ayant des troubles aigus – aussi bien des bouffées délirantes que des épisodes dépressifs ou anxieux. Et le jeune interne que je suis est affecté dans l'un de ceux-là, tenu d'accueillir ces nouveaux entrants dont le seul point commun est leur lieu habituel de résidence (c'est le principe de la sectorisation en psychiatrie), d'établir pour chacun un diagnostic et de mettre en route un traitement approprié en me conformant à certaines consignes. La première consiste à ne surtout pas perdre le trousseau de clés que l'on me remet. Parce que tout, dans l'hôpital, s'ouvre et se ferme. On ne peut rien imaginer qui ne soit une serrure avec la clé qui va avec. Ce trousseau en main, on me prévient : « Ici c'est Haldol-Nozinan et la règle des trois P. » Je comprends qu'on fait allusion à deux neuroleptiques – l'un antihallucinatoire, l'autre sédatif – qui sont à l'époque deux des principaux médicaments dont on dispose dans l'arsenal thérapeutique psychiatrique en dehors des antidépresseurs et des calmants moins puissants. Mais pour les « 3 P », je réclame une explication. Que sont ces « 3 P » ?

P comme *Pavillon*, c'est-à-dire « consigné », « enfermé ». P comme *Pyjama*, pour dissuader toute velléité de fuite. Et enfin, P comme *Pipette*, du nom du petit tube gradué servant à compter les gouttes de neuroleptique et dont on se passe parfois pour administrer une dose généreuse à un malade récalcitrant. Il s'agit de *garder* ces patients dont on évalue jour après jour l'apaisement et l'adaptation au réel, avec un lot quotidien d'accès de violence (le vitrier de l'hôpital passe souvent) et de crises d'angoisse auxquels l'équipe répond par des entretiens et, toujours au final par un ajustement des doses de drogues administrées. Lorsque tout se passe bien, le patient obtient des permissions probatoires de sortie qui augurent de son prochain départ ou au contraire confirment qu'il n'en est pas encore capable.

Un tel dispositif ne peut être pour moi synonyme de projet thérapeutique. À aucun moment on ne semble vouloir *écouter* le délire du patient que l'on ramène toujours à son déraillement (*delirare* en latin, c'est « sortir du sillon »), lui objectant que, non, personne ne veut le téléguider ou le voler en cachette, qu'il se trompe lourdement et qu'il doit faire des efforts pour renouer avec la réalité. On cherche rarement à accéder à la « poésie » du délire qui restitue pourtant les sensations d'intrusion et de « devinement » de la pensée propre à la maladie, et qui mériterait d'autres réponses qu'un sourire entendu et navré. Et ce même patient qui peint remarquablement et tapisse sa chambre de petites toiles, toutes plus riches les unes que les autres, a toutes les peines du monde à obtenir un peu de matériel – malgré l'apport de son pécule – car l'atelier thérapeutique auquel il a été inscrit sans qu'on lui demande son avis est l'« atelier poterie ». Négation du patient, de ses vues – fussent-elles faussées – et de ses projets qui transforme souvent la relation en langage de sourds. Personne ne parle avec lui de ses œuvres sauf un infirmier de nuit venu lui demander un soir de se coucher et d'éteindre sa lumière. Une discussion féconde qui ne sera pourtant pas rapportée en équipe pour être explorée, bien qu'il ait alors pu exprimer que son foisonnement pictural réalisait des échappées de son « bunker mental », disant la couleur et la luxuriance comme mode d'ouverture au monde. Misère thérapeutique distinguant, sur le modèle de la vie active, le *travail* homologué comme tel – ici, le temps consacré aux entretiens et aux ateliers – et le *passe-temps* considéré comme annexe et non pris en compte. Une distinction en elle-même significative de la peur de la confusion qui amène des soignants de bonne volonté à *réduire* le patient plutôt qu'à prendre appui sur sa créativité pour donner du sens à sa souffrance. Dès ce moment, jeune interne, avec mon trousseau en main, je comprends que ce n'est pas le thérapeute qui détient les moyens de la guérison, c'est le malade. Pour filer la métaphore, les bonnes clés sont dans les mains du patient, pas du psychiatre.

Sous le signe de la confiance

Comment comprendre le choix d'une thérapie par la contrainte ? Il est clair que mes collègues n'ont pas un désir d'enfermement vis-à-vis de leurs patients. Il ne s'agit pas pour eux d'une volonté délibérée de les priver de leur liberté. Ils sont plutôt en situation d'impuissance et d'échec par rapport à des troubles qu'ils ne parviennent pas à comprendre et à faire évoluer de manière satisfaisante par l'ouverture et le dialogue. Bien entendu, il peut exister des situations extrêmes qui justifient qu'on recoure à des tranquillisants ou qu'on limite les allées et venues d'un patient gravement perturbé. Mais ce sont des *situations de crise* qui viennent comme autant de parenthèses dans le cours normal d'une prise en charge, et qui toujours nécessitent que l'on s'interroge sur les causes internes et externes de leur déclenchement. Si un patient est, comme on peut l'entendre dire parfois, une véritable « bombe ambulante » capable d'exploser à tout moment, quelle est la nature de l'étincelle mettant le feu aux poudres ? Quelle attitude suscite la révolte plutôt que l'apaisement ? Il me semble que nombre d'adolescents que nous recevons au centre Abadie auraient pu être attachés, bouclés, drogués, comme ils le sont dans certains établissements particulièrement démunis de ressources thérapeutiques. C'est ce qui est arrivé à Pamela, 16 ans, qui nous a été transférée attachée sur un brancard après une semaine de « contention forcée » dans un service pour l'empêcher de se scarifier. Une telle pratique est pour nous inimaginable. La position que nous défendons est au contraire de l'ordre de la *croyance dans le sujet*. Miser sur le pouvoir de la confiance qu'on lui accorde plutôt que sur le supposé pouvoir de la contrainte. Si l'on considère qu'on ne peut pas venir en aide à un adolescent suicidaire sans l'empêcher de mettre fin à ses jours par tous les moyens, on reste dans le registre de l'*empêchement*. On lui donne des couverts et des gobelets en plastique, comme dans les prisons, des draps en papier. On le surveille comme le lait sur le feu et, ce faisant, on augmente sans le vouloir la *tension relationnelle* qui peut à tout moment atteindre un point critique... et déclencher l'explosion. Dans une unité de soins, la chasse obsessionnelle de tout objet contondant ou dangereux ne fait pas que traduire un sentiment d'échec monumental, elle exaspère et empoisonne la relation, suscitant des envies de résistance et de provocation.

Or je suis convaincu qu'on peut et qu'on doit aider l'adolescent en souffrance avec son énergie, sa créativité propre, en croyant à ses ressources et en misant sur son engagement, au lieu de l'attacher à son lit pour l'empêcher de se faire du mal. Il s'agit malheureusement d'une tendance de fond qui caractérise nos sociétés sécuritaires, celle de la protection du sujet *malgré lui*. Mais on ne peut pas protéger quelqu'un sans l'impliquer, l'associer, le considérer dans une certaine mesure responsable de lui-même. On doit solliciter sa participation, sa contribution, son engagement dans les soins, en montrant au sujet que l'on croit en ses capacités de sortir de l'ornière autodestructrice, sans pour autant exiger de lui des efforts dont il ne se sentirait lui-même pas encore capable. Et c'est à ce niveau que les compromis sont possibles, amenant le sujet à accepter de l'aide et à établir avec les soignants des objectifs graduels de sortie de crise. *A contrario*, le souvenir que ces adolescents gardent de leur séjour où ils ont été attachés, contraints, forcés, est celui d'un vécu de détenu, d'otage, pas celui de patient. Je ne suis pas le seul à m'élever contre de telles pratiques, mais il est un fait que nous avons du mal à nous faire entendre à l'heure où les moyens humains se réduisent dans les hôpitaux. C'est l'impuissance qui fait avoir, de la part des soignants, des réactions aussi sommaires. C'est parce que certains collègues sont renvoyés à la misère de leurs moyens thérapeutiques ou à l'insuffisance de leur croyance en l'efficacité durable desdits moyens, qu'ils se replient sur des positions comme l'enfermement ou la contention.

Contenir plutôt que détenir

Sept ans après mes premières armes en réanimation, la création de la première unité hospitalière française *ouverte* dédiée à l'accueil simultané de quinze adolescents suicidaires ne nous fera pas craindre de déclencher une épidémie de suicides comme certains nous le prédisaient. Mettre ensemble des adolescents rescapés du suicide, nous avertissaient ces augures, c'est leur donner les moyens d'échanger entre eux des « recettes » plus efficaces pour ne pas se rater la prochaine fois. C'est tout le contraire qui s'est produit. Nous avons pu observer que si les patients se reconnaissent autour de traits identificatoires communs, ceux-ci ne sont pas centrés sur l'acte lui-même mais, intuitivement, sur ce qui les y a conduits. De fait, dans l'unité, les jeunes suicidants ne cherchent pas à se distinguer des jeunes gens admis en prévention. Il n'est pas nécessaire de « se suicider » pour être reconnu par les pairs et les soignants comme un sujet en souffrance. Il n'y a pas non plus de « contagion suicidaire » et lorsqu'un patient fait une nouvelle tentative de suicide au cours de son séjour, le groupe lui-même réagit de manière collective pour manifester qu'il reconnaît sa détresse. L'expérience montre que l'ensemble des patients reste notablement en deçà de l'identification par le comportement suicidaire (ou ses équivalents), ce qui témoigne de la capacité apaisante de l'espace thérapeutique. Notre parti pris délibéré du dialogue et de la liberté du sujet à l'intérieur d'un cadre « contenant » a fait ses preuves et fait avec le temps ses émules.

Contenir – *cum tenere,* c'est « maintenir ensemble » pour former un tout cohérent, faire tenir dans certaines limites, prévenir les débordements, retenir, refréner... donc inviter à la modération, à la maîtrise des excès... sans forcer les ados à se soumettre. Les contenir, c'est aussi les autoriser à garder une certaine contenance afin qu'ils ne perdent pas la face devant les exigences du cadre. Détenir – *de-tenere,* c'est « tenir éloigné », d'où « empêcher, retenir, garder, enfermer ». Notre projet thérapeutique n'est pas de garder les adolescents pour les empêcher de faire des bêtises ou de se mettre en danger. Ils sont invités à investir l'espace de soins plutôt qu'à le subir, et sont considérés comme des acteurs à part entière. Cette position s'établit à partir du caractère librement consenti de l'offre de soins et de la croyance partagée par les soignants que le *cadre thérapeutique* n'est pas seulement constitué d'un espace hôtelier doté de règles communautaires collectives dans lequel interviendraient divers professionnels plus ou moins membres d'une même équipe. Il s'agit plutôt d'un espace d'évolution où l'équipe pluridisciplinaire des soignants et le groupe des soignés ont des rencontres et des échanges en des temps et des lieux dont la réalité et la permanence du cadre ont une forte valeur métaphorique. Position soignante qui s'appuie également sur la souplesse de ce cadre qui est aussi un support, un châssis, et dont les éléments qui le composent doivent être fermes et robustes mais souples, car il s'agit de maintien, de permanence du dispositif de soins et de sa capacité à absorber les contraintes, le cas échéant à se déformer pour éviter la rupture et la déchirure. L'institution soignante doit tolérer des temps et des lieux permettant le regroupement spontané des adolescents. Les soignants les délimitent sans y faire intrusion et sans chercher à s'approprier la dynamique ainsi constituée, tout en prenant en compte ce que l'effet de groupe produit et donne à voir.

Le projet thérapeutique vise à un déplacement de la contrainte. Il ne s'agit pas de forcer le patient contre son gré à « rentrer dans le rang », mais de parier sur ses ressources propres et de l'inviter à travers toutes sortes de sollicitations à mettre au profit de sa prise en charge ses aptitudes créatrices, expressives, artistiques. Le thérapeute est un transformateur. Il est là pour aider le sujet à réaliser qu'il est beaucoup plus riche qu'il ne le pensait, donc moins démuni et donc plus à même qu'aucun autre à trouver ses propres solutions à une situation qui le fait souffrir.

CHAPITRE 3

La préhistoire des ados.com : c'était comment avant ?

Il y a trente ans, à l'époque où je suis interne en psychiatrie, le temps de l'adolescence se définit classiquement par la tranche d'âge des 13-18 ans. On admet que ce bornage n'est pas inamovible, mais lorsqu'on s'en tient à des critères objectifs, l'entrée dans la puberté en signe le début, le seuil pris en compte étant l'âge moyen de survenue des premières règles chez la fille. La phase de croissance biologique (décalée d'un an ou deux chez le garçon) lui fait suite, période de grands remaniements qui dépassent la seule maturation physique, et que l'on étend aussi pour cette raison jusqu'à l'âge de la majorité civile fixée à 18 ans depuis 1974. La pédiatrie et la pédopsychiatrie s'occupent des moins de 16 ans, mais l'adolescence tend à enfler par son bornage supérieur, obligeant en pratique ces spécialités médicales à déplacer le curseur vers le haut. Et tout le monde constate que nombre de 18-25 ans semblent eux-mêmes incapables de dire s'ils sont de jeunes adultes ou de « vieux adolescents ». Les très jeunes ados, c'est-à-dire les moins de 15 ans, ne font pas encore parler d'eux, sauf lorsqu'ils présentent des pathologies évoluant depuis l'enfance.

La crise typique d'adolescence commence alors à partir de 16-17 ans. On ne le sait pas encore, mais le modèle de la « crise intergénérationnelle » est en train de changer, du fait de l'évolution des mentalités et des modes de vie. D'une manière générale, parents et professionnels restent focalisés sur l'expression de conflits et désaccords dont les thèmes principaux concernent la conquête de la liberté de mouvements, l'accès à la contraception et à l'avortement, les idéologies, l'usage de tabac et de drogues, et l'importance à accorder aux chagrins d'amour. Les adolescents eux-mêmes ne semblent pas s'apercevoir que les actes qu'ils posent pour contester, s'opposer, revendiquer, prennent de plus en plus souvent la forme de *coups d'éclat* personnels – des manifestations de « surbrillance » individuelle destinées à être vues. C'est le temps des *crises* d'angoisse, de tétanie, de spasmophilie chez les jeunes filles qui vont mal, et celui des clashs relationnels plus ou moins violents et impulsifs chez les garçons. Il y a de la démonstration dans l'air et les stéréotypes clichés font mouche : les filles *tombent* – le plus souvent « dans les pommes », quelquefois enceintes –, les garçons *se rebellent* contre la famille et la société. Mais très peu d'entre eux arrivent à l'hôpital psychiatrique. Les jeunes que la police ou les pompiers conduisent jusque-là sont ceux qui « décompensent », notamment sous la forme d'une bouffée délirante aiguë sur la voie publique – à l'image de ce jeune schizophrène que j'ai un jour reçu après qu'on l'avait trouvé déambulant hagard et torse nu dans les rues de Bordeaux, les bras en croix, se prenant pour le Christ. Ces « productions » spectaculaires vont peu à peu se raréfier sous de telles formes. L'avènement de nouveaux médicaments psychotropes plus efficaces et la propension qu'ont les jeunes psychotiques à « s'amortir » eux-mêmes au moyen de diverses drogues, n'expliquent pas tout. L'évolution de la vie en société, et sans doute celle des représentations collectives, modifie l'expression des troubles qui relève dorénavant davantage du floutage des limites que du délire d'incarnation, rendant la pathologie *borderline* à la fois plus criante et plus fréquente.

Comment vais-je découvrir le monde des jeunes en souffrance ? Nous sommes en 1985. Je quitte l'hôpital psychiatrique pour l'hôpital général où, au service des urgences, les réanimateurs sont en demande de collaboration avec un psy. Ce sont eux qui accueillent les « suicidants » – une population majoritairement féminine, et dont les trois quarts ont moins de 45 ans, admise principalement pour intoxication volontaire. Parmi ces patients, il y a surtout des femmes dépressives déjà suivies par un psy et d'autres qui accepteraient facilement, si on le leur proposait, une « cure de sommeil » en réponse à leurs problèmes conjugaux. Après l'empoisonnement au gaz ou à l'aspirine des années 1960, ces jeunes femmes abusivement qualifiées de « névrosées », voire d'« hystériques », cherchent à échapper au mal-être en avalant en plus ou moins grande quantité des somnifères et des tranquillisants. Mais ce qui inquiète les réanimateurs, c'est l'augmentation croissante des *moins de 25 ans*. On les appelle alors les « jeunes » – la tranche d'âge des 15-25 ans au sein de laquelle on se contente de distinguer les mineurs des majeurs. Les moins de 18 ans sont encore assez peu nombreux. Et il est rarissime à l'époque que l'on ait affaire à des moins de 15 ans.

Doit-on penser que ces jeunes suicidants font une « crise d'adolescence » à retardement ou plus marquée que la moyenne ? Sont-ils plutôt *en crise* à l'orée de l'âge adulte, par crainte de lendemains qui déchantent ? Quels sont ceux que l'on doit considérer comme dans un « état critique » sur le plan psy ? Pour répondre à ces questions, les orientations psychiatriques traditionnelles semblent très lourdes, avec en prime des parents réticents à les voir partir « chez les fous. » Même l'offre d'un rendez-vous avec un psy de ville ou la proposition d'un séjour en clinique inquiète médecins et proches. Ne va-t-on pas aggraver des problèmes qui pourraient se résoudre en famille ? Les réanimateurs n'ont pas de solutions satisfaisantes. Ils savent prendre en charge ces jeunes sur le plan somatique, mais déplorent de devoir les laisser rentrer chez eux sans qu'aucun psychiatre ne les ait vus avant la sortie. Il y a là un besoin légitime dont je vais profiter. Je viens de terminer mon internat, je suis donc disponible, et le service des urgences est prêt à travailler avec un psy susceptible de les aider. J'ai passé quatre années à l'hôpital psychiatrique. Je vais en passer autant à m'initier à l'évaluation des jeunes suicidants à leur réveil, puis trois ou quatre autres à élaborer le projet d'ouvrir un service spécifique destiné à les accueillir après les soins d'urgence. On est encore loin des ados.com, mais je vais apprendre à leur contact deux choses essentielles pour la suite : tout ce que ces jeunes donnent à voir en actes doit être pris en compte ; contrairement à ce que la notion de suicide laisse croire, ce n'est pas la mort qu'ils visent, *c'est vivre autrement*.

Le paravent ou la vie

Je débarque sur un terrain très éloigné de la psychiatrie. La violence est ici liée à la présence permanente de la mort au milieu d'une immense « salle des machines » cloisonnées en box vitrés où résonnent les bips et les souffles angoissants des respirateurs. À l'étage en dessous, se situe le *déchocage* où, comme son nom l'indique, on traite en urgence les états de choc, et le service qui accueille les « grands » et « petits » blessés – ceux qui saignent. Là, nous sommes en réanimation médicale, l'étage des comas et des insuffisances respiratoires. Un univers dantesque dans lequel les soignants, très jeunes pour la plupart, vont et viennent d'un box à l'autre, se battant avec acharnement pour tirer des griffes de la Grande Faucheuse de vieux patients épuisés par leur propre combat contre la maladie. En écrivant cela, j'utilise sciemment cette appellation poétique de la Mort, car elle est bien connue des ados.com qui connaissent aujourd'hui l'avatar de la Faucheuse dans le jeu vidéo *Les Sims*. À l'époque, on est évidemment loin d'imaginer la place qu'occupera un jour la virtualité, mais l'on commence déjà à se demander si les jeunes qui se mettent en danger ne cherchent pas à « rencontrer la mort » parce qu'ils sont tenus trop éloignés des rites funéraires, sous prétexte de les protéger de la vision de cette violence. En réanimation, chaque jour, la vraie Faucheuse réclame son dû, obligeant les soignants à déplier devant l'entrée du box du patient décédé un paravent pour que pudeur et dignité soient de mise lors de la toilette mortuaire. Un « écran pour ne pas voir » et ainsi respecter tout autant le défunt que ses voisins de chambre. Esquisse d'un combat humain formidable et dérisoire à la fois où le paravent symbolise le dernier rempart de l'humanité face à la barbarie de la mort – un cache-misère dont certains jeunes suicidants amenés à passer plusieurs jours en réanimation redouteront le déploiement, eux qui – paradoxalement – ont tenté de se tuer. Cristelle, 17 ans, rescapée d'une TS par grave intoxication médicamenteuse, témoigne : « Je suis restée cinq jours en "réa". Les deux ou trois premiers jours, j'étais complètement dans le pâté, mais ensuite j'ai vu leur manège, quand ils [les soignants] se précipitaient à plusieurs dans un box, puis quand le calme revenu ils sortaient ce paravent blanc qui signifiait *combat perdu, un mort*. Je m'en souviendrai toute ma vie, et quand mon grand-père est décédé il y a un an j'ai été soulagée qu'il parte de sa belle mort chez lui, en Dordogne, au milieu de ses vignes. »

Dix pour cent des jeunes suicidants sont admis « en bas », parmi ceux qui saignent, parce qu'ils se sont défenestrés ou plus ou moins gravement automutilés. Les cas les plus critiques sur le plan physique, je ne les rencontre que plus tard, après leur transfert dans les services de chirurgie et quand leur état leur permet de parler avec moi. Du fait de ce délai de plusieurs jours, ils n'ont alors plus grand-chose à me dire : la TS est un « grand trou noir », ils ne savent pas ce qui leur a pris de faire une chose pareille, ils promettent maintenant de se battre pour s'en sortir. J'apprendrai à les rencontrer plus vite, même brièvement, pour éviter ces banalisations corroborées par l'entourage sur l'air de « Circulez, il n'y a plus rien à voir ». À l'époque, ils ne sont pas très nombreux, il n'y a pas encore la vague des scarifications que l'on verra se développer à partir des années 2000. La plupart des jeunes suicidants font des « TS par IMV » – entendons des tentatives de suicide par intoxication médicamenteuse volontaire. Ils séjournent le plus souvent vingt-quatre à quarante-huit heures en réanimation médicale où les protocoles de soins incluent lavages d'estomac, antidotes, surveillance cardio-respiratoire, etc. Des soins calibrés qui ménagent heureusement de grandes chances de survie sans séquelle.

Tous les jours, affublé d'une blouse stérile rarement à ma taille, je suis le « visiteur du matin » qui vient s'asseoir inconfortablement sur une chaise pliante au chevet de chaque jeune suicidant en état de parler. Je dispose d'un petit carnet pour y consigner mes notes. Et, tandis que l'infirmière tente parfois (mais pas toujours) de nous abriter de la fureur et de l'agitation du reste du service à l'aide du fameux paravent, débute une rencontre surréaliste. Dans ce box vitré, nous sommes lui et moi dans un entre-deux parfaitement symbolique où se jouent autour de nous la vie et la mort. Le patient est calé dans son lit mécanique en position relevée. Le plastron de sa chemise d'opéré est un champ de bataille qui témoigne par ses souillures de la violence de la lutte engagée pour le sauver. Souvent il s'en excuse, pendant que l'infirmière rajuste sa tunique, débranche le scope ou interrompt la perfusion le temps de l'entretien, avant de s'effacer discrètement. À travers la paroi de verre, nous entendons tinter les instruments, sonner les alarmes, s'interpeller les soignants entre eux à l'aide de l'interphone. Et, dans cette ambiance apparemment peu propice aux confidences, débute un échange qui se révèle le plus souvent étonnamment fructueux.

Qui sont ces jeunes ?

Sept fois sur dix, ce sont des jeunes filles ou des jeunes femmes qui ont avalé des médicaments et qui sont arrivées à l'hôpital très somnolentes ou dans le coma. Les jeunes hommes concernés ont souvent fait la même chose, mais de manière plus destructrice, associant de l'alcool en grande quantité avant de se livrer assez souvent à divers essais de strangulation, d'automutilation ou d'« accidents » plus ou moins maquillés. Certains sont des « récidivistes », mais la plupart ne sont pas connus pour être des malades mentaux, et leurs caractéristiques sociofamiliales n'en font pas des jeunes spécialement « défavorisés ». Selon les informations dont on dispose à l'admission, ils auraient agi par désespoir d'un chagrin d'amour ayant mal tourné ou en réaction à l'attitude négative d'un proche à leur égard. Un abandon, un conflit, la perte d'un être cher, bref des situations de crise auxquelles ils semblent n'avoir pu faire face.

Comme ces jeunes patients donnent après coup l'impression de banaliser leur geste, les réanimateurs sont tentés de distinguer les TS « sérieuses » – entendons celles qui expriment un véritable désir de mort – des TS dites « d'appel » dont ils pensent qu'elles sont uniquement destinées à attirer l'attention. Seules les premières semblent justifier l'avis d'un psy, voire un transfert en psychiatrie si l'entourage le demandait. Les secondes « embarrassent » le service dans tous les sens du terme. Mes collègues sont ravis que le psychiatre que je suis veuille bien évaluer les unes et les autres pour gérer ce flux et lui donner une suite profitable et honorable. À l'époque, nous ne sommes en France que trois ou quatre psychiatres à faire ce travail d'évaluation en service de réanimation. Et l'expérience me convainc rapidement que cette distinction entre « vrais » essais de se donner la mort et « simples » appels au secours est un peu légère.

Au réveil, beaucoup de jeunes rescapés qui avaient apparemment tout mis en œuvre pour se tuer ne sont pas très différents de ceux ayant eux-mêmes appelé les pompiers, juste après un passage à l'acte suicidaire qualifié de bénin. Et il apparaît clairement, preuves à l'appui, que la faible gravité du geste ne permet en aucune manière d'éliminer un mal-être *sérieux* faisant peser un risque élevé de récidive à court ou moyen terme. Qu'est-ce qui les distingue, alors ? Lorsqu'une déception sentimentale ou une dispute avec l'entourage semble à l'origine de la TS, comment expliquer qu'un événement aussi banal ait pu conduire à un acte aussi dramatique ? Et que proposer pour éviter que les mêmes causes ne reproduisent les mêmes effets ? Sont-ils à ce point déprimés ou dans un tel état de souffrance qu'une prise en charge spécialisée s'impose dès la sortie ? Voilà les principales questions que j'ai en tête en venant évaluer ces jeunes suicidants. Et je suis rapidement frappé par un détail troublant : engoncés dans leur lit, ils sont un peu somnolents mais s'éclairent par moments, scrutant alors mon visage comme s'ils cherchaient à y trouver une voie de dégagement.

Des questions qui tuent le dialogue

Ils ont encore la voix pâteuse, tituberaient si on les laissait se lever sans assistance, mais ils sont capables – dans ce moment crépusculaire postsuicidaire peut-être proche de l'hypnose – de se montrer volubiles, capables d'évoquer tour à tour les attitudes de leurs proches dont ils disent faire les frais, les circonstances de leur TS, tel ou tel aspect de leur histoire, ajoutant de temps en temps pour me rassurer qu'ils n'ont plus « envie de mourir ». Ils livrent tout cela en vrac, de façon apparemment confuse, mais j'observe qu'ils sont d'autant moins somnolents que mes questions ne se limitent pas à un interrogatoire administratif. Et je constate qu'aux demandes de justification ils déploient un rideau de banalisations aussi opaque que le paravent mortuaire. Je vérifierai également un peu plus tard le peu de pertinence à ce stade des échelles d'évaluation censées mesurer la « volonté de mourir », sans prendre en compte les ambiguïtés du *désir d'en finir* et les aspects non conscients de cette détermination. Détail qui me mettra sur la piste d'un immense besoin de *reconnaissance*, aucun jeune suicidant ne refuse le dialogue. Mais la *langue de bois* vient immédiatement se substituer aux confidences lorsque leur interlocuteur semble manifester de la gêne, tourner autour du pot, ne pas oser aborder de front le thème tabou du suicide.

J'apprends vite que les deux interrogations les moins fécondes sont : « Pourquoi avez-vous fait cela ? » et « Vouliez-vous (vraiment) mourir ? » Dans un sens ou dans un autre, les réponses se révèlent tellement plaquées et convenues qu'il est impossible de les interpréter. Je m'aperçois que ces jeunes, qui sont encore un peu confus, témoignent d'une très grande sensibilité, comme s'ils captaient finement l'état d'esprit de celui qui s'adresse à eux. Dès qu'ils ressentent chez l'intervenant de l'embarras, une pointe de jugement, voire de la contestation critique ou de la condescendance, ils se ferment, réclament leurs affaires au plus vite pour sortir ou répondent ce qu'a l'air d'attendre leur interlocuteur. Certains disent avoir voulu mourir, mais ont maintenant compris que « la vie valait la peine d'être vécue », d'autres prétendent avoir simplement voulu dormir un long moment parce qu'ils « étaient très fatigués », d'autres encore vont jusqu'à affirmer s'être trompés dans la prise de médicaments. Ces paroles du réveil ne coïncident évidemment pas toujours, loin s'en faut, avec ce qu'ils rapportent de la situation de crise dans laquelle ils se trouvaient. Je m'interroge. Cherchent-ils à banaliser, voire à nier leur TS, pour « faire écran » à leurs difficultés ? Je suis convaincu qu'il y a sans doute de cela, ne serait-ce que par culpabilité après coup, mais je les trouve tellement sincères que je commence à penser qu'il faut peut-être prendre les expressions qu'ils livrent, *au pied de la lettre*. Et si le sens même de leur TS leur échappait ? Savent-ils vraiment quelle est « la valeur de cette peine qui les afflige tant » ? Et quelles souffrances se cachent dans ce désir de « s'endormir longtemps pour se réparer », ou dans cette « fatigue de vivre » ou encore dans cette « erreur de traitement » dont ils parlent ?

Je réalise qu'au lieu de resserrer mes questions pour les cerner je dois au contraire les ouvrir et prendre en compte ce qu'ils disent, même si les éléments du puzzle restent épars. Des questions telles que « Qu'est-ce qui ne va pas en ce moment ? » ou « À quoi attribuez-vous cette tentative de suicide ? » amènent de riches développements à travers lesquels les jeunes rescapés passent des circonstances déclenchantes de la TS à certains faits saillants de leur histoire personnelle et familiale, sans logique apparente. Leurs propos sont à la fois denses et décousus. Ils mélangent tout, mais j'ai l'intuition qu'ils livrent sans le savoir des pans entiers de leur problématique.

Ils sont d'accord pour qu'on les aide, à condition qu'on ne les catalogue pas, qu'on ne les juge pas. Ces jeunes veulent bien répondre à toutes les questions que je leur pose, dès lors qu'ils sentent que je *m'intéresse* à leur histoire, à leur détresse, aux événements ayant précipité leur passage à l'acte, sans chercher à les piéger pour leur faire avouer autre chose. Je finis par saisir pourquoi ils me scrutent avec autant d'intensité : ils n'ont pas seulement peur d'être mal jugés, ils espèrent que je puisse les comprendre, en faisant le tri, en lisant en quelque sorte « entre les lignes » des détails et circonstances de la TS, plutôt qu'en cherchant à leur soutirer des explications susceptibles de justifier un acte aussi dramatique. Je constate surtout que ce premier échange au réveil ne va pas suffire, que je devrai également rencontrer leurs parents, et que je suis moi-même « en crise de temps. » Il nous faudrait pouvoir disposer de quelques jours pour y voir plus clair, ce que par définition un service d'urgence ne peut offrir.

GPS identitaires déréglés

Une fois l'échange engagé, la plupart des jeunes suicidants admettent qu'ils ont voulu *rompre* avec une situation, des pensées intolérables. La déception, le dépit, l'absence, et l'indifférence réelle ou supposée de la part d'un « proche » – parent ou ami – ont mis le feu aux poudres. J'observe que la manière dont ils parlent de leur impossibilité à affronter la perte et l'abandon ne consiste pas en une sorte de constat glacial dont ils n'espéreraient plus rien. Ils s'animent pour en parler, pleurent à chaudes larmes dès qu'on leur demande pourquoi tel ou tel événement les rend si *malheureux* – l'adjectif qualificatif fait toujours son effet, et même si les mots leur manquent ou restent coincés dans leur gorge, ils sont manifestement et paradoxalement en attente de quelque chose. *En crise*, au sens fort du terme, c'est-à-dire à la croisée des chemins, ne sachant pas encore si la cessation de l'état de tension va déboucher sur une impasse ou une issue de secours. Un *moment décisif*, en somme, qui révèle un immense espoir de reconnaissance et qui semble sans commune mesure avec la « crise » en apparence banale supposée l'avoir déclenché. « Ma mère a téléphoné ? », demande en préambule à notre entretien Sandra, 18 ans, qui comme beaucoup de jeunes suicidants espère après son acte des remaniements affectifs plus favorables. Que Sandra ait ou non eu envie de mourir, je réalise que son geste suicidaire est une forme de convocation maternelle à son chevet. Plus que la mort, beaucoup semblent avoir pour principal dessein d'*en finir avec cette vie-là* dans l'attente d'un changement, d'une renaissance, d'une reconnaissance nouvelle, en somme d'une *autre vie*.

Je suis frappé par le besoin qu'ils ont d'être respectés, reconnus, pris en considération, beaucoup se plaignant de ne pas trouver leur place, d'avoir en quelque sorte le sentiment de *non-exister*. D'où viennent-ils ? Ils ne savent pas s'ils sont vraiment nés de l'amour, si on les a désirés, et pourquoi ils se sentent aussi prisonniers de leurs liens de sang. Qui sont-ils ? Ils finissent par douter de le savoir, ont l'impression de ne pas pouvoir exister pour leur propre compte, sont dans le flou existentiel et se détestent d'être ainsi des âmes en peine ne sachant plus à quel saint se vouer. Vers où vont-ils ? L'inconnu les angoisse, ils voudraient pouvoir maîtriser tout autant leur trajectoire que leurs relations aux autres et, en ce sens, leur tentative de suicide représente une forme de reprise en main de leur destin. Ce que j'appellerai bien plus tard leur « GPS identitaire » est déréglé. *Ils sont perdus*, littéralement, et ils veulent à la fois l'oublier et forcer leur entourage à les « géolocaliser » à travers toutes les preuves d'amour et de désarroi que la peur de les perdre a pu convoquer. Ils veulent être entourés, réconfortés, *reconnus* après un geste qui n'aura ainsi mis fin en définitive qu'aux mauvais jours vécus jusque-là. Je mettrai du temps à découvrir qu'ils sont prêts, dans les cas extrêmes, à se défaire par le suicide de leur corps, donc de leur vie, pour obliger les leurs à les faire exister davantage morts que vivants. Comment ? En « occupant » leur mémoire à leurs dépens, après les avoir *impressionnés*, marqués à jamais par leur geste – parfois de la manière la plus spectaculaire qui soit. Une véritable « possession », nourrie par l'absence et la culpabilité.

Tous les détails comptent

À l'époque, en psychiatrie, le moyen suicidaire employé n'est le plus souvent étudié qu'en regard de sa facilité d'accès ou de son « efficacité » – elle-même considérée comme le reflet de la détermination à se donner la mort. Et l'on ne retient du discours du candidat au suicide que les éléments permettant de savoir dans quel état mental et dans quelle situation sociofamiliale il se trouve. On précise s'il est ou non réticent, on évalue les facteurs déclenchants qu'il rapporte et on cherche à savoir si son acte est « réactionnel » ou au contraire lié à des causes plus profondes telles que la maladie dépressive, un grave trouble de la personnalité ou le chômage. L'acte lui-même est sobrement répertorié parmi la litanie des moyens de suicide.

Au fur et à mesure que s'étoffe mon expérience de « psychiatrie intensive » au chevet des jeunes suicidants, je constate que l'*histoire de l'acte* apporte pourtant des informations essentielles qui compensent largement la banalité des événements déclenchants. Derrière la rupture amoureuse ou le clash relationnel, si souvent mis en avant, se profilent d'autres réalités qui complètent utilement le tableau clinique. Les détails fournis par le jeune suicidant et les précisions ajoutées par l'entourage se révèlent être souvent des « pièces à conviction » très utiles à la compréhension des ressorts de l'acte. Ainsi, Sabine, 19 ans, « chassée » par son petit ami et qui dit « se sentir une pauvre bestiole repoussante ne comptant pour personne », a avalé de la mort-aux-rats. À propos de Jeff, 18 ans, découvert inanimé dans sa chambre, le torse couvert de scarifications, on apprendra par sa mère qu'il avait laissé dans le salon une affiche de corrida dont il avait lacéré le taureau de coups de couteau, lui qui – d'origine espagnole – n'a jamais connu son père. Quant à Chloé qui « ne peut pas couper le cordon ombilical et qui se prend tout le temps la tête avec sa mère », c'est la ceinture de la robe de chambre maternelle autour du cou qu'elle a été retrouvée dans le coma, après une prise massive d'antimigraineux.

À ce jeu dramatique de correspondances s'ajoutent les « coupures » de tous ordres qu'ont mis en actes les jeunes suicidants avant d'en venir à faire une TS – *ruptures* qui par leur intensité font écho à une dépendance affective excessive, à une menace de confusion identitaire qui nécessitera une exploration plus approfondie. Je découvre aussi que dans ce lieu de précipitation que représente un service de réanimation, au-delà de ce que ces patients peuvent ou non formuler, *tous les détails comptent*. Une surveillante me fait observer, par exemple, que la première personne qui prend des nouvelles du jeune suicidant est, en général, la personne à qui l'acte était en quelque sorte destiné. La jeune fille en conflit ouvert avec sa mère, depuis des mois, a décidé elle-même de rompre à sa manière pour reprendre la main et dénoncer ce qu'elle croit être un abandon ou, au contraire, une emprise intolérable. À peine réveillée de son coma, elle demande aux infirmières *qui* a appelé pour prendre de ses nouvelles. La surveillante avait pris soin de noter dans un petit carnet cette étonnante coïncidence. La personne la plus visée par l'acte se trouvait être en même temps la plus interpellée.

Mon impression est que se jouent là des éléments déterminants pour un vrai « travail de la crise », mais que le rythme des urgences nous empêche de prendre suffisamment en compte. Les jeunes n'ont pas l'air de savoir ce qu'ils cherchaient, à part rompre pour cesser de souffrir. Ils voulaient, disent-ils, « simplement que ça s'arrête ». Mais leur regard scrute l'intérêt, l'attention que nous leur portons. Ils attendent à l'évidence autre chose.

Identités en miettes

On me demande souvent pourquoi ces jeunes gens si intelligents se débrouillent en somme si mal dans les relations avec les autres. Ils n'ont l'air de supporter ni les ruptures ni les conflits d'aucune sorte, et semblent répondre aux aléas de l'existence par les mêmes éclats défensifs. Évoluent-ils dans des familles marquées par le malheur ou sont-ils eux-mêmes d'une sensibilité tellement à fleur de peau qu'un événement insignifiant peut les mettre en situation de détresse ? Il s'agit en réalité là encore d'un jeu de correspondances qui voit une rupture en déclencher une autre, même si leur registre diffère, et cela à l'insu du sujet. Les circonstances déclenchantes sont, on l'a vu, des événements de vie généralement récents qui traduisent une *rupture de lien* aussi subie qu'insupportable à travers la perte ou l'abandon d'un être cher. Ce que ne « savent » pas ces jeunes, c'est que leur mode de réponse vient à la fois « interroger » ce lien, en révéler l'importance proprement vitale, provoquer un changement radical, avec l'espoir d'exister autrement. Et cette dépendance à l'autre est rendue extrême, parce que leur seuil de tolérance aux pertes et aux frustrations se trouve considérablement amoindri du fait qu'ils ont leur identité en miettes.

Quelle est la cause de cette souffrance identitaire ? Évoquons d'abord la moins fréquente, celle due à la maladie mentale. La schizophrénie, dont souffre 1 % de la population générale, se révèle le plus souvent à l'adolescence au travers de conduites de rupture, dont les tentatives de suicide. Je me souviens d'une jeune fille, parmi les premiers adolescents que j'ai suivis en réanimation, qui sursautait chaque fois qu'en parlant je martelais la tablette qui nous séparait. J'ai fini par lui demander ce qu'elle craignait. Elle m'a répondu : « Vous me faites mal, parce que moi, je ressens la tablette. » Un tel état d'indistinction montre à quel point l'identité peut voler en éclats. Certaines dépressions profondes produisent également un état de confusion identitaire.

Mais si nous laissons de côté ces graves troubles de la personnalité ou de l'humeur qui ne concernent que 10 à 15 % de nos patients, les principales causes de souffrance se rapportent à leur histoire. Certains doivent leur fêlure identitaire à l'écartèlement que provoque, chez l'enfant adopté devenu adolescent, la question des origines. À l'âge où tout un chacun doit se distinguer de ceux qui l'ont conçu pour se sentir exister en tant que lui-même, l'enfant adopté reste englué dans les liens fantasmés à ses parents biologiques et se débat pour en sortir en s'en prenant à ses parents adoptifs. Cruelle et injuste contestation qui le perd avec, entre ces deux pôles, des questions en forme de lame de rasoir : « Pour avoir été abandonné, suis-je né du désir ou de la contrainte ? », « Enfant trouvé qui devrait tout devoir à ses parents adoptifs, suis-je un monstre de rêver retrouver mes géniteurs ? », « Ceux qui m'ont élevé renonceront-ils un jour à m'aimer si je ne corresponds pas à leurs attentes ? »

D'autres évoluent dans des familles où parents et enfants paient les secrets et non-dits qui traversent les générations, induisant un flou identitaire intenable ou produisant des « histoires » qui conduisent les uns et les autres à répéter à leur insu des situations de maltraitance ou d'errance. D'autres encore supportent mal d'avoir une orientation sexuelle différente qui les fragilise et les isole dans un milieu peu tolérant, voire discriminant. Les jeunes homosexuels des deux sexes ont des taux de suicide plus élevés que ceux de la population générale. L'influence délétère de l'homophobie est évidemment en cause, mais pas seulement. Il est aussi question des difficultés que ces jeunes éprouvent à *assumer* leur différence identitaire en regard de l'idée qu'ils se font de la norme acceptable – fût-ce dans un environnement favorable.

Mais les souffrances identitaires les plus « suicidogènes » chez les jeunes, je ne vais paradoxalement les découvrir que bien plus tard, tout simplement parce que les jeunes suicidants n'en parlent quasiment jamais lors du premier entretien. Ces souffrances terribles qui restent si « sensibles » sont dues aux violences sexuelles subies dans l'enfance. À l'adolescence, de telles souillures se ravivent en quelque sorte lorsque le corps devient pubère et que se sexualisent tous les liens. Ces jeunes se sentent salis, blessés, humiliés et ils ont envie de se débarrasser de leur corporéité, parfois longtemps après la puberté, à la suite d'expériences amoureuses mal supportées. Au réveil, en réanimation, ceux qui sont concernés par ce type de traumatisme se concentrent sur un facteur déclenchant qui apparemment n'a rien à voir, laissant tout au plus entendre *qu'il y a des choses dont ils ne peuvent pas parler*. Avec mon équipe du centre Abadie, nous observerons que de telles révélations ne peuvent être faites qu'au bout de plusieurs jours de « décantation » et de mise en confiance. Et nous ferons ce constat effarant : une jeune fille sur trois et un jeune homme sur sept qui entrent dans notre service ont été victimes de violences sexuelles, le plus souvent avant la puberté. Il s'agit généralement de violences à caractère incestueux impliquant directement un membre de la famille ou un « proche » (ami des parents ou voisin). Ces événements peuvent être connus de l'entourage ou être encore ignorés et, si étonnant que cela puisse paraître, il est de nombreux cas où l'abuseur n'a été ni dénoncé ni condamné pour éviter de jeter l'opprobre et le discrédit sur toute la famille. La vérité des faits est parfois difficile à établir, mais le problème n'est pas là : c'est la portée traumatique de l'événement évoqué qui compte, sans oublier ses conséquences sur les relations familiales. Il faut prendre acte que le jeune suicidant a vécu l'expérience comme un viol. Et un viol d'autant moins « avouable » à l'entourage qu'il peut interroger l'ambivalence de la victime ou interpeller un défaut de vigilance des parents, leur incapacité à mettre en accusation tel ou tel proche, voire leur éventuelle complicité. Ce sera, par exemple, un grand-père qui aura attouché son petit-fils, éveillant chez ce dernier des émotions sexuelles vécues avec tellement de culpabilité qu'il ne pourra en parler à personne. Ou telle jeune fille attouchée vers l'âge de 7-8 ans par un cousin adolescent, qui après en avoir parlé à sa mère, se verra vertement reprocher d'« inventer des histoires qui ne tiennent pas debout ».

Quelles que soient les causes de souffrance identitaire, les jeunes les plus *en crise* sont ceux qui ne parviennent pas à affronter les fantômes du passé, à se reconstruire en les tenant en respect et à mobiliser leur énergie pour l'utiliser comme *force de vie*. Ils restent prisonniers d'un choix impossible. D'un côté, ils souffrent parce que leur sensibilité et leur vive intelligence leur font percevoir les incohérences, les mensonges, les « trous noirs » qui compliquent leur histoire. D'un autre côté, ils veulent fuir ces situations, s'y dérober, tout en espérant secrètement que les autres trouveront à leur place des voies de résolution de leurs problèmes.

Comment amorcer un « travail de la crise » ?

Le plus surprenant est que le jeune suicidant *ne sait pas* que sa souffrance existentielle prend son origine dans de telles brisures identitaires qui l'amènent à se sentir à la fois confondu, mélangé à ses proches, et souillé par ces *effets de rapproché* qui projettent sur sa vie relationnelle l'ombre effroyable de l'inceste. Le spectre monstrueux des violences sexuelles subies, mais aussi les effets d'amalgame contre nature liés à la trop grande proximité relationnelle qu'induit sa dépendance affective. Au lendemain de son passage à l'acte, il est incapable d'attribuer son désir de rupture à autre chose qu'à sa volonté d'échapper à d'intolérables tensions ou déchirements. Sans pouvoir encore comprendre que le comble de l'acte suicidaire est de fuir la confusion pour mieux s'y précipiter, en l'occurrence vouloir se défaire de la corporéité – objet du crime incestueux réel ou fantasmé – pour occuper à jamais les proches en hantant leur mémoire.

Cette première rencontre en réanimation est une *reconnaissance* de l'acte et de chaque jeune en souffrance. Mais en même temps qu'ils livrent de nombreux éléments de leur puzzle identitaire, ces jeunes ne semblent pas entrevoir le fil rouge qui relie ces éléments les uns aux autres. Ils ne cessent de dire sur tous les tons « stop au sentiment de non-exister », sans savoir à qui et à quoi ce sentiment se rapporte. Voilà l'essentiel de leur problématique. Ils n'ont alors accès qu'à la volonté d'en finir avec cette réalité qui floute leur existence et la rend invivable. Cesser de souffrir, se mettre entre parenthèses, attendre que leur entourage opère *sans eux* des remaniements qui leur soient favorables. « Sans eux » – entendons en *brillant par une absence* incarnée par le coma et dont la présentation morbide convoque angoisse et culpabilité chez les proches.

Si ces jeunes ne comprennent pas distinctement de quoi ils souffrent, comment cette seule rencontre en réanimation peut-elle être profitable, au-delà du constat de la crise ? Je réalise qu'en l'absence d'un temps de décantation, après s'être « ouverts », ces jeunes vont à nouveau se refermer dans leur souffrance et leur solitude. Au décours de leur TS, ils sont souvent partagés entre l'envie de se reposer davantage et le besoin de sortir pour *oublier* tout à la fois ce qui s'est passé et cet univers des urgences qui par son ambiance « critique » les a renvoyés très brutalement à leur propre état de crise. Les familles sont dans la même situation, inquiètes pour la suite et pressées de récupérer le jeune. L'angoisse et la culpabilité les étreignent, et elles veulent tirer un trait sur cet événement dramatique. Est-il étonnant de vouloir retrouver son enfant au plus vite lorsqu'on a failli le perdre ?

Beaucoup de choses ont été dites, rien n'est résolu, et je ne vois pas comment laisser ces jeunes et leurs familles repartir chez eux après de vagues promesses de consultation qu'ils oublieront de tenir. Je sens que tous accepteraient de *se poser* si j'étais en mesure de leur proposer quelques jours de répit hors de cette agitation dans un espace apaisant. Un « espace de transit » supportable en situation et en durée qui ménagerait un *temps de décompression* entre le service de réanimation et le domicile, et où on pourra effectuer un bilan approfondi pour évaluer le mode de prise en charge à proposer ultérieurement. J'en parle autour de moi. Et l'idée fait son chemin. Trois étages au-dessus du service de réanimation, un patron de médecine me « prête » quatre lits de son service pour que je commence à tester ce dispositif. Je peux ainsi garder quelques jours en observation les jeunes suicidants qui me semblent encore incapables de se saisir d'offres de soins ambulatoires. Je peux les rencontrer à plusieurs reprises, recevoir leur famille, contacter leur médecin, organiser une médiation familiale, etc. Ils peuvent *se reposer*, au sens propre comme au figuré, prendre du champ par rapport à leurs difficultés, et leur entourage de même.

J'observe que cette mise à distance provisoire qui n'interdit pas les visites mais en limite le nombre et la durée semble profitable à tous, leur permet de « revisiter » précisément leurs positions respectives et d'en tirer profit. Quant à moi, je travaille dans de meilleures conditions et n'ai plus l'impression de les évaluer dans l'urgence et la précipitation. Mais les mots restent rares lors des entretiens, une fois les premières « explications » données. Je sens qu'il manque des supports pour les engager à élaborer les raisons de leur souffrance. Et les soignants de médecine sont accaparés par d'autres tâches que celles consistant à leur proposer des entretiens. C'est à partir de ce double constat que j'imagine le projet de créer une unité spécifique, localisée ailleurs dans un environnement assez neutre, moins médicalisé. Quelques collègues – futurs collaborateurs – établissent avec moi les grandes lignes d'un projet s'appuyant intuitivement sur deux principes : d'une part, aménager un *cadre thérapeutique* qui soit un lieu d'hospitalisation à forte valeur ajoutée sur le plan métaphorique, c'est-à-dire dont le découpage des temps et des espaces d'évolution, les règles de vie collective, les modalités d'allées et venues aient une valeur symbolique puissante susceptible d'entrer en résonance avec les tentations de rupture animant les jeunes suicidants. D'autre part, offrir une prise en charge *intensive* – entendons associant chaque jour diverses modalités d'échanges verbaux en individuel et en groupe pour faciliter, libérer la parole. Bref, un *lieu de décantation* où les jeunes suicidants puissent se poser, se retrouver entre semblables et être activement sollicités – directement ou indirectement – pour associer, produire une élaboration psychique donnant peu à peu du sens à leur souffrance.

CHAPITRE 4

Ils se coupent : nécessité absolue de se faire reconnaître et aimer

En 1989, j'obtiens une bourse du Conseil de l'Europe puis la responsabilité d'une mission de trois ans confiée par la CEE pour étudier les modalités d'accueil des jeunes suicidants dans les hôpitaux européens. À l'époque, la question du suicide commence à être d'actualité en Europe du Nord, mais il faudra attendre le milieu de la décennie suivante pour que se développent des programmes nationaux de prévention incluant l'évaluation des suicidants en service de réanimation. Le constat est le même qu'en France : forte augmentation des TS chez les jeunes, mais difficultés d'organisation pour que ces patients soient systématiquement vus par un psy lors de leur bref séjour aux urgences. Les équipes de ces services ne disposent pas encore d'un psychiatre en mesure de tous les rencontrer avant leur sortie. La plupart du temps, ce sont les réanimateurs qui sélectionnent les patients à évaluer lorsque leur TS est jugée « grave » (*serious suicide attempt*). Ces jeunes gens sont alors transférés pour évaluation en service d'urgence psychiatrique – d'où la plupart repartent très rapidement après avoir repoussé l'éventualité d'un séjour en milieu spécialisé. En réanimation, les jeunes suicidants dont la TS est jugée « peu grave » regagnent directement leur domicile, moins de quarante-huit heures après leur admission, accompagnés de leurs parents et de conseils de suivi qui restent souvent sans lendemain.

Chez nos voisins européens comme ici, tout le monde a tendance à réduire l'importance de l'acte suicidaire, dès lors que ses conséquences sont modestes et que son auteur affirme ne pas vouloir recommencer. Cette position n'est pourtant pas soutenue par les statistiques : la récidive est fréquente, la gravité de la TS augmente avec la répétition, et le devenir à moyen terme en l'absence de prise en charge est grevé par un pourcentage non négligeable de *morts violentes* par suicide ou « accidents » de la circulation. Mais une telle banalisation se nourrit de la culpabilité des uns, de l'impuissance des autres, avec l'idée dominante que seuls les malades mentaux relèvent d'une hospitalisation en psychiatrie. Quant à aller consulter un psy en ville, comment l'envisager lorsqu'on est persuadé de connaître ses problèmes et qu'on ne voit pas comment en parler pourrait les résoudre ? Ce point de vue change sensiblement avec l'évolution des mentalités à partir des années 2000, mais un autre problème se pose alors : trop de demandes, pénurie de psychiatres, et notamment de pédopsychiatres, d'où des délais pour obtenir un rendez-vous allant de trois à six mois selon les régions ! Les suicidants sont de plus en plus jeunes, et d'une manière générale le mal-être des collégiens est reconnu comme préoccupant puisqu'on estime qu'il concerne un adolescent sur sept. Un nouveau paradoxe se fait jour : alors qu'il est si difficile d'obtenir un rendez-vous, les adolescents et leurs parents sont maintenant d'accord pour rencontrer un psy. Les ados.com sont même capables de reconstituer l'adresse mail d'un praticien hospitalier pour s'adresser directement à lui et lui demander de l'aide. « J'en est trop marre, m'écrit Maeva, une correspondante inconnue qui dit avoir 15 ans. Mes parents me soulent, je voudrai mon appart, ils sont trop relous, ils veule pas, faut leur dire de laché la prise, sinon c moi qui coupe tous... » Les fautes d'orthographe de cette jeune fille ne disent-elles pas qu'elle est prête à « disjoncter », à *se débrancher,* en l'absence de l'intervention d'un tiers ?

Les voyages forment la jeunesse

En 1989, nous n'en sommes pas là. Pour tout dire, je suis assez déçu par ce tour d'horizon européen qui ne met pas en évidence de programme de prise en charge des jeunes suicidants très spécifique. La mission qui m'a été confiée me permet néanmoins de faire plusieurs voyages d'études aux États-Unis et en Scandinavie pour observer comment mes collègues affrontent ces questions. Je ne trouve pas de modèle qui corresponde à ce « dispositif de décantation » que je voudrais mettre en place. Je m'inspire tout de même chez les uns et les autres d'un certain nombre d'idées. Les Suédois sont les seuls à l'époque à avoir créé deux ou trois unités spécialisées pour suicidants dans lesquelles ils font de la recherche biologique. Le champ d'investigation est alors le suivant : on retrouverait dans certaines dépressions et chez les suicidants une même baisse du taux d'un neuromédiateur, la sérotonine, que l'on mesure en dosant l'un de ses dérivés dans le liquide céphalo-rachidien. Nos collègues suédois ont créé ces services pour pratiquer des ponctions lombaires – gestes techniques médicaux inenvisageables en France pour une telle indication, sachant les risques que comporte ce type d'intervention. La piste « sérotonine » servira à élaborer de nouveaux antidépresseurs, sans toutefois résoudre l'énigme du suicide. Non seulement la réduction du neuromédiateur se révélera finalement très inconstante, mais même lorsqu'elle sera observée, on ne pourra dire s'il s'agit d'une cause ou d'une conséquence biologique à l'affaissement de l'humeur. Et chez les jeunes, le lien dépression-suicide restera tellement incertain que certains antidépresseurs seront accusés de favoriser les idées suicidaires. Mais, au moment où je les visite, mes collègues scandinaves m'apportent un élément capital : on peut regrouper plusieurs suicidants dans une même unité sans que cela provoque une épidémie de suicides.

Aux États-Unis, la psychiatrie hospitalière publique est assez pauvre et réductrice, fondée à l'époque sur le *one-to-one relationship* pour la surveillance des jeunes suicidants. J'en découvre l'application à l'hôpital de Chicago : le jeune suicidant est placé en observation pendant quelques jours dans une chambre vitrée et il est surveillé vingt-quatre heures sur vingt-quatre, comme le lait sur le feu, par un infirmier qui – assis de l'autre côté de la vitre – consigne ses moindres faits et gestes. L'adolescent ne quitte cet aquarium que pour se rendre chez les différents évaluateurs, psys et éducateurs, qui réalisent son bilan approfondi. Évidemment, cette méthode de surveillance, qui ne dépareillerait pas dans un quartier de haute sécurité et qui fait du patient un « fauve » à tenir à l'œil, ne manque pas de susciter chez lui des accès de violence ou d'automutilation. Je sors consterné par ce que je viens d'observer. Et je m'aperçois que mon approche basée sur la liberté de mouvement et le consentement des jeunes suicidants ne trouve un véritable écho qu'auprès de l'Association américaine de suicidologie (AAS), composée essentiellement de bénévoles qui sont soit des endeuillés par suicide, soit eux-mêmes d'anciens suicidants. Ils partent du postulat que, lorsqu'on a traversé une épreuve, on est mieux placé que quiconque pour venir en aide à ceux qui l'affronteront à leur tour. L'idée principale est de *soutenir* la personne suicidaire, de l'aider à faire disparaître ses idées noires, non de chercher à savoir si l'élément déclencheur ne masque pas des causes plus profondes. Puisque le suicidant explique qu'il a voulu mettre fin à ses jours parce que sa petite amie l'avait quitté, l'intervenant chargé de l'aider s'en tient là et s'emploie à lui remonter le moral. En groupe, d'autres esseulés expliquent aux autres comment ils ont réussi à sortir de leur désespoir. Même si je reste réservé sur l'efficacité de ces méthodes pour les jeunes qui vont très mal, l'idée de chercher à leur apporter du soutien plutôt que de la contrainte correspond à ma sensibilité. Et je prends note que l'ouverture est en l'occurrence préférable à la fermeture.

Blanche-Neige, une jeune suicidante qui s'ignore

Certains thérapeutes et bénévoles américains de l'AAS s'intéressent à ma façon de penser, mais pas tout à fait comme je le voudrais. Dans les conventions et congrès qui réunissent ces collègues, j'apparais un peu comme le poète de service avec toute la sympathie qu'ils peuvent avoir pour les Français. Je les amuse, parce que mon point de vue s'écarte des positions médicales américaines qui consistent à éplucher les données statistiques pour en tirer des caractéristiques sociofamiliales et diagnostiques, puis à essayer de faire entrer les jeunes suicidants dans les cases correspondantes. Avec une telle approche, la majorité de ceux-ci réunit les critères de la personnalité *borderline*, avec ou sans troubles bipolaires de l'humeur associés. On parle de pathologies marquées par l'impulsivité, l'instabilité, l'intolérance aux frustrations, le tout aggravé par la prise de toxiques. Je ne conteste pas ces traits, mais à la différence de mes collègues je n'en fais pas une entité diagnostique établie. Pour la majorité des jeunes que je vois, on ne peut pas parler de « troubles mentaux » ; ils sont en souffrance, savent moins le dire que le montrer, et cela même à leur insu, ce qui explique que mon intérêt porte sur les soubassements non conscients de l'acte suicidaire. Deux ans auparavant, ma première publication aux États-Unis[1] avait eu un certain retentissement dans le microcosme de l'AAS, car elle se situait à des années-lumière de cette vision états-unienne qui évalue d'après *ce qu'elle voit, mais refuse d'en tirer quelque interprétation symbolique que ce soit*. Une position qui n'envisage l'acte suicidaire lui-même qu'en regard du risque vital encouru. En contrepoint du fameux ouvrage *La Psychanalyse des contes de fées* de Bruno Bettelheim qui voyait dans le conte de Blanche-Neige une représentation du passage de l'enfance à l'éveil adolescent, je me livrais à une relecture très personnelle de ce conte, à partir de mon expérience de psychiatre en box vitré de réanimation. Pour moi, Blanche-Neige n'est peut-être pas aussi « innocente » qu'elle y paraît. En conflit de rivalité avec sa belle-mère, et dans l'incapacité de se soustraire à son emprise, on peut imaginer qu'elle s'est laissé empoisonner par la marâtre, avec toute l'ambiguïté que revêt un événement dit « subi » qui a été parfaitement annoncé par deux tentatives meurtrières récentes (épisodes du lacet et du peigne). Dans une telle perspective, en croquant la pomme fatale, je suggère que l'héroïne fait l'équivalent d'une TS pour se sortir d'affaire, tombant d'ailleurs – comme les jeunes suicidantes d'aujourd'hui – dans un profond coma, avant d'être déposée dans un cercueil de verre, en attente d'une « renaissance ».

---

1. Pommereau X., Delile J.-.M, Caule E. (1987), « Hypnotic overdoses and fairy tales : Snow-White and the uses of disenchantment », *Suicide & Life-Threatening Behavior*, vol. 17, n° 4, p. 326-334.

Je réalise aujourd'hui à quel point mon interprétation a pu être provocante au pays de Walt Disney, où Snow-White est l'innocence incarnée. Bien entendu, avec une telle relecture, j'ai droit à l'époque à des sourires entendus de la part de mes collègues américains qui ne manquent pas une occasion de me demander : « Qui est le Prince la ramenant à la vie, le réanimateur ou vous-même ? » Je maintiens pourtant mon point de vue, car l'érotisation dont ils se gaussent est bien présente dans les TS par intoxication volontaire : à l'image de Blanche-Neige, beaucoup de « belles endormies » sont retrouvées inanimées et exposées, parées de leurs plus beaux atours, après un passage à l'acte dramatiquement mis en scène. L'aspect sacrificiel de cet « abandon », cette mise à l'épreuve de soi-même consistant à se soumettre, comme dans l'ordalie, au jugement de Dieu ou du destin, ne fait pour moi aucun doute. Elles s'offrent au regard dans l'espoir d'une recouvrance salvatrice. Et plutôt que de les traiter d'« hystériques manipulatrices faisant semblant de vouloir mourir », ce dont elles font souvent les frais en service d'urgence, je préfère interpréter la théâtralité qu'elles donnent à voir comme une *mise en représentation* – en partie consciente, seulement – de leur aspiration secrète : s'immobiliser dans une posture de *gisant*, en attente d'une vie meilleure. Je ne le sais pas encore, mais cette vision préfigure déjà les incarnations futures des ados.com qui vont mal et qui le montrent à travers les diverses déchirures de leur look ou de leur corps.

La création d'un lieu de décompression

Le centre Abadie est une construction du début des années 1950 qui appartient au CHU de Bordeaux, lui-même réparti sur plusieurs sites. En centre-ville, mais un peu à l'écart des grandes voies de circulation, c'est un petit bâtiment de quatre étages qui, de l'extérieur, ne paie pas de mine. À l'origine, il héberge les services universitaires de neuropsychiatrie, et c'est au centre Abadie qu'un célèbre appareil à électrochocs est mis au point. Neurologues et psychiatres se séparent lorsque la spécialité se scinde en deux, et ils quittent ce centre à l'orée des années 1970, les premiers pour rejoindre une structure hospitalière plus adaptée à l'évolution des techniques, les seconds pour s'établir à l'hôpital psychiatrique. Pendant une vingtaine d'années, le centre Abadie accueille trois services de médecine qui n'ont pas encore besoin de se rapprocher des vastes plateaux techniques de l'hôpital Pellegrin, puis ces services sont eux-mêmes amenés, l'un après l'autre, à déménager – progrès oblige. Au moment où se libère ainsi le quatrième étage du centre Abadie, je suis toujours psychiatre consultant en réanimation, et j'ai reçu l'aval des autorités pour concrétiser le projet de création d'une unité hospitalière de quinze lits dont j'ai élaboré les grandes lignes avec l'aide décisive de quelques collègues bordelais qui deviendront mes principaux collaborateurs. Notre objectif est de constituer un « sas de décompression » pour y accueillir les jeunes patients à l'issue des soins de réanimation, avec des séjours n'excédant pas quinze jours ou trois semaines. Il s'agit de mettre à plat les éléments dont on dispose, concernant le passage à l'acte lui-même et les circonstances de sa survenue, de les « faire parler » en quelque sorte, avec les apports complémentaires de l'entourage, et d'amener les jeunes gens à s'en saisir, au fur et à mesure qu'ils en font avec nous l'inventaire. Pour les partisans convaincus de l'intérêt des métaphores que nous sommes, l'idée est séduisante de créer cette première unité française spécifiquement dédiée aux jeunes suicidaires dans ce lieu où, à défaut de pratiquer les électrochocs, nous comptons provoquer chez eux un déclic, une étincelle susceptible de les sortir de leur impasse. De plus, sa localisation au centre Abadie matérialise en elle-même notre approche « intermédiaire », puisqu'elle se situe à l'écart des services très médicalisés du CHU ainsi que des pavillons de l'hôpital psychiatrique. Nous serons à distance de ces lieux où gémissent les corps cassés et les psychismes brisés les plus gravement atteints, et nous pourrons nous consacrer à la réconciliation du corps et de l'esprit des jeunes suicidants pour les réorienter vers la vie. Quant à s'installer au quatrième étage du centre Abadie d'où l'on a une vue imprenable sur les toits de Bordeaux, si cette situation nécessite quelques précautions architecturales, elle offre l'avantage de nous placer *entre ciel et terre*, dans un entre-deux propice au travail de la crise.

En novembre 1992, nous inaugurons cette unité pour jeunes suicidants que nous appelons pudiquement Unité médico-psychologique de l'adolescent et du jeune adulte, sur les conseils des autorités qui craignent une dénomination trop directe pouvant susciter des « vocations » délétères ou induire une stigmatisation de mauvais aloi. L'acronyme UMPAJA avec sa résonance un peu « sioux » ne nous déplaît pas, puisque notre approche est singulière, avec la volonté d'allier la rigueur clinique la plus formelle à la souplesse des associations mentales produites par les métaphores. En d'autres termes, notre objectif est non seulement de réaliser un bilan psychologique approfondi, mais aussi d'amorcer une élaboration psychique qui devra idéalement se poursuivre en ambulatoire.

Soignants du corps, soignants de l'âme

C'est une première pour le CHU dans lequel il n'y a pas de lits de psychiatrie, que d'y voir s'établir une telle unité. On me propose donc des soignants venant de services somatiques. La moitié de nos infirmières viennent ainsi de la chirurgie. Ce que je pressens être au départ un handicap va se révéler être une chance pour mon service. Voilà des soignantes que les blessures n'effrayent pas. Elles connaissent parfaitement les drames humains, ont une pratique approfondie des comas et de la souffrance du corps, de ce qui suinte, de ce qui saigne, mais aussi de l'utilité des drainages pour évacuer le pus et laisser *s'exprimer les humeurs*. Elles vont rapidement découvrir que le champ de la psychologie qui paraît complexe, obscur au premier abord, s'offre en réalité comme un champ de métaphores qui ne leur est pas aussi étranger qu'elles pouvaient le penser. Les adolescents suicidaires exposent un corps plus ou moins meurtri dont les soignantes comprennent très vite qu'il s'agit d'un *écran de projection* des souffrances psychiques ne parvenant pas à s'écouler par la parole. Celles-ci suintent elles aussi à leur façon, s'infectent lorsqu'elles restent enkystées, récidivent ou s'aggravent sans soin, et nécessitent d'être nettoyées, drainées. Le passage du sens propre au sens figuré s'effectue facilement, intuitivement. Ces infirmières disposent d'un bagage considérable qui va nous permettre d'aider ces jeunes à relier les blessures du corps aux blessures de l'âme. À charge pour les psys, d'élaborer avec elles des passerelles, d'établir des correspondances, et d'éviter les blocages relationnels de la situation « duelle » en facilitant la circulation de la parole au sein du « corps groupal ».

Pour répondre à cette philosophie des soins, les jeunes patients sont admis de plein gré et le corps groupal qu'ils forment répond à des caractéristiques communes : les jeunes sont tous *pubères* – donc adolescents ou jeunes adultes (l'âge limite est de 24 ans) ; ils sont « suicidants » lorsqu'ils viennent de faire une TS (80 % des cas) ou sont « suicidaires » – soit parce qu'ils ont des idées noires et pensent au suicide, soit en raison des conduites à risque qu'ils développent. Ils ont ainsi cherché à se distinguer ou ont laissé un corps en travers du chemin, un corps inanimé, puis ils ont « lâché » au réveil quelques propos révélant certains aspects clés de leur problématique, et ils espèrent un changement radical qui les ferait davantage *exister*... au risque d'en mourir. Si nous les laissons repartir sans les amener à *saisir* ce qu'ils ont ainsi mis en jeu et en scène, les mêmes causes de souffrance provoqueront les mêmes effets à brève échéance. Nous considérons qu'il va nous falloir plusieurs jours pour favoriser les associations mentales et déplier cette parole qui a tant de mal à s'exprimer.

Nous sentons intuitivement qu'il ne faut pas se contenter d'offrir un lieu d'accueil de type hôtelier, avec des chambres, des pièces et des salles communes, dans lequel se rencontreraient les « clients-patients » et les membres de l'équipe pluridisciplinaire. Nous devons faire en sorte que l'ensemble forme un *tout* cohérent constitué d'espaces et de temps d'évolution individuels et collectifs, où les rencontres et les échanges puissent s'appuyer, s'étayer sur la réalité du cadre – ses règles, ses limites, ses contraintes. À ces adolescents blessés dans leur identité, nous devinons que nous devons proposer des supports et des renforts *matériels* qui valorisent la reconnaissance et l'affirmation de soi. Chacun dispose ainsi d'une chambre individuelle dont il est responsable, sauf si lui-même fait la demande d'occuper une chambre à deux places parce qu'il est encore trop angoissé de l'occuper seul. L'équipe respecte ce territoire propre en frappant avant d'entrer et en se refusant à y avoir des entretiens – ceux-ci étant systématiquement proposés dans un bureau ou une salle de réunion, selon que la rencontre est duelle ou groupale. Les soignants considèrent la chambre comme un lieu d'intimité, le règlement intérieur stipulant par ailleurs que l'adolescent doit chaque jour faire son lit et ranger ses affaires, mettre et débarrasser assiettes et couverts au réfectoire lorsque c'est son tour, utiliser lui-même la machine à laver de la buanderie pour laver son linge sale.

Hospitalisé au centre Abadie, chaque patient est amené à *prendre sérieusement au mot*, gestes à l'appui, des expressions telles que : « On ne lave pas son linge sale en famille », « On doit s'occuper de ses propres affaires et prendre soin de soi », « La liberté des uns s'arrête là où commence celle des autres », « Respecter l'espace et l'intimité des pairs et soignants, c'est se respecter soi-même »... Ces simples mesures que l'équipe érige en règles fondamentales prennent aussitôt une grande importance chez les jeunes, confirmant leur immense besoin de reconnaissance et leur difficile accès à l'autonomie. Chaque patient est à la fois recentré sur lui et interpellé sur ses relations interpersonnelles. Il se sent reconnu comme *acteur* à part entière, invité à ne plus subir les événements, à ne plus rester à la traîne de son entourage et des autres. Il doit intégrer une nouvelle communauté d'appartenance – celle de semblables en souffrance comme lui, et va peu à peu découvrir les points communs et les différences qui les relient ou les distinguent, à travers les rencontres spontanées et les groupes de parole. Les repas sont pris en commun dans un réfectoire et chaque jour deux patients doivent se désigner pour en garantir le nettoyage et la propreté. Au sens propre, l'adolescent est considéré dans tous les actes de la vie quotidienne comme apte à *se gérer* et à évoluer en groupe, et l'équipe veille à ce que ce principe soit respecté. Les transgressions et manquements font évidemment l'objet de discussions, de recherches de compromis ou de prises de décision avec l'adolescent concerné qui, rappelons-le, séjourne dans le service de plein gré, quel que soit son âge. Le séjour peut être interrompu ou se terminer plus tôt que prévu et donner lieu à des rendez-vous de consultation externe avec le psychiatre ou le psychologue référent pour discuter de l'opportunité d'un nouveau séjour assorti de conditions à respecter. Certains adolescents particulièrement en difficulté pour trouver leurs limites sont ainsi amenés à vérifier la permanence, la solidité, la fiabilité et la souplesse du cadre avant de souscrire à ses exigences.

Un corps en travers

À leur réveil en réanimation, les jeunes suicidants ont fourni en vrac les éléments de leur puzzle identitaire, il est temps maintenant que l'on dispose d'un espace permettant une vraie pause, de les mettre à plat et de chercher à recomposer l'histoire et le vécu de chaque adolescent qui « entourent » l'acte qu'il a produit. Cette décompression – on parlerait peut-être aujourd'hui de « dézippage mental » avec le vocabulaire numérique – est favorisée par l'intense activité symbolique qui caractérise l'inscription du sujet dans ce cadre activateur de mises en correspondance. Ce *corps en travers* que les jeunes suicidants ont voulu laisser sur le chemin de leurs proches, c'est une *représentation* que nous allons prendre en compte et explorer. Au lieu d'en rester aux maigres indications fournies dans le dossier médical, du type : « Magali, 15 ans, admise après une intoxication médicamenteuse volontaire, entre parenthèses avec tel médicament, est restée dans le coma pendant huit heures », nous allons reprendre tous les détails de cet événement dramatique. La jeune fille a été retrouvée vers 20 heures par sa mère, qui rentrait du travail, ce soir-là un peu plus tard que prévu. L'adolescente gisait les bras en croix en travers de son lit, et elle avait sur elle tous ses bijoux. Dès la porte d'entrée, la mère a trouvé des cachets bleus qui jonchaient le sol et cette piste menait directement à la chambre de Magali. Ces cachets étaient ceux du père, soigné pour problèmes cardiaques. Des bêtabloquants chargés de ralentir le rythme du cœur. Pourquoi a-t-elle avalé ces médicaments-là ? À son réveil, la jeune fille dira qu'elle a pris ce qu'elle avait trouvé dans la pharmacie familiale, sans savoir si ces cachets étaient plus dangereux que les autres. C'est leur couleur qui l'avait attirée. Bleus, comme les « coups au cœur » qu'elle avait reçus en apprenant que son petit ami l'avait trompée avec une de ses copines. Faisait-elle spontanément un lien entre ces « brisures de cœur » déclinées au propre et au figuré ? Non, bien sûr, et cela n'aurait servi à rien que de le lui révéler de manière abrupte. Mais parler de son acte en répondant à toutes ces questions *de détail* fait surgir en elle des correspondances qui l'amèneront peu à peu à explorer elle-même les voies menant du cœur paternel au cœur amoureux, et donc à mieux percevoir le sens de sa souffrance.

L'histoire de l'acte comporte des ressorts cachés. Le facteur déclenchant est à la fois révélateur de la problématique en cause et écran de fumée destiné à la masquer. Même si l'adolescente ne le sait pas consciemment, tout ce qu'elle a mis en scène est destiné à dire et à forcer quelque chose pour que la piste ne s'arrête pas à l'événement déclencheur. C'est le paradoxe de ce geste délibéré qu'est une TS. Voilà un geste volontaire, incontestablement, mais dont les tenants et aboutissants échappent en grande partie à la conscience du jeune suicidant.

Miser sur les ressources vives

L'expérience m'apprend vite que ceux que j'appellerai plus tard les « ados.com *en vrille* » sont généralement très intelligents et sensibles. Ces ressources sautent souvent aux yeux, tant ils se révèlent capables de faire trembler leur entourage et d'échafauder des plans complexes pour fuir la réalité tout autant que leurs peurs irraisonnées. L'importance de ces richesses intérieures peut toutefois rester longtemps sous-estimée parce que les éclats que produisent ces jeunes les font briller par l'échec plutôt que par la réussite. Certains s'acharnent littéralement à se faire reconnaître *en négatif*, tandis que les autres ne parviennent pas à mobiliser leurs ressources pour se sortir de leurs difficultés autrement qu'en adoptant des conduites à risque. Toute leur énergie est mobilisée pour « exister *autrement* », c'est-à-dire pour devenir acteur et non victime des événements, jusqu'à mettre en jeu leur propre vie. S'ils amplifient jusqu'à la rupture ce que tous les adolescents cherchent à faire pour cesser de subir passivement la métamorphose pubertaire et la dépendance aux parents, c'est que celles-ci ravivent en eux des souffrances jusque-là supportables ou silencieuses. L'adolescence bouleverse leur mémoire et leur corps sexué, provoquant un véritable « débordement intérieur » qu'ils s'efforcent de neutraliser, d'endormir, d'oublier, au moyen de tous les excès. Ils veulent garder la maîtrise sur ce qu'ils produisent, agir au lieu de subir, se couper des émotions et des sentiments, s'éprouver au contraire dans les sensations fortes jusqu'à préférer la douleur physique à la souffrance morale, et tout cela sans avoir à parler, s'expliquer, se justifier auprès de leur entourage. Leur vive intelligence et leur extrême sensibilité se trouvent paradoxalement engagées à *ne plus penser* et à *ne plus ressentir*. C'est sans doute la raison pour laquelle nombre d'observateurs croient à tort que ces jeunes « font n'importe quoi », ces mises en actes étant sommairement interprétées comme de simples décharges pulsionnelles dénuées de sens.

Le malentendu ne s'arrête pas là. Nos jeunes patients utilisent leurs ressources à *produire* des actes pour cesser de souffrir, sans savoir que cette opération – loin d'être une réduction – est au contraire une *traduction* du mal-être, du sens figuré au sens propre. Et non seulement la signification profonde de ce qu'ils agissent ainsi leur échappe, mais ces « productions » sont, beaucoup plus qu'ils ne l'admettent eux-mêmes, destinées à être vues et reconnues. Elles sont incarnées et « jouées » sans être accessibles à la conscience de leurs acteurs. Il s'agit de *représentations* qui réclament une scène, mais qui obligent les observateurs à ne pas rester en position de spectateurs passifs, voire de témoins pris en otage. Les productions interpellent et demandent à être contenues, pour tout dire *cadrées*, et les soignants doivent chercher à leur faire correspondre des actes fortement symboliques. À charge pour les soignants, non de délivrer des interprétations que ces jeunes ne pourraient pas *entendre*, mais de leur offrir des supports réels pouvant entrer en résonance avec leurs agissements. En somme, répondre aux *actes de souffrance* par des *actes de soin*, dans un cadre capable de contenir et de mettre en scène ces représentations.

Les jeunes suicidants ont des ressources à mettre en valeur, mais du côté des soignants la question des moyens à mobiliser se pose également en termes économiques. Notre philosophie du soin qui ne nie pas les troubles mentaux et leurs exigences thérapeutiques, y compris chimiques, se heurte violemment aujourd'hui à l'« esprit de réduction » qui l'emporte sur toute autre considération. On réduit la souffrance psychique à l'angoisse ou à la dépression qu'il faut « anxiolyser » ou « corriger », on réduit les effectifs des soignants en transformant l'hôpital en entreprise, et on réduit l'évaluation des pratiques au seul rapport coût-efficacité à très court terme. Une telle vision manque de perspective. Ce point de vue est partagé par d'autres collègues et par d'autres équipes qui voudraient travailler dans le même sens, mais qui n'en ont pas les moyens humains. Les temps sont difficiles pour les soignants de santé mentale ayant à cœur de privilégier la relation thérapeutique, et non de se contenter d'administrer des médicaments. Cette approche par l'échange, la relation, l'exploration de ce qui a pu conduire le jeune suicidant à désirer que *tout s'arrête* a évidemment un coût en termes de ressources en personnel spécialisé. Tous les raccourcis du genre : « Il est dépressif, donc je lui donne un médicament antidépresseur et j'ai répondu, au moins partiellement, au problème » sont des réponses visant l'économie de moyens. C'est aller au moins cher. Le constat est là : il y a encore des départements en France où il n'existe aucune unité pour accueillir des adolescents en souffrance. Il faut espérer que les besoins en la matière sauront convaincre l'opinion publique d'en soutenir la création.

Couper n'est pas forcément rompre

À l'UMPAJA, en préambule à chaque séjour – qu'il s'agisse ou non de la première hospitalisation –, nous proposons un acte de soin inaugural destiné à solidariser les adolescents en détresse et à les mobiliser sur un registre métaphorique. Cet acte qui ne « souffre » aucune exception s'énonce comme une condition préalable à l'admission : pour être admis, chaque adolescent doit accepter une coupure initiale de quarante-huit heures avec sa famille, ses amis et le reste du monde, c'est-à-dire s'abstenir durant ce laps de temps de tout appel téléphonique, de toute visite et de toute permission de sortie. Pourquoi avoir établi une telle mesure ? Pour prendre au pied de la lettre leur besoin de rupture, mais en lui donnant une forme acceptable. L'institution hospitalière leur dit alors : « Vous ne supportiez plus rien et avez voulu faire cesser votre souffrance en vous coupant de tout, nous vous proposons nous aussi une coupure pour vous aider à vous poser. Laissez-vous faire, c'est nous qui la gérons, nous l'avons fixée à quarante-huit heures, elle sera donc supportable. Pendant ce laps de temps, vous devez accepter de suspendre tous les échanges avec l'extérieur. Vous allez vous concentrer sur vous, découvrir vos *semblables* et commencer à échanger avec nous. C'est le début d'un travail collectif destiné à mieux comprendre d'où vient votre souffrance pour mieux l'apaiser. »

Nous n'avons pas réalisé au début à quel point ce dispositif allait se révéler pertinent, tant auprès des jeunes suicidants ayant agi la rupture à travers un coma toxique, que des adolescents qui se coupent en s'automutilant et dont le nombre ne cessera d'augmenter à partir des années 2000. Intuitivement, au départ, il nous paraissait important de ne pas mettre ces adolescents en rupture dans une position de quémandeurs d'aide, eux qui avaient précisément décidé d'éviter toute discussion ou introspection en se coupant du monde. Ils attendaient qu'on les reconnaisse et qu'on les admette tels qu'ils étaient. Leur offrir dès l'admission une coupure de même taille que celle qu'ils s'étaient infligée (le temps écoulé entre le moment où ils ont avalé des cachets pour se suicider et leur sortie de réanimation est en moyenne de 48 heures) en *signe d'intégration* a été d'emblée vécu comme une preuve de reconnaissance. Non seulement nous continuons, dix-neuf ans plus tard, à la proposer, mais cette coupure n'est qu'exceptionnellement refusée par nos patients. Voilà une illustration de ce qu'est le passage du sens propre au sens figuré. Les adolescents se saisissent de ce moment de coupure comme d'un temps d'apaisement puisque c'est ce qu'ils visaient à travers leur passage à l'acte. Ils disent tous, par la suite, que ce temps de repos à l'entrée de l'hôpital était, sans qu'ils le sachent, exactement ce qu'il leur fallait. Aucun ne l'a vécu comme un enfermement ou une privation de droits. Certains auraient même voulu que cette « isolation » continue encore un peu, comme Justine, 15 ans, qui a vécu les quarante-huit heures comme une gaine protectrice évitant les étincelles du « contact électrique » avec ses proches. D'autres parlent de cocon protecteur qui les a enveloppés, leur donnant le sentiment d'être moins démunis, moins à vif.

Cette pause leur permet de commencer à découvrir ceux qui, comme eux, ont voulu tout arrêter. Et ces confrontations les conduisent à interroger les motivations de leur acte avant de s'en ouvrir peu à peu aux soignants, en général au bout de cinq à six jours. Tous ont cette conviction qu'ils ont d'abord besoin de se reconnaître entre pairs avant de pouvoir faire confiance à l'équipe soignante. Manière pour eux de « faire corps » afin de renforcer leur identité blessée, ce que l'équipe cherche à favoriser plutôt qu'à empêcher. Les soignants ne sont ni des « empêcheurs » ni des gardiens. Ce sont les garants d'un cadre d'évolution, et eux aussi des acteurs capables de rappeler aux patients les limites de leur mode relationnel. Pour les soignants, il s'agit de prendre le relais de la réanimation médicale en offrant un *lieu de transition* où personne ne cherche à obliger personne à rendre des comptes sur le passage à l'acte qu'il a effectué, mais où se joue une véritable « réanimation symbolique », à savoir une restauration du sens de la rupture suicidaire.

Partie II

LES IMAGES PRISES AU MOT

CHAPITRE 5

Les ados.com affichent leur souffrance : impossible de ne pas la voir

Les jeunes d'avant l'ère numérique n'étaient pas en reste pour avoir le geste plus vif que la parole. Ils savaient (se) manifester en faisant corps entre pairs, s'insurger contre l'ordre établi, rompre bruyamment avec lui, voire – en situation de déroute ou de faiblesse – *se livrer*, les uns aux excès de violence, les autres aux abandons de toute sorte, dont ce fameux « corps en travers » que nous venons d'évoquer. Agir « en plein » ou « en creux », briller par l'hyperprésence ou l'absence, s'associer pour passer en force, telles sont les réactions éprouvées que tous les jeunes ont toujours su opposer plus ou moins vivement aux adultes les ayant en charge. Le *fossé des générations* séparait ainsi les jeunes « incompris » et les adultes « mal comprenants », ce qui avait l'avantage d'être net et précis, et l'inconvénient de rester assez fixe et rigide. Aujourd'hui, les lignes bougent tellement que la confusion menace. Dans une société de l'image et de l'individualité, avec une tendance au jeunisme sans cesse accrue, tout se passe comme si les adolescents devaient savoir *se distinguer* face à des adultes revendiquant la maintenance continuelle de leur propre jeunesse. Un déplacement des zones d'affrontement potentiel s'opère au plus près du corps de chaque adolescent, pour y trouver des limites, rendre l'identité moins confuse et floue, convoquer parents et adultes au ras de toutes les provocations. C'est le temps des *marques*, vestimentaires et réversibles, ou cutanées et indélébiles. Et c'est aussi l'*exposition permanente de soi* – ce qu'illustrent les petites lolitas devenues des « plagistes de ville » de plus en plus dévêtues en toutes circonstances. En consommateurs avertis, les adolescents cherchent à se faire reconnaître à travers leur look, leurs parures et leurs postures. Ils se veulent *au top*, c'est-à-dire *en haut de l'affiche* du spectacle de leur propre incarnation. Et ce n'est pas un hasard si les inscriptions cutanées de type piercing ou tatouage fleurissent autant sur la peau des ados.com pour *dire* l'embellissement de soi, l'appartenance ou l'affirmation identitaire.

Ceux qui vont mal ne peuvent s'en contenter. Ils doivent heurter, trancher, se hérisser, faire crisser leur corps pour exprimer leur détresse. Jusqu'au début des années 2000, la moyenne d'âge des patients que nous recevons dans l'unité des jeunes suicidants est de 17 ans. Environ trois cents patients par an y font un ou plusieurs séjours de trois semaines. Pour plus des deux tiers, il s'agit de jeunes filles qui, depuis l'âge de 15 ans, se sont signalées par des « absences » répétées, déclinées sous forme de fugues, de syncopes et de crises de spasmophilie, avant d'en venir aux léthargies comateuses de la TS médicamenteuse. Les jeunes hommes suicidants ont eux aussi, pour moitié, connu la fugue et le coma toxique, donc la fuite et l'oubli dans l'espoir d'un changement d'état qui s'opérerait en quelque sorte « sans eux ». Les autres se sont montrés violents, contre autrui ou contre eux-mêmes, multipliant les cassures au sens propre et au figuré pour se couper de tout et ne plus souffrir. Au fil des années, notre équipe observe une évolution de ces manifestations, en lien avec l'importance croissante prise dans notre société par l'« esprit de consommation » et l'image de soi. Les jeunes qui vont mal consomment à outrance alcool et drogues, et ils s'abandonnent au bout de la nuit en coma éthylique, le *corps en travers* de la chaussée, au milieu des traces de leurs déchirures – canettes et bouteilles vides, et traînées de vomi. Dans le registre alimentaire, les crises de boulimie suivies elles aussi de vomissements, ceux-là délibérés pour éviter toute incidence sur le poids, laissent également des « reliefs » que l'entourage finit par découvrir, bien qu'elles soient effectuées en cachette. Ces adolescents laissent des traces tangibles de leur passage, comme pour confirmer leur existence et interpeller les adultes qui les ont en charge. Ils vont aussi s'employer dorénavant à le manifester à travers leur look et l'attaque de leur peau. Ils ne s'effacent plus, certains continuent à se battre contre autrui, mais beaucoup de combats se transforment *en corps à corps avec soi-même*. Ils s'affichent en se montrant *mal dans leur peau*, au pied de la lettre. Ils continuent à se couper, mais le font en s'en prenant à leur apparence, forçant jusqu'à la caricature les traits des nouveaux attributs de la nébuleuse naissante des ados.com.

À fleur de peau

Ce qu'ils ne peuvent pas dire, les ados.com en souffrance le « hurlent à corps perdu » et recourent pour cela aux visages cloutés, aux appendices percés et aux peaux scarifiées pour exprimer leur besoin immense de marquage identitaire afin de se sentir exister. Ceux qui arrivent chez nous après une TS débarquent parés de signes et insignes exprimant le « grand écart », la rupture, la crainte du contact, voire la torture auto-infligée. Ils affichent qu'ils sont à feu et à sang, écorchés vifs. Leur but n'est pas de séduire, mais de se distinguer de manière radicale et de l'inscrire à fleur de peau, en multipliant les piercings et les tatouages, en se hérissant de pointes et d'emblèmes provocants, comme pour avertir qu'ils refusent qu'on les touche.

Véritables écorchés vifs, ils font de leur peau l'écran de projection de leurs affres intimes. Ils se lacèrent, s'abrasent ou se brûlent la peau, et ont de moins en moins de choses à en dire, sinon qu'ils en ont « marre de tout », qu'ils se détestent ou qu'ils ne savent pas se calmer autrement qu'en s'automutilant. Ils expriment le besoin de se *marquer* le corps pour afficher leur souffrance, *faire trace* pour en témoigner et, sans le savoir, révéler leurs blessures intérieures indicibles. Avec mon équipe, nous allons peu à peu voir le corps de ces ados devenir ainsi le principal « théâtre » des affrontements et des revendications. Le mot ne doit pas être pris pour synonyme de fausseté des apparences destinée à leurrer, exercer un chantage sur les observateurs. Le « jeu » des représentations qui s'y produit convoque en effet reconnaissance et réactions, mais il échappe en grande partie à la conscience de ses acteurs. Nous réalisons que nous allons devoir imaginer d'autres scènes de projection que les seuls entretiens thérapeutiques, afin de les aider à en comprendre le sens.

Un autre constat s'impose : ces ados sont de plus en plus jeunes à manifester leur mal-être à travers ces conduites de rupture qu'ils cumulent souvent. La moyenne d'âge de nos patients est aujourd'hui de 15 ans, et la part des 13-14 ans augmente chaque année. Comment expliquer ce phénomène d'entrée plus précoce dans les troubles du comportement ? Si l'on s'en tenait au seul point de vue abadien, on pourrait dire – ce qui est par ailleurs fondé – que nos principaux correspondants médecins, infirmières de santé scolaire, éducateurs de foyer, etc. sont aujourd'hui mieux formés, donc davantage en mesure de nous adresser très tôt les jeunes en difficulté sans attendre que la situation ne dégénère. Mais l'observation dépasse largement nos vues. Les années collège voient se révéler des troubles qui ne débutaient autrefois qu'au lycée. Les tensions identitaires s'expriment plus tôt, ce qui là encore suit l'évolution de la jeunesse dans notre société : l'enfance se comprime, l'adolescence se dilate, et l'orée de l'âge adulte se floute. L'émergence de la puberté ne constitue plus aussi clairement qu'auparavant la lisière distinguant les enfants des adolescents, surtout entre 11 et 14 ans. Il y a aujourd'hui des adolescents *avant l'heure*, même si le propos peut paraître exagéré. Enfants de l'image et de la communication, les plus jeunes sont déjà des ados.com en herbe aspirés par la « planète ado » dont ils épousent les us, les coutumes et les débordements. À l'autre pôle de la nébuleuse, beaucoup de « vieux adolescents » continuent, bien au-delà de 18 ans, à recourir aux mêmes expédients face aux difficultés auxquelles ils ne parviennent pas à faire face.

Se sentir exister

Qu'il ait l'impression d'être *transparent* aux yeux de ses proches, que son identité soit floutée du fait des mystères de ses origines ou des non-dits qui le concernent, qu'il ait été sali ou humilié par les violences subies, ou encore que des démons intérieurs l'agitent, l'adolescent en souffrance éprouve le douloureux sentiment de « non-exister ». Dans le but de retrouver de la densité, de l'épaisseur et de la netteté existentielles, il doit en quelque sorte surligner ses contours, quitte à trancher dans le vif de sa chair, s'incarner en jouant de son apparence et de ses postures, et se doter d'un sillage, faire trace pour être pris en compte, *reconnu*. Avec mon équipe, nous avons eu l'intuition que cette reconnaissance devait passer par la confiance, et qu'il ne fallait pas confondre vigilance et surveillance. Sorti des quarante-huit heures d'isolement, l'adolescent suicidant hospitalisé à l'UMPAJA du centre Abadie est libre de sortir dans le petit parc entourant le bâtiment par demi-heures renouvelables, à la condition d'en informer l'infirmière qui prend note du moment où il « descend » et de celui où il « remonte » dans l'unité. Une étrange comptabilité temporelle qui surprend nos élèves infirmiers stagiaires, mais qui va beaucoup plus loin qu'une simple réassurance en termes de responsabilité. Cette mesure souligne l'importance que nous donnons à la *présence* de chaque adolescent, tout en le maintenant à disposition des soignants qui voudraient s'entretenir avec lui puisqu'il est là pour se soigner. Reconnu comme responsable de lui-même, le jeune suicidant n'a pas à justifier ses allées et venues. Ni suspect ni coupable, il doit en revanche se signaler, respecter à la lettre ces conditions de déplacement, signifiant ainsi qu'il est partie prenante de ce travail de *reconnaissance* qui débute et qui doit aussi s'entendre comme une exploration à laquelle il est étroitement associé. La consigne est formelle, mais elle ne juge pas et ne discrimine personne. Elle lui permet d'intégrer le cadre, donc de s'approprier à son insu les temps de réflexion et ceux de détente. Les jeunes gens sont souvent très surpris : « C'est incroyable, vous nous faites confiance ! On pourrait très bien ne pas remonter. » Nous leur expliquons alors que s'ils ne remontaient pas, ils ne joueraient pas le jeu et pourquoi auraient-ils accepté alors d'être avec nous ? Le centre est un lieu ouvert où l'on vient de son plein gré. S'ils ne sont pas d'accord avec la méthode, personne ne les attachera. Quelle est la liberté qu'ils revendiquent, sinon celle de ne plus être le jouet des circonstances ? À nous de leur proposer un cadre rassurant, à eux de chercher à comprendre avec nous ce qui les déborde et les torture.

« À feu et à sang », autoportrait de Clara, 16 ans, centre Abadie.

Marquer son corps

À partir des années 2000, une néosymptomatologie apparaît ainsi chez les adolescents suicidaires comme chez certains jeunes anorexiques-boulimiques dont nous avons été amenés à nous occuper plus tard. Un double mouvement consistant, d'une part, à *inscrire* à la surface de soi les signes et stigmates de la rupture et, d'autre part, à *exprimer* de l'intérieur de soi vers l'extérieur, les tensions débordantes à travers rejets et saignements. L'inscription fait trace, et l'expression violente réalise une sorte de purge évacuatrice « projetée à la face du monde », même si elle a été le plus souvent effectuée en secret et que leur auteur se défend parfois farouchement de vouloir l'exposer. Les vomissements provoqués faisant suite aux crises de boulimie en sont, nous le verrons, une illustration. Et les scarifications en représentent une autre modalité particulièrement courante. Nos adolescents ne se contentent plus de dire : « Je vais mal, j'en ai marre, le monde est pourri, je le rejette et j'ai envie d'en finir. » Ils sont de plus en plus nombreux à afficher leur mal-être d'une manière qui nous saute littéralement aux yeux. Ceux qui exposent *à fleur de peau* des scarifications, des brûlures, des abrasions, parfois des morsures qu'ils s'infligent, le font soit pour se punir, soit pour se soulager. Se punir de quoi ? D'avoir eu des « mauvaises pensées », par exemple d'avoir souhaité la mort d'un proche dont l'adolescent se sent directement ou indirectement la victime. Et la peau devient alors le théâtre de tortures qui incarnent à la fois les violences subies et les pensées enragées qu'elles ont fait naître. Mais, le plus souvent, l'adolescent dit vouloir *se soulager*, d'une part en choisissant de transformer la souffrance psychique diffuse et impalpable qu'il ressent en *douleur physique* circonscrite, visible et contrôlée, et d'autre part en réalisant une saignée purificatrice destinée à « faire sortir » le mal. L'adolescent s'automeurtrit avec ses ongles ou plus fréquemment à l'aide d'un objet que d'aucuns jugeraient insignifiant (morceau de verre, fragment de lame de rasoir, couvercle de CD), mais qui a de l'importance au niveau symbolique parce qu'il provient généralement d'un proche.

Dans les formes typiques, l'adolescent s'inflige ces lésions de façon superficielle au niveau du poignet et de

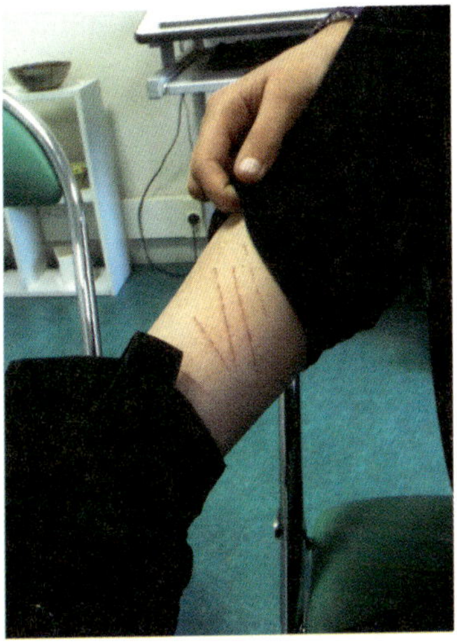

« Faire sortir le mal », scarifications de Chloé, 14 ans.

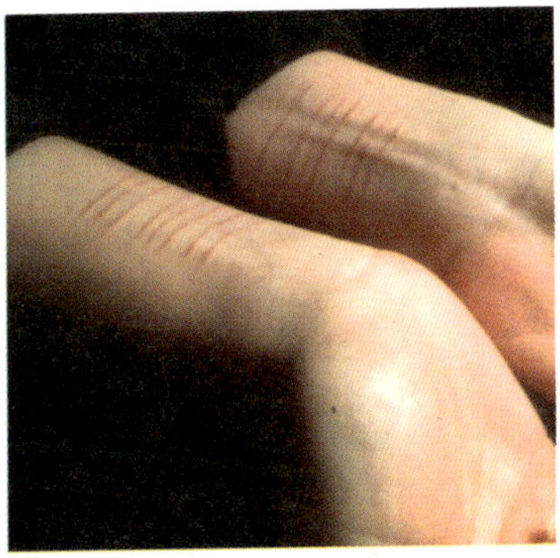

« Mon code-barres », scarifications de Sandra, 16 ans.

l'avant-bras, parfois sur le dos de la main, plus rarement sur la jambe lorsqu'il veut absolument les cacher à son entourage. Les deux poignets ou les deux avant-bras peuvent être attaqués, mais le plus souvent seul le côté opposé à la main directrice est concerné. Pourquoi à cet endroit du corps et pas ailleurs ? Parce que l'adolescent a besoin de *voir de près* l'effet produit afin d'en contrôler l'importance et d'être lui-même spectateur de cette scène au cours de laquelle la blessure fait plus ou moins sourdre du sang. Cette opération lui permet littéralement de *reprendre ainsi la main* sur sa souffrance, tandis que l'une agit sur l'autre qui subit, sous le contrôle constant du regard. La scarification fine et délicate a plutôt valeur d'incision évacuatrice, mais lorsqu'elles sont multiples et parallèles les unes aux autres, elles ont aussi pour but d'inscrire une marque personnelle sur soi, à l'image de Sandra, 16 ans, qui lorsqu'on lui demandait son nom répondait : « Je ne m'appelle pas », tandis qu'elle exhibait ses avant-bras scarifiés avant de préciser en guise d'identité : « Voilà mon code-barres ! » Le poignet est également un endroit du corps où se distinguent par transparence les veines – ces « liens de sang » – que les coupures viendront barrer, rayer, pour dire en images combien l'adolescent rêverait de pouvoir s'affranchir de ses attaches ou de ses pensées aliénantes.

Le passage à l'acte libérateur peut ainsi avoir différents niveaux de sens, comme les métaphores. Les brûlures auto-infligées par la braise d'une cigarette réalisent des lésions punctiformes qui « doivent faire mal et faire trace », articulant sadisme et masochisme, exposant souvent à l'insu de leur auteur des tortures révélatrices de violences sexuelles subies dans l'enfance. Les abrasions cutanées forment des plages de peau lésée plus ou moins étendues qui signent combien l'adolescent se sent à vif, littéralement à feu et à sang, dans l'incapacité de supporter la proximité d'un proche *trop proche*. Ajoutons que poignets et avant-bras meurtris pourront facilement s'exhiber ou au contraire se cacher, et parfois se révéler de manière imprévue au cours d'« effets de manche » échappant à la conscience du sujet. Il arrive en effet que l'adolescent « oublie » de masquer ses blessures en portant un T-shirt à manches courtes ou qu'il enveloppe son avant-bras dans un manchon tellement volumineux que tout le monde ne peut que s'interroger sur ce qu'il y a dessous. Ce « jeu » du *montré-caché* fait partie intégrante de la problématique, témoignant d'une avidité non assumée de reconnaissance. En faisant jaillir les blessures de l'âme à la surface de lui-même, l'adolescent les exprime et les révèle sans savoir qu'il transpose de la sorte ses souffrances les plus secrètes en plaies offertes au regard de tous. Ces violences auto-infligées ont indéniablement un effet apaisant à travers l'*expression* qu'elles réalisent, mais l'apaisement reste de courte durée tant que son auteur ne peut les traduire en mots et qu'elles ne sont pas reconnues à leur juste valeur par l'entourage, c'est-à-dire prises en compte et jugées *impressionnantes*. Elles sont par conséquent destinées à se répéter de manière plus ou moins *addictive* ou à s'aggraver, faute de sens et de reconnaissance.

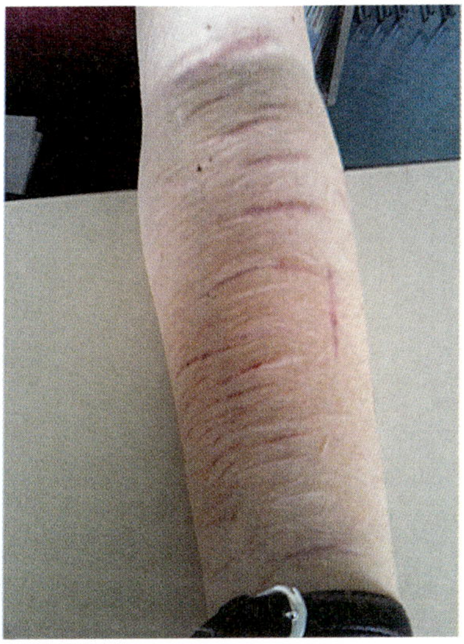

« Mes conneries »,
lésions de Mélanie, 16 ans.

Et, lorsque ce n'est pas sur sa peau que l'adolescent donne à voir ses tourments, c'est sur un écran, autrement dit sur son blog, ou aujourd'hui sa page Facebook, où il va s'exposer à travers des poèmes, des photos provocatrices mêlant diverses exhibitions dont celle de son avant-bras ensanglanté, comme si cet *affichage de l'intimité* – frappant par son outrance et son registre paradoxal – venait là encore réaliser un mouvement libérateur allant du dedans vers le dehors, du caché vers le montré, du subi vers l'agi. On est loin de la simple « décharge pulsionnelle » et bien plus près d'une tentative de *mise en représentation* dans tous les sens du terme. Non seulement l'ado.com en souffrance s'expose au regard, mais il le fait en interprétant à son insu sur le « théâtre » de sa peau les violences intimes qui l'agitent et le débordent. À charge pour les soignants de rendre davantage lisibles ces correspondances à travers de nouveaux outils thérapeutiques favorisant figurations et représentations.

Avant d'en arriver à cette conclusion, nous avons dû beaucoup travailler sur ces questions, décrire en détail ces « attaques d'enveloppe » jusque-là peu étudiées, ces *blessures cutanées auto-infligées* – expression que nous estimons plus juste que celle d'*automutilations* employée de manière générique par la littérature psychiatrique. Le latin *mutilare* signifie sectionner un membre ou un segment de membre de manière irréversible. Or ces jeunes gens ne se mutilent pas, la plupart du temps, à la manière des patients psychotiques capables de se crever un œil ou de se couper un doigt. Pour eux, il ne s'agit pas de se couper d'une partie de soi pour s'en défaire, se démembrer, mais de *se couper* de réalités psychiques intolérables ou de s'infliger des violences davantage supportables que celles qui hantent leur vie intérieure.

Ce sera le sujet de mon livre *Ado à fleur de peau,* que je publie en 2006 et de *L'Adolescence scarifiée,* en 2009, réalisé avec mes collègues du centre Abadie. Scarifications et brûlures cutanées s'observent typiquement chez les adolescentes. Tandis que les garçons ont tendance à exprimer leur souffrance en projetant leur corps pubère dans l'action (et souvent l'exaction et le recours aux toxiques), les filles font de leur propre corps le théâtre principal des affrontements. Elles se scarifient ou se brûlent pour « faire sortir » leurs tensions intimes et les exposer à fleur de peau. Sans l'inscrire n'importe où : elles ne veulent pas porter gravement atteinte à leur intégrité corporelle ni abîmer davantage l'image dévalorisée qu'elles ont d'elles-mêmes.

On doit considérer comme « atypiques » (c'est-à-dire très inquiétantes) les coupures et abrasions survenant avant l'âge de 10 ans, celles que s'auto-infligent les garçons, et surtout celles qui affectent certaines parties du corps – en particulier la face, le cou, la poitrine, le ventre, le haut des cuisses, voire les organes génitaux. De telles caractéristiques suggèrent l'existence de failles identitaires majeures qui doivent faire évoquer l'hypothèse de graves troubles de la personnalité ou de l'humeur.

« Penser » les blessures

Les soignants du centre Abadie sont chargés d'observer et de soigner ces blessures « typiques » ou « atypiques » avec une extrême attention alors que, dans d'autres services, on s'emploie à les banaliser. On parle de griffures sans gravité auxquelles il ne faudrait pas accorder d'importance, sous peine d'en favoriser la survenue. Certains vont même jusqu'à croire qu'en les frictionnant vigoureusement avec un coton imbibé d'alcool ils vont décourager les récidives. Comme si fermer les yeux ou faire assaut de sadisme pouvait être thérapeutique ! La délicatesse dont font montre nos infirmières est, au contraire, toujours une invitation aux confidences, aux larmes, au partage. Nous avons eu un jour une commande de la part d'une école d'infirmières : réaliser un petit film sur la manière dont nos soignants traitent les violences cutanées auto-infligées. Nous interprétons alors cette demande comme celle d'un document montrant les gestes techniques à effectuer en pareille circonstance. Dans l'infirmerie, on place une caméra fixe sur pied pour filmer en gros plan le soin, et un soignant se met au travail puisqu'une jeune fille s'est scarifiée dans la matinée. Le reportage fait, nous visionnons peu de temps après le document en équipe. La séquence est centrée sur l'avant-bras de la jeune fille qui tremble sous le coup de la tension. Nous entendons en voix *off* l'infirmier lui parler très délicatement : « Voilà, pose ton bras sur la table, je vais mettre un peu d'eau oxygénée sur ta plaie », et il devance ainsi étape par étape les gestes qu'il va produire pour traiter la blessure. Le bras de la jeune fille s'apaise peu à peu et finit par s'immobiliser. Et lorsqu'il laisse goutter sur l'avant-bras l'eau oxygénée, la magie des images capture un moment clé : une goutte vient se poser très exactement sur la plaie sans se répandre et reste en suspension, frissonnante mais intacte comme une perle. L'infirmier et la jeune fille font alors silence, sans doute sous le charme de ce qu'ils sont en train d'observer. Et au moment où la goutte se répand, la jeune fille commence à parler et à associer. L'image lui permet de convoquer un souvenir ancien. Lorsqu'elle était petite et que ses parents se disputaient dans la chambre à côté, son cœur battait tellement la chamade qu'elle essayait de retenir sa respiration pour « tout entendre » de l'algarade parentale. La goutte en suspension a fait métaphore. L'acte de soin a servi de support. Comment amener l'adolescent à *s'exprimer* par des voies moins destructrices que celles que son mal-être convoque ? Voilà le vrai sujet qui va mobiliser toute notre équipe : trouver des supports, des surfaces de projection, des mises en représentation suffisamment « réfléchissantes » pour qu'elles aident l'adolescent en difficulté à laisser un sillage et à dire son mal-être. À nous de nous montrer ouverts et créatifs...

Un nouveau langage

Centre Abadie, 23 heures. Lorsque Mélanie qui vient de faire une crise d'angoisse dans sa chambre se présente auprès de l'infirmière pour obtenir de l'aide, c'est habillée et parée en tenue de soirée avec une larme rouge peinte sur la joue et en tenant son bras tendu devant elle pour exposer son poignet ensanglanté. La larme est factice mais la plaie est bien réelle, et la soignante invite la jeune fille à entrer dans l'infirmerie pour la soigner et l'explorer. Que s'est-il passé ? Mélanie a « pété un câble » en repensant à sa mère qui dans l'après-midi a refusé de lui apporter des cigarettes. Elle tremble de tous ses membres et c'est seulement quand l'infirmière commence, après l'avoir fait asseoir, à aborder délicatement la blessure avec une compresse humide que Mélanie se détend. Les mots et les larmes vont peu à peu venir, comme « accouchés » par les gestes sûrs et délicats de l'infirmière qui, tout en parant la plaie, interroge l'adolescente avec ménagement. Pourquoi le refus maternel a-t-il pris de telles proportions ? Et Mélanie d'indiquer qu'elle ne se sent pas respectée, que ses demandes personnelles sont toujours rejetées, alors que sa mère ne se prive pas de lui imposer toutes sortes de choses, comme d'accepter ce beau-père qu'elle déteste et leur nouveau lieu de résidence qui l'a coupée de tous ses amis. Déteste-t-elle par la même occasion sa dépendance que cette histoire de cigarettes vient illustrer ? Mélanie est d'accord, elle en veut paradoxalement à sa mère de lui être aussi attachée avec autant d'exclusivité. « Comme à une drogue », finira-t-elle par admettre. La jeune fille semble maintenant apaisée. Au fait, pourquoi s'est-elle mise en grande tenue, en contradiction avec l'heure et le lieu ? Elle ne voulait pas avoir l'air d'une pauvre petite fille abandonnée à l'hôpital, c'était une revendication d'autonomie.

Chez les adolescents qui vont mal, maquillage, tenues et parures inspirent au sens propre la noirceur, la déchirure, l'aspect composite, voire éclaté de leur identité. Et l'on observe qu'ils détournent la mode et certaines tendances du *body art* pour traduire leurs blessures. Les emprunts aux courants « gothique », « satanique » et « romantique » se mêlent pour exprimer leur hypersensibilité, leurs idées noires tout autant que leurs tortures psychiques, leurs désillusions et leurs craintes du lendemain. Le corps devient lui-même le support de ces représentations et la peau l'écran de projection de ces états d'âme. Piercings hérissés et tatouages – repoussants ou au contraire tranchants par leur paradoxale poésie – voisinent avec les scarifications, les abrasions et les brûlures cutanées auto-infligées.

Dans un monde qui ne cesse d'inciter à communiquer par l'image, est-il étonnant que les adolescents choisissent de se dire à travers des actes, des mises en scène, des figurations ? À l'orée des années 2000, nous réalisons que nous ne pouvons plus continuer à nous référer à une psychologie de l'intemporel imperméable à l'évolution des mentalités, elle-même liée à celle des sciences et des techniques. Notre équipe décide de faire évoluer ses pratiques pour s'adapter. Comment en effet faire renaître l'espoir et l'envie chez des adolescents en mal-être, sans prendre appui sur ce qui les mobilise ? Bien entendu, nous n'abandonnons pas les grands invariants de la psychologie que sont le complexe d'Œdipe, la différence des sexes et des générations, la notion de conflit intrapsychique ou encore celle de relation transférentielle. Mais nous acceptons d'explorer les modalités adaptatives qu'utilisent les ados en crise – qui deviendront bientôt les ados.com en souffrance – pour assumer ces mouvements psychologiques ou s'en défendre. Le danger pour les psys est de se tenir à l'écart de ces mutations.

Les adolescents nous charrient d'ailleurs gentiment à ce sujet. Certains ont déjà eu affaire à des psys durant leur parcours d'adolescents en difficulté, et ils ont fait l'expérience de l'incommunicabilité. Par exemple, le psy sombre et silencieux qui restait tapi dans son retrait, et eux devant lui qui devaient se livrer en ayant l'impression de parler à un mur ! Le *dia*-logue tournait court faute de duettistes. Ou encore le psy qui ne s'intéressait qu'au discours, se refusant à poser la moindre question à propos de ce qui aurait dû lui sauter aux yeux, à savoir les trois nouveaux piercings que l'adolescent arborait sur son visage ou les scarifications fraîches qui suintaient sur son avant-bras dévêtu. « Je vous écoute », répétait ce praticien en niant ce qui se montrait et se voyait, une attitude délibérée d'évitement, selon le sacro-saint principe qu'accorder trop d'importance à un passage à l'acte revient à en favoriser la répétition, avec l'idée qu'il ne faut y voir qu'une « simple » décharge pulsionnelle. Une sacralisation du seul langage verbal qui ne pouvait pas encourager l'adolescent à parler de ce qu'il avait fait.

Cette évolution des troubles vers les marques corporelles est évidemment liée au contexte sociétal : dans une société individualiste où les limites s'effacent à différents niveaux alors que règne le culte de l'image et que se fait toujours plus pressant le besoin d'autodéfinition de soi, de quoi dispose en propre l'adolescent sinon de son corps pour se distinguer de ceux qui l'ont conçu, affirmer son identité personnelle, tout en exprimant son appartenance générationnelle au groupe des pairs ? Il utilise également le langage, recourant au vocabulaire ado et contribuant à créer une nouvelle écriture des signes axée sur la phonétique par SMS et tchat. Mais il se méfie des mots lorsqu'il s'adresse à un adulte. N'oublions pas que ce sont les parents et les éducateurs qui lui ont appris à parler, à lire et à écrire. Le champ des mots est donc un espace dont les adultes sont en quelque sorte les propriétaires et les garants. Parler avec eux, surtout lorsque ceux-ci ne cessent de l'inviter au dialogue avec insistance, c'est accepter une certaine forme de soumission à l'ordre adulte. Les adolescents les plus rebelles ou les plus démunis le vivent comme un interrogatoire les obligeant à se justifier et ils ont le sentiment qu'ils ne pourront pas *avoir le dernier mot* autrement qu'en rompant la relation ou en l'évitant. À l'image, dans une certaine mesure, des hommes premiers qui avant d'accéder au langage articulé et à l'écriture sur des supports externes (art pariétal, cuir, papyrus, parchemin...) devaient porter sur leur propre peau les signes de leur appartenance, de leur rang, de leur statut, les ados.com sont tentés par les rites modernes du piercing et du tatouage pour se distinguer et

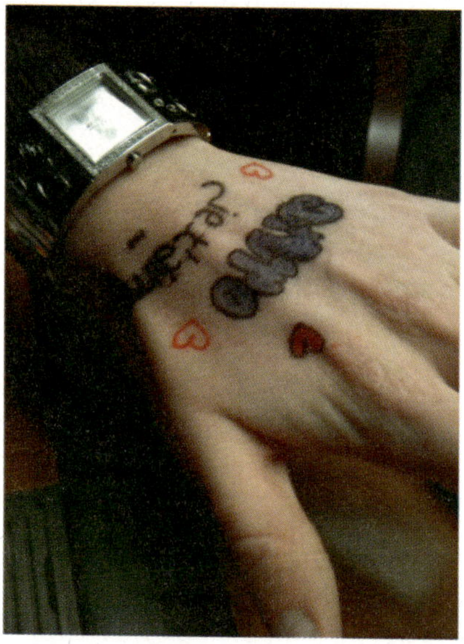

« La main de ma meilleure amie »,
écritures au feutre de Clémentine, 15 ans.

étayer leur sentiment d'appartenance. Pour suivre aussi les tendances du moment, plaire davantage aux pairs. Mais ces marques corporelles ne sont pas seulement des accessoires de mode. Ce sont des *renforts identitaires* qui témoignent d'un besoin croissant de limites visibles et reconnues.

Les adolescents en mal-être ont, en plus, des raisons personnelles d'être en *crise de limites*. Ils sont *mal dans leur peau* et vont recourir aux mêmes marques corporelles mais en les multipliant, en les choisissant agressives ou provocatrices pour *trancher* davantage, devenir nets alors qu'ils se sentent flous. Bien plus, leur hypersensibilité à l'autre les amène rapidement à inscrire eux-mêmes leurs signes cutanés, plutôt que de continuer à se confier aux mains expertes des perceurs-tatoueurs. Les écorchés vifs des temps modernes réalisent leurs propres marques qui leur servent de défenses et de « surligneurs ». Ils s'attaquent la peau pour exprimer leurs souffrances et s'en défaire, les dénoncer et faire trace, en substituant la cicatrice au souvenir. Qu'attendent-ils ? Paradoxalement, eux qui semblent enfermés dans un cercle vicieux où ils sont à la fois victimes et exécuteurs espèrent secrètement une reconnaissance, l'offre d'autres « limites » apaisantes et protectrices, une relation à l'autre à travers laquelle ils pourraient s'épancher, s'en remettre aux mains respectueuses et chaleureuses des soignants – comme les nourrissons dont ils envient les bons soins de leur mère. En se faisant (du) mal, ces adolescents émettent des signes du corps qui doivent être interprétés au pied de la lettre comme un appel au secours : « Nous ne pouvons plus nous supporter et nous sommes mal dans notre peau. Aidez-nous à nous apaiser et à nous contenir. »

Comment venir en aide aux plus jeunes ?

Notre intuition a été qu'il fallait demander à l'adolescent en souffrance de nous montrer ses marques ou ses blessures cutanées en acceptant d'en considérer les détails, les formes et les évolutions comme autant d'*éléments de langage* encore impossibles à mettre en mots. Et plutôt que de lui révéler doctement ce que nous évoquaient ces signes à travers nos propres interprétations – ce qui ne pouvait favoriser que l'incompréhension, les malentendus et les dénégations –, nous avions le sentiment que nous devions non seulement interroger plus avant ces « détails », mais aussi lui offrir d'éventuelles mises en correspondance *à saisir* dans la « réalité aménagée » que nous proposions. Nous observons que la plupart de ces adolescents, même lorsqu'ils sont réticents au début, sont très rapidement apaisés par la coupure dite « des quarante-huit heures » qui reconnaît leur besoin de rupture, tout en les laissant libres de circuler dans l'unité. Un temps qui leur permet d'intégrer les règles de vie centrées sur le respect des autres, l'obligation de *se gérer soi-même* dans les actes de la vie quotidienne, et l'alternance des entretiens et des groupes de parole. Chaque patient devient ainsi l'un des membres du corps groupal adolescent. Les « nouveaux » sont accueillis par les « anciens », et les divers mouvements de ce « corps » contenu par les soignants rejouent les tensions et les attentes de chacun, sans qu'ils aient à en rajouter pour se faire reconnaître. Contrairement à ce que l'on aurait pu penser, ils acceptent facilement les règles et les consignes, se sentent apaisés, au calme, pris en compte, reconnus, et le « langage par l'acte » retrouve peu à peu celui des mots pour dire leur désarroi et leurs attentes. Avec l'abaissement progressif de la moyenne d'âge de notre population d'adolescents suicidaires, nous remarquons que les plus de 16 ans parviennent à mieux se saisir des correspondances que leur offre cette réalité aménagée. Ils terminent souvent leur séjour en pouvant verbaliser que le corps groupal des pairs et les entretiens avec les soignants les ont aidés à mieux cerner de quoi ils souffraient. Le travail d'élaboration psychique ne fait évidemment que commencer, et certains craignent de quitter ce cocon protecteur pour affronter à nouveau l'extérieur. Mais la plupart conviennent que ce temps de pause peut être l'amorce d'un nouveau départ – celui-ci orienté vers l'investissement de cette « vraie vie » qu'ils ont tant voulu fuir, à condition d'être suivis, accompagnés dans ce cheminement.

Les plus jeunes s'apaisent dans le cadre proposé, mais ils semblent beaucoup moins en mesure d'en tirer profit pour réfléchir à leurs difficultés. Parmi les 13-16 ans, certains vont dépasser leur blocage initial et s'ouvrir peu à peu lors des rencontres avec les membres de l'équipe. Mais pour les deux tiers au moins de cet effectif juvénile, les entretiens avec les soignants s'épuisent rapidement, les « Je ne sais pas pourquoi » ou les « De toute façon, ça ne sert à rien d'en parler » fermant le dialogue. Les groupes de parole ne sont pas mieux investis. Ils tournent vite aux revendications de consommateurs déplorant le manque de chocolat, de telle variété de céréales, d'abonnement à Canal+, ou de technicité du dernier lisseur à cheveux, quand ils ne servent pas à mener une enquête *en direct* pour démasquer le voleur de cigarettes ou de vernis à ongles qui sévit dans le service. Tout se passe comme si l'unité devenait une sorte de « maison familiale idéale » où les patients – tels des frères et sœurs d'infortune – attendraient que les adultes les ayant en charge répondent à tous leurs besoins. Avec ces « nouveaux adolescents », les soignants ont de plus en plus l'impression d'être contraints de se comporter en parents, voire en gardiens d'un cadre qui doit se rigidifier pour tenir. « J'ai une demande, déclare Barbara, 14 ans, à son psychologue référent. Est-ce que je peux avoir une permission samedi soir ? — Pour quoi faire ?, s'enquiert le soignant. — Pour sortir en boîte avec mes copines. » Aux refus qui leur sont signifiés, ces jeunes qui tolèrent mal les frustrations répondent d'abord par des regards étonnés, puis des propos dénonçant l'injustice dont ils sont victimes puisque, par exemple, Untel a obtenu l'autorisation d'assister en famille à un anniversaire, alors que chacun sait qu'il a été en discothèque. À distance, peu de temps après, les injures jaillissent, les portes claquent, et certains frappent violemment le mur de leur chambre ou se scarifient, se montrant encore plus écorchés vifs, bondissants et agissants.

Dans de telles circonstances, l'équipe se sent à la fois exclue et disqualifiée, d'autant qu'une évidence saute aux yeux : les « très jeunes » ne parviennent pas à dire leur souffrance aux soignants avec des mots, mais ils savent parfaitement la *communiquer* à travers leur look et leurs parures, les phrases lapidaires qu'ils jettent sur le mur d'expression, leurs blogs débordants de poèmes maudits et de visions sanguinolentes, le « métal » hurlant ou le rap enragé s'échappant de leurs MP3. Une question devient lancinante : comment reprendre la main auprès d'eux d'une manière thérapeutique ? Nous nous interrogeons lors de plusieurs réunions institutionnelles. Peut-être le service n'est-il pas adapté à de très jeunes adolescents ? Nos logiques de thérapeutes semblent dépassées. Le cadre qui distingue des temps et des espaces propices selon nous aux échanges, aux rencontres, à la parole et à la réflexion perd de son sens, ainsi que la durée de séjour d'environ trois semaines censée déboucher sur un suivi ultérieur en ambulatoire. Beaucoup de jeunes ont déjà vu des psys, ils en ont gardé la désagréable impression d'avoir dû parler à quelqu'un qui ne leur renvoyait rien. Ils se disent prêts à sortir au bout de quelques jours, surtout en fin de semaine lorsque s'annonce une fête dans leur entourage, ou bien voudraient séjourner plus longtemps dans cette bulle protectrice où ils se sentent au chaud parmi leurs semblables.

Avec eux, un seul aspect institutionnel continue précisément à fonctionner sans problème : ils se reconnaissent très vite entre écorchés vifs et forment un corps groupal d'appartenance qui absorbe les nouveaux arrivants, salue avec force démonstrations les partants et invite ces derniers à rester en lien au sein de la communauté abadienne. Celle-ci a ses pages et ses blogs entretenus par les plus engagés dans l'aventure numérique, et aussi ses rendez-vous « dans la vraie vie ». Un réseau qui échappe aux soignants mais qui a le mérite de ramener vers les berges du centre Abadie ceux que la communauté juge en danger. Nous voilà placés devant un étrange paradoxe : ces adolescents ne savent pas quoi nous dire mais c'est à nous qu'ils s'adressent lorsqu'ils vont à nouveau très mal. Qu'attendent-ils au juste ? Forcément cette reconnaissance dont ils s'estiment tant privés, mais que faire pour les aider à donner du sens à leur souffrance ? Le cocon abadien n'est pas qu'un dépôt de jeunes égarés, une sorte de refuge de la SPA – « société protectrice des ados », selon l'expression de l'un d'entre eux. À l'étage des jeunes suicidants, la fameuse *décantation* que nous avions choisi de favoriser à travers le dispositif mis en place en 1992 se transforme pourtant sous nos yeux en un *échouage* consternant d'adolescents vautrés, une grande partie de la journée, devant l'écran géant d'un téléviseur sur les coussins non moins géants de la salle de détente – les *fatboys* qu'ils ont réclamés et obtenus pour encore mieux prendre leurs distances avec l'orthogonalité adulte de la chaise ou du fauteuil. Et tandis qu'ils restent ainsi agglutinés les uns sur les autres à regarder un film ou un épisode de téléréalité, les infirmières ont le sentiment de les déranger en venant chercher tel ou tel patient pour un entretien ou une rencontre avec leur psy référent. Elles vont jusqu'à se sentir transformées en hôtesses de l'air ou en serveuses, tant certains s'affichent comme des consommateurs passifs et exigeants. Lorsque l'un consent à suivre le soignant venu le quérir, c'est en traînant ostensiblement les pieds qu'il se rend en salle d'entretien. Celle-ci, que nous avions voulue au départ sobre et neutre avec une table, deux chaises et rien d'autre, apparaît de plus en plus comme un triste *parloir* où l'adolescent n'a rien à dire puisqu'il estime *avoir déjà tout dit*. Souvent, l'infirmière ou le psy doivent redoubler d'efforts pour qu'un minimum d'échange ait lieu.

— Ta mère est venue te voir ?, demande le soignant à Paul, 14 ans.

— Ouais...

— Vous avez parlé un peu de ce que tu fais ici, avec nous...

— Non, elle comprend rien.

— Alors de quoi avez-vous parlé ?

— De rien, elle avait oublié de m'amener mes cigarettes... Je lui ai dit de me laisser me reposer tranquille...

Là-dessus, Paul s'agite un peu sur sa chaise en se tordant les doigts. Il souhaite que l'entretien s'arrête et, sans le savoir, adopte vraisemblablement vis-à-vis du soignant la même attitude qu'avec sa mère. Lorsqu'il quitte le bureau, c'est en revanche d'un pas allègre tranchant avec celui nonchalant de sa venue qu'il part rejoindre les autres patients, laissant le soignant en plan et en échec thérapeutique. Comment sortir de cette impasse ?

Dessine-moi ta souffrance

Puisque ce sont des enfants de l'image et qu'ils ont du mal à recourir à la parole, puisqu'ils ont tant besoin de « faire trace » pour se sentir reconnus, pourquoi ne les ferions-nous pas dessiner ? L'idée émerge à la fin d'une réunion institutionnelle où beaucoup de soignants ont exprimé leurs difficultés, et certains leur découragement. Le recours au dessin en thérapie d'enfant est évidemment loin d'être une nouveauté. Mes collègues et moi nous souvenons que c'est ce que nous proposions aux enfants énurétiques ou anxieux (on ne connaissait pas encore l'hyperactivité), lorsque nous étions jeunes internes en pédopsychiatrie en stage dans un centre médico-psychologique infantile. Les patients que l'on nous donnait en charge avaient pour la plupart entre 3 et 6 ans, et nous devions les faire dessiner *sans jamais* – c'était la consigne – interpréter quoi que ce soit de leur travail devant eux. Eux maniaient sous nos yeux feutres et crayons de couleur, énonçant généralement leurs intentions à haute voix et ponctuant chaque séance de soupirs d'application, tandis que les apprentis thérapeutes que nous étions gardaient le silence, se contentant de les remettre sur le chemin de leur feuille lorsqu'ils en débordaient. Je me suis souvent demandé depuis ce que ces enfants pouvaient bien penser de cette méthode... Deux fois par semaine, nous présentions ces œuvres colorées à notre médecin chef psychanalyste qui nous assenait alors ses visions kleiniennes (Melanie Klein était à l'époque très à la mode) à coups de « vagin denté », de « mère phallique » et de « père déchu » face à tel dessin d'enfant représentant un petit bateau battant faiblement pavillon bleu-blanc-rouge sur une mer démontée où grouillaient des requins géants.

« Veut-on faire de même avec nos ados particulièrement réactifs dès lors qu'ils se sentent traités en enfants ? », s'interroge l'un d'entre nous. « Ils vont nous envoyer feutres et crayons à la figure ! », pronostique un soignant. Nous discutons. Nous sommes plutôt à la recherche d'un nouveau support susceptible de faciliter les entretiens, et puisque ces jeunes traduisent en plaies ouvertes leurs blessures intérieures, pourquoi ne pas imaginer une nouvelle transposition de la peau à la feuille de papier, du « stylet » scarificateur (ou de ce qui y fait office) au stylo traceur de signes et symboles ? Amener en somme ces jeunes à rejouer sans le savoir l'évolution symbolique de l'*homme premier* au temps de la préhistoire, lorsqu'il a pu passer de l'inscription cutanée au graphisme et à l'écriture sur des supports externes – les parois des grottes, puis les formes primitives du papyrus et du parchemin. Et lorsque mes collègues Mickaël Brun et Jean-Philippe Moutte (avec qui je publierai *L'Adolescence scarifiée* en 2009) commencent à demander aux patients qu'ils prennent en charge de *dessiner leur mal-être*, nous sommes tous très surpris de les voir acquiescer sur-le-champ. Ils prennent les crayons de couleur et les feuilles que les soignants leur donnent et partent dans leur chambre s'isoler pour réaliser leur travail.

Ils nous rendent des dessins très réalistes ou parsèment leurs œuvres de symboles jouant constamment de la dualité mort/vie, noir/blanc, ange/démon, etc., interpellant évidemment la question du *double* – à l'image de *L'Étrange cas du Dr Jekyll et de M. Hyde* de Stevenson. Nous découvrons que les mêmes qui étaient en difficulté avec les mots se révèlent agiles et fluides dès qu'il s'agit de dessiner. Ils nous font des rébus. Une femme barrée. Une pierre tombale. Une flèche. Alors que d'aucuns les pensent à sec de représentations, anéantis par le vide dépressif, nous découvrons qu'ils ont en tête des images mentales incroyables, une capacité à les

Autoportrait d'Orianne, 17 ans,
centre Abadie.

relier les unes avec les autres. Ce n'est pas qu'ils ne peuvent pas parler, *ils parlent autrement*.

Orianne reproduit en dessin les blessures qu'elle s'inflige – les unes sur la joue et les avant-bras, les autres sur le ventre et les cuisses pour les cacher. C'est en regardant fixement son dessin, face à son thérapeute, qu'elle peut parler de sa souffrance, de son errance identitaire, elle qui se vit comme un « animal blessé ».

Julia, 16 ans, choisit de représenter sa souffrance à l'aide d'empreintes réalisées à la craie sur de la feutrine. « Des mains qui barrent sa route », dit-elle, pour dénoncer ce voisin abuseur qui, un soir, a cherché à profiter d'elle, « laissant traîner ses sales pattes » sur son corps. C'est à partir de cette réalisation qu'elle pourra en parler et, surtout, le révéler à ses parents et entreprendre avec eux une démarche judiciaire qu'elle se refusait jusque-là d'envisager « par peur d'être accusée de l'avoir provoqué ».

« Figures de l'abus »,
Julia, craie sur feutrine, centre Abadie.

Léa s'enivre tous les week-ends et se livre à des garçons qu'elle connaît à peine. « Elle ne se protège pas, dit-elle, car à quoi bon se protéger d'une vie qu'elle n'a pas choisie. » Jusqu'au jour où elle tombe enceinte et doit subir une IVG. Dès le lendemain, elle se sent une « meurtrière » vis-à-vis de ce futur bébé « à qui elle n'a donné aucune chance ». Ses parents la retrouvent un soir « inanimée » et l'amènent aux urgences de l'hôpital d'où elle nous est adressée. Les trois premiers jours, Léa refuse de parler de son histoire. Elle respecte toutes les consignes de l'unité mais n'a rien à dire. C'est après avoir représenté sa souffrance en dessin qu'elle peut nous révéler les scarifications qu'elle porte sur l'épaule. Elle soulage ses tensions en voyant son sang couler.

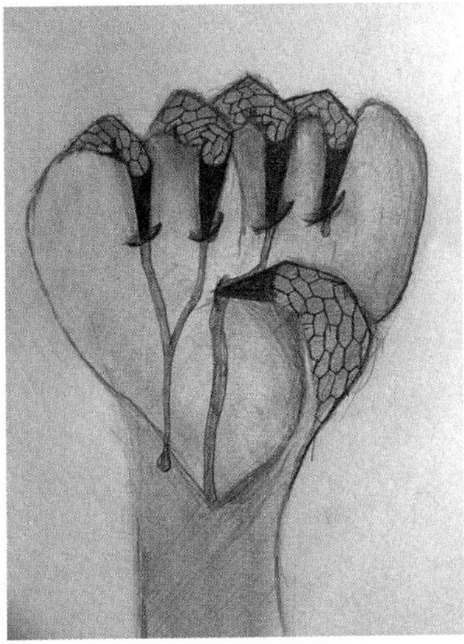

« L'Angoisse »,
œuvre de Léa, centre Abadie.

Elle dit que son dessin représente un cœur comprimé, pris dans des serres. Ses angoisses, elle les ressent comme cela dans sa poitrine : « C'est là que j'ai mal quand ça ne va pas, j'ai dessiné des griffes parce que ça blesse et ça creuse... c'est pas humain... quand je me scarifie c'est pour faire sortir le sang, ça desserre l'étreinte... » Elle ajoutera lors d'une séance suivante : « Ce cœur pris dans les griffes de l'Angoisse, c'est mon monstre, ce que je suis en ne voulant jamais m'attacher à personne... » Léa s'est engagée dans une thérapie en quittant notre service.

La méthode rencontre un grand succès. Il n'est pas arrivé une seule fois qu'un adolescent refuse de dessiner. On a depuis, bien entendu, affiné notre approche. Le psy référent choisit le moment le plus propice à ce travail qui se révèle rarement judicieux les tout premiers jours du séjour. La consigne est la suivante : il est demandé au patient de « dessiner sa souffrance, en se représentant ou non ». Il doit réaliser son travail seul dans sa chambre. Il peut ensuite le remettre aux soignants, et le dessin servira de support à la prochaine rencontre avec le psychologue ou le psychiatre, en présence de l'infirmière référente. L'œuvre est ensuite rangée dans le dossier médical dont elle fait dorénavant partie intégrante, protégée par le secret, et donc non exposée aux parents ou aux autres patients.

Les jeunes suicidants parlent d'un *défi* à relever, sans doute inspirés par les « challenges » des émissions de télé-réalité dont ils raffolent. Et le mot provoque chez nous un déclic. Pourquoi en rester à un dessin ? Ne pourrait-on pas leur demander de s'autoreprésenter en pâte à modeler, avec les parures et les blessures de leur choix pour dire leur souffrance ? Et pourquoi ne pas les mettre au défi de s'incarner eux-mêmes à travers le look qui correspondrait le mieux à leurs états d'âme ? Ils sont enfants de l'image mais également du numérique. Ne devrait-on pas mettre à profit leurs connaissances dans ce domaine pour créer un avatar réaliste lui aussi chargé d'exprimer leur détresse ?

CHAPITRE 6

L'anorexie pour s'incarner en pur esprit

Quoi de plus « attaquant » pour des parents par essence nourriciers que de voir leur fille se mettre à refuser de manger, à fuir la table familiale et à s'amaigrir au point de devenir proprement spectrale – telle une âme en peine leur jetant les restes de son corps, sinon en pâture, du moins au regard ? L'anorexie mentale est une terrible maladie quasi spécifique des pays riches et qui se déclare le plus souvent au début de l'adolescence. On pense qu'elle est multifactorielle, mais on ne connaît pas encore avec certitude tous ses composants. Plusieurs types de déterminants seraient en cause, depuis la prédisposition génétique éventuelle jusqu'à l'implication des relations affectives dans le fait de se nourrir, en passant par les influences délétères de la société moderne où *consommations* et *images* imprègnent les mentalités et les modes de vie. Faute de gènes formellement identifiés, et face à la complexité des échanges affectifs, la responsabilité sociétale est évidemment mise en avant.

On dénonce d'un côté l'opulence confinant à la débauche et au gâchis alimentaires, qui finirait par dégoûter les plus sensibles et, de l'autre, le diktat de la mode dont le contrepied provocateur consiste à prôner la minceur extrême comme facteur essentiel de séduction. Ce contexte expliquerait que les victimes de l'anorexie soient, dans 95 % des cas, des jeunes filles. Le constat est vrai, et le contexte sociétal est en effet à prendre en compte, mais il n'explique pas tout. Les jeunes filles concernées ne cherchent pas à plaire davantage, elles veulent échapper à la vision déformée qu'elles ont d'elles-mêmes. Le portrait typique de la jeune anorexique est celui d'une adolescente intelligente et brillante dans ses études, appartenant à un milieu plutôt aisé, qui pratique la danse ou l'équitation, et qui dit avoir voulu faire un régime parce qu'elle se trouvait « trop grosse » alors qu'elle était déjà assez mince. Malgré tous les avis contraires, elle s'investit dans le contrôle de son alimentation, de ses formes corporelles et de son poids jusqu'à en être obsédée. Elle ne se supporte pas au-delà de certains seuils (qu'elle est la seule à fixer) et devient « insupportable » en famille, empêtrée dans des tensions familiales dont elle ne parvient pas à comprendre si elles sont à l'origine de ses troubles ou la conséquence de ses obsessions. Pourquoi les filles sont-elles aussi majoritaires ? L'image du corps n'a pas la même importance dans les deux sexes. La plupart des garçons voient surtout leur corps comme un vecteur d'actions dirigées *hors d'eux* pour agir ou entrer en contact avec autrui. Ils sont peu sensibles à ce qui se passe *en eux*. Les filles ont un rapport au corps bien différent. Elles se soucient non seulement de leurs formes corporelles et de leur apparence, mais elles sont confrontées à différents enjeux qui interrogent leur *intérieur féminin* – carrefour impliquant trois domaines : la digestion, la sexualité et la gestation. Chez les jeunes anorexiques, tout « apport » venant de l'extérieur peut devenir un intrus persécuteur ou menaçant interpellant l'un ou l'autre de ces champs.

Le grec *anorektos* signifie « sans désir, sans appétit », mais l'anorexie mentale est une lutte active et volontaire contre la faim, un acharnement à maigrir par tous les moyens. Cette faim combattue sur le plan alimentaire fait évidemment penser à une mobilisation « antidésir » dans le registre affectif, ce dont les jeunes filles concernées n'ont pas conscience. La maladie associe une volonté consciente de perdre du poids, un amaigrissement (d'au moins 15 %) et une aménorrhée (absence d'au moins trois cycles menstruels consécutifs). Semaine après semaine, le corps fond à vue d'œil. L'intention est de maigrir, et la hantise permanente est de grossir. Aux restrictions alimentaires plus ou moins sévères sous-tendues par le dégoût de la nourriture et des échanges qu'implique le fait de manger, l'anorexique ajoute tous les moyens d'élimination à sa disposition (vomissements, laxatifs, hyperactivité physique, etc.). Ces jeunes filles dénient la gravité de leurs troubles et se montrent à la fois « expertes en calories » et particulièrement inventives pour se livrer à ces diverses manipulations. Dans un cas sur deux, les épisodes de restriction font place à des crises plus ou moins fréquentes de gavage boulimique suivies de vomissements provoqués. Lorsque les troubles s'aggravent, la dépression, le doute, l'épuisement conduisent ces jeunes filles à se reconnaître malades et à solliciter elles-mêmes de l'aide.

Des voisines peu encombrantes

Au centre Abadie, au début des années 1990, nous ne sommes pas les seuls à profiter du transfert progressif des services vers l'énorme plateau de l'hôpital Pellegrin – besoin de regroupement technique oblige. Des locaux se libèrent et, deux étages en dessous de notre unité pour jeunes suicidants – l'UMPAJA à la consonance « sioux » –, de nouveaux voisins s'installent eux aussi. Il s'agit d'un service de médecine interne qui est ainsi relocalisé compte tenu de son orientation psychosomatique très originale. Le patron de ce service, François Moreau, s'occupe de maladies aux contours réputés mal définis et dont les troubles nécessitent des approches complémentaires. Parmi ces maladies, ce spécialiste est l'un des premiers à considérer l'anorexie mentale comme l'expression d'une profonde désorganisation dans laquelle corps et psyché semblent s'être désolidarisés. Il travaille déjà avec des psys, mais le nombre croissant de cas graves impliquant de très jeunes anorexiques l'amène tout naturellement à solliciter notre collaboration. C'est de cette manière que nous commençons à approcher ces combattantes de la faim, mais, je dois le dire, de manière assez timorée au début. À cette époque, je n'ai pas du tout en tête que nous pourrions nous occuper aussi de l'anorexie. Je vis ce trouble comme très inscrit dans le registre somatique mais très fermé du côté des possibilités psy. L'adolescente concernée s'acharne à maigrir par tous les moyens, mais elle dit le contraire en prétendant faire tous les efforts possibles pour aller mieux, se disant « déçue » tout en esquissant l'ombre d'un sourire triomphant dès qu'elle perd du poids. Bref, rien de très engageant dans cette maladie où s'expriment les contraires et qui laisse croire que la volonté est en jeu alors qu'elle est totalement assujettie à des exigences incontrôlées.

Trois thérapies commencées à cette période avec des jeunes anorexiques vont se révéler être des expériences capitales pour mes explorations futures, même si l'une d'entre elles s'achève tragiquement. La première patiente m'est adressée par ce service de médecine interne. Les médecins constatent que son état empire, et qu'ils en sont réduits à une épreuve de force car elle refuse la sonde, menace de se suicider si on l'y oblige et ne s'alimente presque plus. J'accepte de la suivre en parallèle à son hospitalisation parce que je la sens en effet très suicidaire. Il se trouve que, contre toute attente, elle investit la relation… mais qu'elle continue à maigrir. Je fais alors l'expérience que beaucoup de thérapeutes connaissent : celle d'un patient qui travaille tout en continuant à fondre à vue d'œil pour devenir un pur esprit, s'incarner comme une *âme en peine*. Je suis très inquiet de la voir venir à nos entretiens de plus en plus cadavérique. Un squelette ambulant ! Tellement cadavérique d'ailleurs que mes collègues prennent la décision de l'envoyer à l'hôpital psychiatrique. Elle va y rester trois mois. L'enfermement semble lui être favorable. Elle reprend du poids. Comme elle va mieux, elle obtient une permission. Elle sort, souriante diront mes collègues, et part se suicider en se jetant du haut d'un pont. On ne retrouve son cadavre qu'une semaine plus tard… Comment éviter alors de s'interroger sur les liens entre anorexie et suicide ?

La seconde jeune fille anorexique a entendu parler de notre service par les médias et a pris contact avec nous. Nous allons engager plusieurs années de thérapie avec un accrochage très fort à la relation, un engagement évident dans la thérapie. La jeune fille semble avoir trouvé un point d'équilibre, un entre-deux qu'elle se montre capable de gérer durant toutes ces années. Pour sortir d'une relation trop fusionnelle à sa mère, et parce qu'elle est brillante, elle fait le choix d'un poste de haut fonctionnaire dans les îles en misant sur le fait que cet éloignement géographique va l'aider à prendre ses distances. Comme elle refuse d'aller voir d'autres psychiatres, elle revient périodiquement me voir. Or qu'est-ce que je constate ? Elle continue à souffrir d'une anorexie extrêmement active qui se complique à présent d'une insuffisante rénale chronique du fait d'un usage immodéré de laxatifs. C'est un nouvel insuccès, même si je considère aujourd'hui que le travail que nous avons fait ensemble a permis d'éviter le pire. Elle me donne régulièrement de ses nouvelles et souhaite ardemment que son expérience soit profitable à toutes ces jeunes filles en souffrance. Je lui dois de m'avoir ouvert les yeux sur l'importance que le thérapeute peut prendre dans la vie affective des anorexiques. Il ne faut jamais les abandonner à leur sort.

Le troisième cas est celui d'une anorexique assez typique qui va faire, au moment où ses symptômes semblent régresser, un parcours d'*addict* étonnant. Elle devient d'abord voleuse dans les magasins alors qu'elle a tout à fait les moyens de s'acheter ce qu'elle vole. Sauf qu'elle vole apparemment n'importe quoi. Et par moments elle a besoin de se faire prendre. Puis elle tombe dans la boulimie et se met à grossir d'une manière anormale. Elle devient ronde. Elle se met alors à « gérer » son trouble d'une manière étonnamment obsessionnelle, s'autorisant à faire deux crises de boulimie par jour puis à se faire vomir pour réguler son poids. Elle a aujourd'hui un travail et un petit ami auquel elle croit cacher sa boulimie.

Ces trois personnes m'ont fait entendre que, derrière ces symptômes, il y a une pensée, et je suis intrigué. J'ai envie de savoir ce qu'elle est. C'est l'époque où, dans la plupart des services de médecine ou de pédiatrie qui reçoivent des anorexiques, on ne prend jamais plus de deux ou trois jeunes gens en même temps. L'idée est que si on met des anorexiques ensemble, elles vont s'échanger des « recettes » pour mieux résister au protocole thérapeutique, et leur résistance sera telle que les soignants seront encore plus en échec. Ce ne sont pas des jeunes filles qui donnent l'impression d'être anéanties. Elles apparaissent comme dressées sur leurs os, le regard brillant de cette fièvre intérieure mystérieuse qui doit nous interroger puisqu'on ne sait pas où elle s'origine lorsque, par ailleurs, l'état physique est catastrophique. Je suis convaincu que l'attitude défensive de ces soignants résulte d'images terrifiantes qui s'imposent, comme par exemple celle-ci : réunir des combattantes à l'apparence famélique qui vont finir par prendre le pouvoir et définitivement renvoyer les « normo-mangeants » à leur bestialité lorsque ces derniers se lèchent les babines à l'annonce d'un bon repas... Une misère qui a la puissance de feu de susciter l'échec et l'effroi. Mais n'était-ce pas la même idée qui faisait dire à nos détracteurs que réunir des jeunes suicidants ne pouvait conduire qu'à une épidémie de suicides ? Nous avions heureusement fait l'expérience contraire. En les mettant ensemble et en leur proposant un cadre thérapeutique collectif, nous favorisions toutes sortes de possibles. Pourquoi n'aurait-il pas fallu procéder de la même façon avec les anorexiques ? Et, au moment où je commence à penser les choses de cette manière, le patron de médecine interne prend sa retraite. Son service est condamné à disparaître. Son équipe va être éparpillée aux quatre vents du CHU. Avec François Moreau et mon collègue Manuel Bouvard qui réclame des lits de pédopsychiatrie qu'on ne lui donne pas, nous montons à Paris et obtenons que des vingt-quatre lits d'un service de médecine naissent, en 2000, deux unités distinctes. Une unité de pédopsychiatrie qui se crée au troisième étage du centre Abadie pour accueillir les préados en souffrance, et l'UTCA – unité pour troubles des conduites alimentaires –, qui s'installe au second dans les anciens locaux de médecine avec, de ma part, l'engagement de reprendre l'équipe de François Moreau en l'étoffant avec des psys spécialistes de l'adolescence. En l'occurrence, des « officiers de bord » qui faisaient déjà route avec moi sur le navire Abadie. Voilà donc un service né d'un service de médecine interne, entièrement dévolu à la prise en charge des anorexiques graves, avec huit lits d'hospitalisation à temps complet et quatre places en hôpital de jour, qui parie sur l'effet thérapeutique de groupe. Assez rapidement j'entrevois que la mobilisation de l'équipe autour de ce nouveau projet, l'émulation que suscite le fait que je dirige deux services, l'un en charge de l'adolescence suicidaire, l'autre des anorexiques, vont permettre de favoriser une réflexion qui débouchera sur l'aménagement d'un protocole thérapeutique innovant.

La figuration de la mort

Les jeunes suicidants disent vouloir « en finir », mais témoignent comme on l'a déjà dit d'une vitalité surprenante. Les anorexiques disent vouloir vivre et redoubler d'efforts, mais elles s'incarnent comme des spectres ambulants, des figurations de la Grande Faucheuse. Étonnant constat et paradoxes qui vont nous interpeller et nous amener à faire des liens. Pas seulement notre équipe, d'ailleurs. Quelque temps après l'ouverture de l'UTCA, le veilleur de nuit du centre Abadie demande à prendre rendez-vous avec moi. Je reçois dans mon bureau un homme très humble qui s'excuse de prendre sur mon temps mais qui vient me demander d'accepter sa mutation. Sur le coup, je pense à *La Métamorphose*. En réalité, il veut simplement changer d'affectation. « Le soir, me dit-il, lorsque je fais mes tours de veille, cela m'arrive de croiser vos jeunes filles anorexiques en chemise de nuit qui vont à travers les couloirs comme des spectres et cela ne me rassure pas : parce que j'ai peur des fantômes. » Je réalise en effet que si elles revêtaient un drap et tenaient une faux à la main, elles incarneraient parfaitement la Faucheuse, cette figuration classique de la mort. Aujourd'hui, une apparition bien connue des jeunes adeptes du jeu vidéo *Les Sims*, sur lequel je reviendrai. Comment peut-on avoir ce feu intérieur qui caractérise l'anorexie, répéter qu'on est en pleine forme alors qu'on est pratiquement à l'article de la mort, avec des pulsations à 35 ?

Que visent-elles ? L'effacement du corps et des rondeurs féminines pour maîtriser ces transformations pubertaires qui leur échappent, elles qui voudraient redevenir *enfants*, s'imaginer asexuées pour que personne ne confonde leur quête affective insondable avec quelque *appel des chairs* – ce « commerce de muqueuses » qu'elles abhorrent et méprisent à la fois puisqu'elles se veulent pures, au-dessus de la bestialité. Quitte à en mourir, ce que confirment hélas les statistiques puisque 10 % d'entre elles décéderont par dénutrition ou suicide dans les dix ans qui suivent le début des troubles. Comment en effet redevenir autrement ces « petites », ces « anges » que dorénavant elles ne sont plus, risquant – croient-elles – de perdre pour toujours l'amour de leurs proches dont elles sont terriblement dépendantes ? Et l'on retrouve, dans les cas les plus graves, ce fantasme inconscient caractérisant les jeunes suicidaires : effacer sa corporéité pour exister davantage mort que vivant aux dépens des proches. Avec la même volonté de les sidérer, de les *impressionner* à jamais comme on le disait au sens photographique du terme. Elles ne font pas que vouloir faire fondre ce *corps en trop*, en bloquant toutes les entrées et en favorisant toutes les sorties, au sens propre et au sens figuré. Elles veulent saisir d'effroi ceux qui les regardent. Le jeune suicidant laisse des traces de son passage à l'acte, cherche à marquer profondément ceux qui vont le retrouver – mort ou vif ; la jeune fille anorexique, en dépit de ses trophées scolaires et intellectuels, ne cesse de délivrer les preuves qu'elle est une morte vivante. On sait bien, à l'image de ce surveillant de nuit, combien il est angoissant de devoir s'occuper de jeunes personnes qui ont l'air extrêmement malades. On ne peut s'empêcher de penser aux patients des services de cancérologie, et les infirmières ne se privent pas de faire ce genre d'association. Pourtant, et j'en suis convaincu, c'est une tentative désespérée pour elles d'exister autrement. Ce corps qui fait problème, elles le donnent à voir en négatif. Elles vont briller par leur effacement, devenir l'ombre d'elles-mêmes, à l'image des top models anorexiques qui rejoignent les podiums de la mode pour mieux s'exhiber et qui sont les victimes malheureusement consentantes de ceux qui profitent d'elles pour les exposer.

Une vie autrement. Voilà un point commun entre nos jeunes suicidaires et nos jeunes anorexiques. Les uns et les autres s'emploient, sans en avoir bien conscience, à concilier des attaches affectives indépassables et un besoin irrépressible de reconnaissance avec la logique d'un corps qui évolue pour son propre compte et quitte pour toujours le monde de l'enfance, menaçant de transgression incestueuse quiconque nierait cette incompatibilité. Je veux rester dans le désir de mes parents, même si je m'en défends farouchement, mais mon corps, ma réalité charnelle, menace cette relation. Comment concilier les deux ? Il y a dans le projet suicidaire comme dans le projet anorexique, cette croyance qu'on va parvenir à maîtriser le corps-obstacle. Bridé, effacé, maîtrisé, le corps sera alors au service de l'esprit – un pantin désarticulé laissé en évidence ou un simple robot que l'on tiendra avec une volonté de fer. Mais ce corps asservi se rebiffe et finit par prendre le contrôle. On veut l'éliminer ? Il gît, saigne, se répand ostensiblement *en travers* du chemin, comme s'il réclamait de nouvelles attaques encore plus meurtrières. On veut l'épuiser et le priver pour le réduire ? Il cesse de supporter, devient « insupportable » jusqu'à devenir un récipient infernal en attente perpétuelle de gavages boulimiques et de vidanges abyssales...

« Je déteste mes formes »,
autoportrait d'Ellen, 15 ans.

Tomber sur un os

L'esprit, le cœur et le corps, voilà les trois entités que l'anorexie mentale désolidarise. L'*esprit*, c'est peu de dire qu'il est vif chez ces jeunes filles qui surinvestissent l'intellect et qui se voudraient des âmes ambulantes seulement affamées de savoir et de maîtrise. Le *cœur* – entendons la sphère affective – est le siège de besoins, nous venons de le voir, tout aussi inconciliables qu'irréductibles. Le *corps* est le seul élément sur lequel l'esprit pense avoir assez d'emprise pour l'asservir et le réduire afin d'assécher le cœur, et ainsi se débarrasser de tous les affects, de toutes les émotions dérangeantes et contradictoires que la sexualisation pubertaire fait naître. Une cause pour ces combattantes de la faim : flotter sur le monde comme de purs esprits. S'éclaire ainsi l'étrange rapport qu'entretiennent les anorexiques avec la *nourriture*. Tant que celle-ci reste dans le domaine intellectuel et spirituel, il n'y a pas de problème. Lorsqu'il s'agit par contre de denrées alimentaires, hors de question de laisser le corps s'en repaître, surtout lorsqu'elles sont suspectées d'enrichir (de gras) les formes féminines, que leur aspect et leur consistance inspirent le dégoût, et que le simple fait de *prendre* – c'est-à-dire à la fois d'absorber et de profiter des aliments – équivaut à se laisser aller à la faiblesse du « commerce des chairs ». Alors que les « normo-mangeants » ont plaisir à donner, à recevoir et à partager avec les autres au cours de l'acte alimentaire, la plupart de ces jeunes filles voient cet acte comme une obscénité, un forçage, un abus allant jusqu'à convoquer le traumatisme sexuel. Elles sont incapables de recevoir en elles quelque chose de l'autre qui risque de les modifier profondément. La nourriture est alors vécue comme persécution et intrusion. Prendre du plaisir à manger revient à se livrer à la jouissance des organes. Et c'est un renoncement à la pureté de l'enfance qui semble insurmontable. Alors elles filtrent les entrées, se ferment à tout pour se constituer une bulle étanche, et se rigidifient pour ne rien lâcher lorsqu'elles sont en phase restrictive active.

Elles s'emploient ainsi à faire *saillir l'os* pour devenir de véritables squelettes ambulants. On a vu l'impact que cette figuration morbide pouvait avoir sur les autres, les transformant en témoins impuissants d'un naufrage proclamé. On se souvient de l'affichage public de ce jeune mannequin décédé de complications pulmonaires liées à la cachexie. Elle s'étalait nue et squelettique sur d'immenses panneaux publicitaires pour, disait-elle, dénoncer le *diktat de la minceur*, sans réaliser que cette exhibition provocatrice pouvait s'interpréter comme une proclamation toute-puissante : « Avec moi, vous tomberez sur un os. » Mais, pour les jeunes filles anorexiques, s'incarner de la sorte a également pour objectif de se rassurer, d'étayer leur volonté de fer sur la seule chose qui ne plie pas en soi – le squelette. Faute de pouvoir s'appuyer sur le regard des autres, elles se raccrochent en quelque sorte à leur propre charpente pour ne pas sombrer. *Elles ne peuvent compter que sur elles-mêmes*, et ce cercle vicieux les épuise, les isole et aggrave leur solitude morale. Elles « doivent » maigrir *et* vérifier par elles-mêmes qu'elles fondent à vue d'œil, preuves par le toucher à l'appui. Elles ne se contentent pas en effet de mesurer sur elles le creux que forme l'intérieur de leurs cuisses serrées. Elles ne cessent de se tâter les clavicules, les côtes, le sternum et le sacrum pour contrôler que l'os pointe et que la chair ne profite pas. Une victoire du « dur » sur le « mou » qui non seulement préfigure le triomphe de l'esprit inflexible sur la chair amollie, mais qui réalise aussi une vérification des étayages internes, une évaluation constante de l'échafaudage intérieur tenant l'ensemble debout. Une charpente vivante qui doit se mettre *en mouvement*, sans doute pour animer les éléments les plus saillants et, ce faisant, confirmer si besoin était l'aspérité de leur détermination. Peut-être aussi pour ne pas se laisser envahir par trop de froideur et de rigidité. Elles insisteront sur l'importance d'une ossature visible et mobile lorsque nous imaginerons avec elles et l'aide de plasticiens la réalisation d'avatars 3D les représentant. À la surprise générale, et alors que nous nous attendrons à ce qu'elles mettent l'accent sur les possibilités de modifier à l'envi les volumes corporels, elles diront que l'essentiel est à leurs yeux que l'on voie *les os bouger sous la peau*.

Il n'en demeure pas moins que cet accrochage aux « barreaux » du squelette finit par faire l'aveu d'un emprisonnement dans un corps geôlier et qu'à force de froide volonté ces jeunes filles imploreront bientôt la chaleur d'autrui pour se réchauffer. Se voient-elles *exactement* comme elles sont ? Certainement pas, au moins au début de la maladie. Elles peuvent se détailler, mais elles ne supportent pas de se regarder en entier dans une glace car leur image leur apparaît toujours déformée – au niveau de la chair des bras, des cuisses, du ventre et du bassin. Et tandis qu'elles sont capables de reconnaître avec objectivité la maigreur chez les autres, elles s'estiment elles-mêmes toujours trop grosses alors qu'elles sont déjà très maigres.

Le raz de marée du lâchage boulimique

Une jeune anorexique sur deux environ ne souffre pas seulement de restriction alimentaire assortie de tous les moyens d'évacuation imaginables pour éviter de « profiter » du peu qu'elle a pu avaler. Chez les anorexiques-boulimiques, ce qui frappe, c'est ce mouvement de va-et-vient entre la *retenue* et le *lâchage,* voire leur coexistence au propre et au figuré. Le jeûne serré qui s'accompagne d'une boulimie intellectuelle frénétique ; le règne de l'exigence quasi spartiate dans divers registres pouvant aller de pair avec le désordre, la négligence de la tenue, le laisser-aller ; l'obsession de la chasse aux calories et d'étonnantes entorses vis-à-vis d'aliments réputés très gras, etc. Contre toute attente, je trouve cela plutôt rassurant, dans une certaine mesure bien sûr, car ce mouvement de balancier équivaut à une respiration et signifie qu'il y a du désir *réprimé.* La jeune fille anorexique-boulimique veut assécher son corps et son affectivité, mais c'est une affamée qui s'ignore, avide de tendresse, d'affection, de douceurs. Elle déteste l'huile et le gras, mais rêve de cajoleries onctueuses. Le problème, c'est qu'elle en est insatiable et que cette avidité risque toujours de la déborder, puis de la dégoûter de s'être ainsi livrée corps et âme à la débauche des chairs. Affamée de câlins, elle se cabre devant les étreintes qui empestent la sexualité. Alors, par peur de confondre tendresse et abandon incestueux, elle mettra son ardeur à réprimer ce désir profond... et par moments dérapera.

Le lâchage alimentaire consiste à ingurgiter une grande quantité de nourriture en un temps record. Généralement, la *crise de boulimie* fait suite à une période de restriction intense qui a épuisé l'adolescente. Voilà comment Julia, 16 ans, décrit une crise. Au bout d'un certain temps de retenue, lorsqu'elle a beaucoup combattu la faim, qu'elle s'est infligé une discipline scolaire de fer, que sa lutte s'exerce même contre son sommeil suspecté d'être un insupportable amollissement, Julia *craque*. Elle n'en peut plus de toutes ces contraintes. Elle fait une crise de boulimie. Habituellement, elle en anticipe la probable survenue sans savoir à quel moment elle va se produire. *Anticiper* pour elle consiste à avoir sous la main des aliments dont elle apprécie le goût et d'autres qui vont lui servir de lubrifiant lorsque viendra le moment de vomir. Soudain, le besoin incoercible d'une crise se fait sentir : personne dans les parages, les parents ne sont pas encore rentrés. Julia allume la télé et se prépare un plateau. Des tranches de pain, du Nutella, du fromage, des paquets de gâteaux secs, des glaces, un reste de crème au caramel. De quoi faire un sérieux goûter pour au moins quatre personnes, sauf que Julia est seule et qu'elle va ingurgiter tout cela sans s'arrêter, comme si elle était un robot, alternant les « solides » et les « lubrifiants ». Jusqu'à ne plus pouvoir rien prendre, avoir le ventre distendu, avoir mal, se sentir déformée, et surtout se dégoûter d'elle-même, se voir telle qu'elle est : « une grosse truie dégueulasse (*sic*) ». Julia boit de l'eau tiède et se rend aux toilettes. Elle se met à genoux devant la cuvette, appuie avec son poing sur son estomac ou se met les doigts dans la gorge si ça ne marche pas. Elle vomit par saccades. Si elle pouvait le faire sans inquiéter le voisinage, elle hurlerait « comme une louve blessée ». Les vomissements sont douloureux et surtout très fatigants. De plus, elle n'est jamais sûre d'avoir pu se vider totalement. Lorsqu'elle se relève, elle a le vertige et elle est épuisée. Elle nettoie toutes les traces et regagne sa chambre pour s'allonger sur son lit. La crise est passée... jusqu'à la prochaine. Lorsque d'aucuns considèrent ce genre d'épisode comme « un manque évident de volonté », nous aimerions pouvoir leur montrer la souffrance qui sous-tend ce cercle infernal privation-lâchage-dégoût-vidange. Cette logique s'impose à l'adolescente qui en devient l'esclave, au point d'en devenir parfois *addict*. Chez certaines jeunes filles anorexiques, le basculement boulimique vient combler un vide insupportable, notamment lorsqu'elles quittent le cadre thérapeutique qui les « tenait », et qu'elles se sentent « lâchées dans la nature ».

La politique de la « chambre ouverte »

À l'UTCA, nous avons voulu établir un cadre et constituer un corps groupal, en misant là aussi sur le travail métaphorique. Réunir en un même lieu d'hospitalisation douze jeunes anorexiques était en soi un challenge que peu de services ont à ce jour relevé. Nous ne sommes en France que quatre ou cinq services à l'avoir fait. Pourquoi ? Parce que la capacité de résistance aux soins de ces jeunes filles est telle, qu'au-delà de deux ou trois cas graves à gérer, les équipes soignantes se sentent généralement débordées, puis usées par un sentiment d'impuissance qui les conduit à mettre en place des mesures coercitives – dont l'isolement strict en chambre fermée, avant de manifester d'intenses réactions de rejet. Ces adolescentes promettent et disent le contraire de ce qu'elles font ; elles prétendent « se sentir beaucoup mieux » lorsque leur état physique se dégrade au point qu'il faut leur poser une sonde d'alimentation ; elles semblent triompher dans l'échec et apparaissent tellement manipulatrices que, face à leur inflexible détermination qui associe mensonges et dissimulations, les soignants sont tentés d'opposer pressions et contraintes diverses pour tenter de les « faire plier », de les soumettre à l'ordre médical. Et puisqu'on ne peut pas compter sur ce qu'elles disent, les soignants de ces services se focalisent sur la surveillance étroite des repas, les contrôles programmés ou inopinés du poids, l'empêchement d'aller et venir si la prise pondérale n'est pas effective, l'isolement par rapport à leur famille, dont la durée et l'intransigeance sont, là encore, fonction des progrès enregistrés. Tout cela mobilise du personnel, place les soignants en position de gardes-chiourme, les attaque non seulement en les mettant en échec, mais en minant les temps de partage – y compris alimentaires, lorsqu'ils ont à participer à un repas thérapeutique dans une ambiance de plomb, assis en face de patientes fermées, mâchonnant la nourriture de façon mécanique. Soignants et patients sont à l'épreuve, engagés les uns contre les autres dans un bras de fer qui ne rassure que celui qui le prescrit.

Mon expérience de l'enfermement, ma conviction que la résistance est une réponse à la contrainte, et mon parti pris de l'ouverture vont nous engager dans une autre voie. Ces jeunes filles nous ont mis sur la piste métaphorique en nous indiquant combien – à travers l'importance qu'elles donnent au squelette – elles devaient pouvoir s'appuyer sur un *cadre* solide, un étayage, principe clé que nous déclinerons dans différents domaines : un séjour hospitalier proposé dans un cadre de vie collectif supportable avec des règles précises de fonctionnement ; des activités thérapeutiques favorisant l'observation des mouvements du « corps groupal » ; l'attribution à chacune d'un espace personnel privé, ni contrôlé ni fouillé – leur chambre ; la gradation progressive et consentie des modalités de l'acte alimentaire, avec un plateau-repas personnalisé pour cadre jusqu'à ce que l'adolescente puisse supporter échanges et partages au réfectoire sans que sa ration soit prédéfinie.

Et, puisque les jeunes anorexiques sont *prisonnières de l'intérieur*, cherchons à les faire s'exprimer, à les libérer, à partir de ce qu'elles produisent, non de ce qu'elles subissent de l'extérieur. Pour cela, imaginons des supports de projection pour les y aider. Les mystères de l'intériorité étant chez elles particulièrement problématiques, commençons par investir un premier registre métaphorique, celui de la décoration de leur chambre, qui devient une épreuve obligatoire à réaliser dès leur arrivée. Aucun refus n'est essuyé, et nous observerons rapidement que le niveau d'investissement est étrangement proportionnel au respect de cette consigne.

Que trouve-t-on sur les murs des chambres des jeunes anorexiques ? Des photos de famille qui, quelquefois, couvrent les murs comme si l'adolescente cherchait à « s'entourer » à nouveau des siens dont nous l'avons séparée. Nous allons évidemment nous garder de lui faire le moindre reproche. Si nous y regardons de plus près, nous découvrons que la jeune fille a choisi la photo de mariage de ses parents, ou bien celle où ils sont encore très jeunes, comme si elle cherchait à gommer le fossé des générations. À cela il faut ajouter des vues familiales et, entre autres, de repas de famille ! Également des dessins du petit frère ou de la petite sœur qui disent le besoin d'être soutenue par la fratrie. La fratrie présente par toutes sortes de messages du genre « Charlotte, on t'aime », « Tu nous manques », « Reviens vite », signés par un proche. Viennent ensuite les témoignages d'affection en provenance des amis, des élèves de la classe que la jeune fille a dû quitter. Des cartes collectives où l'on découvre un diminutif ou un surnom ne cadrant pas avec la cachexie actuelle, depuis le déjà étonnant « kiki » au très surprenant « Dumbie » – une éléphante bleue ailée. En contraste avec ce décor attendrissant viennent des photos de femmes fatales de la mode, mais la mode la plus épurée et la plus déshumanisée qui soit. *La femme en or* de Dior, les égéries des parfums en tête. Images qui disent que la femme idéale est objet, mais objet au plus extrême du spectre où le mot objet puisse être pensé. C'est la femme-objet mais pas au sens de créature dont on peut se saisir pour en user ou en abuser. L'« objet » est ici insaisissable, indomptable, suprême et pour tout dire *fatal*. La représentation d'une femme que ces jeunes filles se font au-dessus de tout commerce des chairs. *Absolute Woman*. Plus proche du robot, de l'humanoïde que de la femme offerte.

Il peut exister par contre, dans quelques cas, dans un coin de la chambre, alors que tout le reste de la décoration souffle le contraire, une image davantage érotisée. De jeunes égéries masculines, manière Brad Pitt, ou une épaule dénudée de femme tenant dans sa bouche une rose. Mais dès qu'on a de l'érotique dans l'air, on a en même temps, pour le contrebalancer et l'annuler, une multitude d'objets qui disent l'infantile. Une profusion de peluches le plus souvent offertes par la maman, mais aussi des coussins en forme de cœur, des doudous, tout ce qui sanctifie l'amour que la mère porte à sa fille. Du moelleux qui sent bon le câlin, en somme. Et parmi cette petite ménagerie, l'animal qui se taille peut-être la place de choix... la vache. Soit en peluche, soit comme motif de dessus-de-lit, soit en carte postale. La vache symbolise ce moment où l'enfant passe du lait maternel à l'apprentissage de l'autonomie. La vache comme métaphore de la rupture inaugurale. Lorie, 15 ans, en a une en doudou, elle qui se présente comme *végétalienne*, n'acceptant ni la viande ni les laitages – « ces infâmes résidus soutirés à une malheureuse vache à qui on a volé le veau lorsqu'elle l'allaitait, puis que l'on a mécaniquement entretenue en lui tirant les mamelles pour qu'elle reste *laitière* ». Imparable. Une image de l'impossible séparation du giron maternel qui poursuit Lorie et lui fait « s'acharner à rapetisser » pour rejouer le duo initial. Un rapprochement d'autant plus « parlant » que l'on trouve aussi des objets qui évoquent la prime enfance, tels des biberons, des tétines, des peluches avec un biberon dans la bouche.

Nous constatons que la préférence est donnée à des animaux corpulents, voire énormes, non seulement des vaches et des ours mais des rhinocéros, des éléphants... Des jeunes filles qui pratiquent et affichent l'épure et qui se complaisent en compagnie d'un gros ours ou d'un éléphant ! Des tirelires en forme de cochon obèse ! La grosseur de l'objet et son moelleux semblent là pour dire à la fois l'importance de l'amour accordé et le « gros bébé » que doit rester l'adolescente aux yeux de ses parents... Ce ne sont pas les seuls animaux. Le dauphin, ce prince des eaux, a la cote car il inspire l'aisance, la liberté, l'indomptabilité. Et le cheval, affiché en poster, règne lui aussi sur les grandes étendues, tout en s'offrant plus facilement aux élans de tendresse et d'affection. Ce n'est pas un hasard si certaines de ces jeunes filles pratiquent l'équitation et ont souvent investi cet animal comme un objet transitionnel. Un animal sur lequel on reporte son amour, mais en même temps qu'on monte et qu'on dompte. Sans oublier, bien entendu, cet incontournable dans une chambre de jeune fille anorexique : une évocation de la danse. Nous trouverons des chaussons de ballerines suspendus au-dessus de leur lit, des photos qui les représentent dans leur école de danse, ou encore des images de danseuses éthérées. Pas de danseuses du ventre, bien entendu ! Contrastant d'ailleurs avec une étonnante rigidité dans les postures et les attitudes. Nous sommes frappés de voir que parmi nos patientes, celles qui se déclarent adeptes de la danse sont généralement les plus raides et les plus maladroites dans les mouvements de leur corps. Ce n'est pas du tout la souplesse et l'aisance qui les caractérisent, mais le besoin de maîtrise. Et c'est seulement lorsqu'elles commencent à « bouger » dans leur tête, à tolérer leur affectivité, qu'elles deviennent plus gracieuses... J'en aurai terminé de ce décor en parlant des représentations géométriques pour celles qui sont les plus prises dans leur quotidien par des obsessions, des envahissements, des TOC. La rigidité est alors du côté mental.

À nous, soignants, d'amener nos patientes à pouvoir livrer ces tensions intérieures, et de les aider à mieux se saisir de leurs ressources propres, de leur créativité. Au lieu de les enfermer dans leur chambre, et de ne tenir aucun compte de ce qu'elles expriment, nous leur demandons au contraire de « s'ouvrir » en essayant de décorer leurs murs à leur image, puis d'accepter de soumettre cette exposition au regard extérieur. Une ouverture supportable, qui leur permet de desserrer les dents et les freins, mais en douceur, sans les obliger à « tout lâcher », sans les défaire d'une certaine retenue. Et, pour les aider à travailler sur l'alternance du *trop-peu* et du *trop-plein*, nous nous appuierons sur d'autres supports de projection possibles, allant du maquillage au jeu de rôle, en passant par le look, en leur demandant de produire des effets visibles censés être en adéquation avec leur image, puis de les réduire au maximum ou au contraire de les accentuer jusqu'à l'outrance. Nous verrons alors comment la jeune Morgane se saisit de cette consigne pour faire de sa chambre un reflet d'elle-même, elle qui ne sait jamais quoi dire lors des entretiens ou qui inonde son interlocuteur d'un flot de paroles continu, sans manifestement s'en rendre compte. Après avoir laissé les murs blancs pendant une semaine, « parce qu'elle ne savait pas comment accorder sa chambre à son image », elle les a tapissés d'une quantité de posters telle qu'il n'y avait plus par endroits un centimètre carré inoccupé. Elle garde cette décoration quelques jours et a un soir une « crise de nerfs » l'amenant à les arracher et à les déchirer, puis à en faire un tas au milieu de sa chambre devant lequel elle s'effondre en larmes. Lors de l'entretien qu'elle aura avec une infirmière juste après cet accès de violence, Morgane dira « avoir vu pour la première fois à quoi ressemblaient ses crises de boulimie ».

La chambre de Morgane avant la crise,
centre Abadie.

CHAPITRE 7

Poupées et doudous à la rescousse

Mon parcours singulier et l'histoire du centre Abadie tels que je les ai rapportés ont évidemment joué un rôle fondamental dans le développement quasi unique en France de deux services adjacents aussi spécifiques – l'un dédié aux jeunes suicidants, l'autre aux jeunes anorexiques-boulimiques –, chacun étant doté d'un cadre, d'une équipe et d'un programme thérapeutique propres. Il faut en effet savoir que, dans la plupart des services hospitaliers qui reçoivent des jeunes, seule la distinction en âge est éventuellement possible (mais pas toujours réalisable) pour offrir des espaces et des soins différenciés aux enfants et aux adolescents. Et lorsqu'une équipe peut se spécialiser dans l'accueil des 13-18 ans, elle est le plus souvent dans l'obligation de recevoir des patients qui présentent des troubles divers allant, en pédopsychiatrie, de la dépression profonde et de l'épisode psychotique aux situations dites de crise, en passant par les troubles des conduites alimentaires constitués. Des unités « généralistes » qui parfois se revendiquent comme telles, mais qui bien souvent n'ont pas le choix de procéder autrement, faute de ressources suffisantes.

Conscients de la chance que nous avons de pouvoir offrir des soins spécifiques à deux populations d'adolescents définies, nous allons chercher à mieux comprendre ce qu'ont de commun et de différent ces formes d'expression du mal-être, avec l'objectif de développer des outils thérapeutiques adaptés. Un constat s'impose en effet : dans l'état actuel de nos connaissances, nous ne savons pas pourquoi tel jeune en souffrance développe des troubles des conduites dans le registre de la rupture par l'ivresse, les scarifications et les TS médicamenteuses, et tel autre dans celui de la privation anorexique ou du gavage boulimique. Nous ne sommes pas non plus capables d'expliquer pourquoi certains adolescents passent d'un registre à l'autre, tandis que d'autres restent « attachés » aux mêmes symptômes. Au cours de rencontres interéquipes au centre Abadie, nous nous efforçons de mettre en perspective ce que donnent à voir les patients de chaque unité, en nous demandant quels outils de projection ayant trait à l'image nous devons utiliser pour favoriser l'expression de leur souffrance. Les jeunes suicidaires veulent cesser de souffrir, et pour cela tentent de *se couper* en tombant dans le coma ou en incisant leur enveloppe charnelle pour évacuer un trop-plein de tensions ; mais ils gravent aussi cette enveloppe pour substituer la cicatrice au souvenir et, ce faisant, *faire trace* au sens propre et *révéler* leur mal-être en montrant à quel point ils sont mal dans leur peau. Les jeunes anorexiques-boulimiques s'en prennent à leurs formes corporelles, qu'elles s'acharnent à réduire, voire à annuler, avec un idéal d'épure qui les obsède. Elles veulent contrôler les échanges affectifs dérangeants qu'elles rapportent aux « effets de substance » qui se jouent dans leur corps : la prise alimentaire confondue avec un *apport* tour à tour menaçant ou tentant, la prise de poids associée au *gain* honni du gras, et le *profit* des chairs combattu pour empêcher la victoire du désir sur la volonté.

Tous ont en commun de ne pas pouvoir se dégager de ce qu'ils mettent en scène au niveau de leur apparence, de leurs postures et de leurs actes, puisque leur corps est à la fois l'acteur, la victime et le témoin des troubles qu'ils présentent. Comment les aider à projeter un *double d'eux-mêmes* sur lequel ils pourront travailler et à partir duquel ils pourront « réfléchir » dans tous les sens du terme, voilà le challenge qui attend chaque équipe soignante du centre Abadie. Et les différentes figurations du *double* dont nous allons concevoir quelques développements vont rapidement nous apparaître comme parties intégrantes et déterminantes des soins à ces adolescents en panne de mots pour dire qu'ils sont des éclopés identitaires, des blessés narcissiques cherchant désespérément à mettre en images leur mal-être profond.

La « deuxième vie » des objets transitionnels

Bien avant d'avoir à l'esprit cette notion de *double*, j'ai pris l'habitude de demander aux patients engagés avec moi dans une psychothérapie individuelle de me laisser en dépôt, sur les rayonnages de la bibliothèque de mon bureau, un objet anonyme créé ou remanié de leurs mains censé les représenter. J'avais en effet l'intuition qu'en venant *déposer* leur souffrance avec des mots, il leur manquait quelque chose qui fasse trace de leur passage, qui les inscrive *réellement* dans la démarche introspective qu'ils entreprenaient avec mon aide.

— Pouvez-vous m'amener, lors de notre prochain entretien, un objet qui vous représente ? Telle était ma demande. Celle-ci n'a jamais paru vraiment les surprendre. « Me faire en idéal, ou montrer ma souffrance ? », se contentaient-ils souvent d'interroger. Je leur laissais une latitude entière. Je ne m'attendais pas à ce que la plupart convoquent pour cela poupées, doudous et peluches, c'est-à-dire les fameux *objets transitionnels* chers au célèbre psychanalyste anglais Donald W. Winnicott. Des reliquats infantiles d'ailleurs étonnamment persistants de nos jours chez tous les ados.com, en signe de « transition difficile », comme si de nombreux adolescents avaient du mal, malgré tous leurs efforts pour se montrer « grands et autonomes », à renoncer à la présence et à la dépendance maternelles. Ceux qui venaient me voir se caractérisaient par un look d'ados dont les manières tranchantes et provocantes les faisaient généralement paraître beaucoup plus vieux que leur âge, un affichage de pseudo-maturité contrastant avec des attentes affectives souvent très immatures. En choisissant spontanément de s'incarner sous la forme de cet objet infantile, mais en le remaniant avec force signes et insignes de provocation ou de rupture, ces adolescents en souffrance identitaire semblaient vouloir traduire en le condensant l'écartèlement dont ils se sentent l'objet. La plupart mettaient un soin particulier à ajouter des détails précis ou à représenter symboliquement leurs blessures, et j'étais frappé par la créativité dont ils faisaient preuve. Je m'apercevrai plus tard qu'ils feront de la *présence* de cette effigie dans mon bureau le témoignage tant de la permanence de leur engagement psychothérapique que de la mienne, et que l'objet-tiers aura aussi pour fonction de décrisper la relation duelle souvent délicate à investir, au moins au début de la prise en charge. Un nouvel outil de projection était né.

L'ajout de vrais cheveux, de parures et de pièces de vêtement déjà portées va évidemment m'interpeller, d'autant qu'un ami psychanalyste de passage qui découvre ce musée débutant va me décocher, mi-sérieux, mi-riant : « Alors, tu te lances dans le fétichisme à présent ? » Il faut savoir que le mot *fétiche* qui désigne chez les hommes premiers un objet de culte doté de pouvoirs magiques a un sens très particulier en psychologie. Il s'applique à un objet non sexuel

« Autoportrait »,
poupée remaniée,
Alexandra R., centre Abadie.

« P'tit Ours », autoportrait,
peluche remaniée,
Vanessa, centre Abadie.

de par sa nature propre qui devient – à travers son recours compulsif – une condition indispensable à la jouissance, c'est-à-dire ni plus ni moins un objet de *perversion sexuelle*. Suis-je en train de partir en vrille sans m'en rendre compte ? J'y réfléchis, comme on dit, et je n'y vois de ma part aucune sollicitation trouble. Quant à l'adhésion des jeunes patients à ma demande, elle ne me semble pas appartenir au registre du fétichisme à l'adolescence – ce détour plus ou moins ritualisé pouvant passer par l'usage d'un objet (mouchoir, vêtement...) lors des pratiques masturbatoires et, parfois, des premiers rapports. Pourtant, il y a bien du « sexuel » dans les figurations que les adolescents vont ici exposer, mais davantage pour le dénoncer que pour le susciter. Je vais en effet rapidement découvrir qu'ils sont nombreux à vouloir figurer les atteintes dont ils ont été l'objet sur leur effigie.

Sous quelles formes ? Celle – fréquente – de l'amputation d'un membre, comme Jessica, 16 ans, cette adolescente victime d'un viol à l'âge de huit ans qui s'est représentée en poupon unijambiste avec des larmes noires lui coulant des yeux et, sur le corps, la marque des mains criminelles de son cousin abuseur, les brûlures morales et les scarifications que ces violences sexuelles subies ont convoquées. On est plus près de la *poupée vaudou* que du fétiche ! Rappelons que comme son ancêtre antique en cire, la *dagyde* (du grec *dagos* « poupée »), la poupée vaudou désigne une figurine magique qui représente l'esprit d'une personne et qui est employée pour lui jeter des sorts. Elle ne sert pas obligatoirement à faire de la sorcellerie maléfique, elle peut aussi être utilisée pour le support ou la guérison, mais toujours à distance. Dans tous les cas cependant, l'effigie doit ressembler à la personne qu'elle incarne et contenir un élément

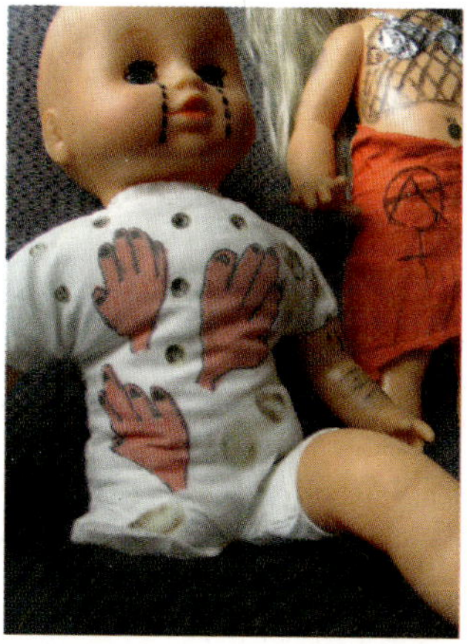

« Autoportrait », poupon remanié,
Jessica, 16 ans, centre Abadie.

provenant de la personne à envoûter (cheveux, morceau de peau, rognures d'ongles, etc.). Je constate que les adolescents que j'invite à se représenter redécouvrent le pouvoir « magique » de la projection pour exorciser leur souffrance.

Si la plupart de ces *autoreprésentations* sont élaborées à partir d'objets intimes de la petite enfance, c'est aussi parce qu'elles indiquent bien que le mal-être actuel fait appel au passé. Le doudou-chaton qui figure ci-dessous a manifestement une longue histoire de câlins et de lavages pour paraître aussi râpé et défraîchi ; le voilà privé d'un œil car Julien, l'adolescent âgé de 15 ans qui s'est ainsi représenté, se débat aujourd'hui avec l'impression douloureuse d'être abandonné par ses parents qui ont refait leur vie et d'autres enfants chacun de leur côté. Il se sent « toujours de trop » et a tenté par trois fois de se suicider par strangulation avec un lacet au cours des six derniers mois. Lorsque je lui demande de s'incarner dans un objet de son choix, il pense tout de suite à ce doudou « parce que c'est la seule chose qui ne l'a jamais quitté depuis qu'il était tout petit ».

Julien avait 2 ans quand sa mère s'est séparée de son père « pour partir avec un autre homme ». Il a été élevé par sa grand-mère maternelle jusqu'à l'âge de 10 ans et vit maintenant tantôt chez l'un tantôt chez l'autre parent en « garde alternée sur décision de justice ». Julien ne s'entend pas avec ses beaux-parents qui prêtent, selon lui, davantage attention à leurs propres enfants. Ses affaires sont éparpillées, il n'a pas de « chez lui ». Cette peluche le représente bien, dit-il, « elle a l'air d'être comme lui : pauvre et triste ». Il n'en a plus besoin pour s'endormir, et il accepte de la « mettre en dépôt » sur une des étagères de mon bureau à condition de pouvoir la récupérer quand sa thérapie sera finie. Il se reprend au bout d'un moment et déclare : « Non, il vaut peut-être mieux que le doudou reste ici, mais je lui enlèverai son bandeau quand j'irai mieux. »

« Moi », doudou remanié,
Julien, 15 ans, centre Abadie.

Cette infirmité représente sa solitude et sa souffrance de se sentir abandonné et incompris par des parents qui semblent ne pas se rendre compte qu'il a encore énormément besoin d'eux. Faut-il qu'il meure pour attirer leur attention ? Julien a sans doute conscience qu'en faisant le choix de s'incarner dans une peluche aussi innocente, il ne fait pas qu'exprimer une dépendance proche de celle d'un enfant en bas âge ; il se pose en victime, dans une posture angélique qui tranche évidemment avec l'horreur de ses tentatives de suicide par strangulation, pour mieux culpabiliser ses parents… et ainsi faire pression sur eux. Il est par contre peu probable que Julien ait consciemment choisi l'éborgnage du doudou pour traduire le *manque de perspective* où sa situation d'« enfant abandonné » le place – sachant que c'est par la vision binoculaire que l'on peut voir en relief.

Hors de question, bien entendu, de lui assener une telle interprétation. Mais on peut raisonnablement penser que cette production inconsciente hautement figurée pourra lui servir de support pour déposer les mots de sa souffrance auprès de son thérapeute.

Révéler sa boiterie psychique

La représentation métaphorique de la souffrance est parfois de l'ordre de la boiterie pour exprimer l'idée de handicap rompant l'équilibre, le besoin d'étayage, voire la nécessité d'une assistance. C'est le cas de Prune, cette jeune fille de 17 ans qui se voudrait « indomptable » et capable de tenir les garçons à distance maintenant qu'elle n'a plus confiance en eux après avoir subi deux tentatives d'abus sexuel de la part d'amis proches lors de soirées arrosées. Ces épisodes ont réactivé chez elle un traumatisme datant de l'enfance : petite fille, Prune avait subi plusieurs fois les attouchements d'un oncle, et sa mère, à qui elle avait pu un jour en parler, s'était contentée de « la traiter de menteuse ». Ne pouvant compter que sur elle-même, Prune s'est incarnée en panthère noire – un fauve qu'elle imagine « en femelle solitaire et puissamment armée, donc intouchable ». Le félin a une patte cassée nécessitant une attelle, car Prune « se sent blessée » par tout ce qui lui est arrivé. Elle veut montrer qu'elle peut marcher mais qu'elle est encore incapable de grimper dans les arbres et de chasser dans la forêt tropicale, métaphore qui exprime « ses difficultés à se déplacer dans la jungle de la vie en société ». L'adolescente ne dira rien de son choix d'avoir réalisé son effigie *en papier mâché*, mais on pourrait y voir une figuration supplémentaire des blessures dans sa chair que ces violences ont produites. Elle considérera enfin que l'attelle elle-même représente les soins dont elle a bénéficié au centre Abadie, établissement qu'elle compare à une « ferme thérapeutique recueillant des fauves blessés ». Une image pour elle d'autant plus parlante que son rêve est d'être un jour vétérinaire en Afrique pour sauver les animaux en voie de disparition.

« Autoportrait », papier mâché peint avec accessoires,
Prune, 17 ans, centre Abadie.

Le singe de Jaïda

L'exemple de Jaïda est également significatif. Son effigie est un petit singe en peluche avec lui aussi un bandeau sur l'œil et une bouche maquillée en cœur. La jeune fille est âgée de 16 ans. Née sous X d'une mère prostituée et d'un père inconnu, Jaïda a été adoptée à l'âge de 3 ans par un couple d'enseignants en mal d'enfant biologique. Jusqu'à 10-11 ans, elle se montre investie dans sa scolarité et ne pose pas de problème particulier. À l'orée de l'adolescence, c'est une belle jeune fille de type maghrébin qui fait la fierté de ses parents adoptifs. Soudain, de façon inexpliquée, tout bascule dès le début des années collège. Jaïda lâche l'athlétisme dans lequel elle excellait, se coupe des ami(e)s qu'elle fréquentait jusque-là et « part en vrille » dans sa scolarité et sa vie de famille. Elle sèche les cours, devient agressive avec ses professeurs, se met à fréquenter une bande de jeunes plus âgés qu'elle et conteste la moindre décision parentale, traitant sa mère de tous les noms lorsque celle-ci veut la punir ou lui interdire un achat ou une sortie. Elle se montre excessivement dépensière, comme si – dira sa mère – « elle voulait nous faire payer son histoire ». En revendication permanente, Jaïda ne cesse de dire à ses parents adoptifs qu'*elle veut faire sa vie sans eux*. Elle se met à sortir à n'importe quelle heure du jour ou de la nuit, bien entendu sans leur autorisation, mais non sans prélever dans le porte-monnaie maternel l'argent dont elle a besoin. La situation devient explosive. Les parents se braquent et menacent leur fille « de la mettre en foyer », ce qui a pour effet d'amener l'adolescente à errer en fugue pendant plusieurs jours – du domicile d'une copine à l'autre – jusqu'à ce que la police finisse par la retrouver et la ramène chez elle. Une violente dispute éclate alors entre la mère et la fille, et cette dernière part s'enfermer dans sa chambre. Là, elle avale des cachets et se coupe les veines « pour en finir avec la vie ». Deux jours plus tard, Jaïda est admise au centre Abadie. Elle sera la première patiente hospitalisée à qui je vais donner pour consigne de s'autoreprésenter par un objet de son choix. Et voici l'objet qu'elle demande à sa mère de lui apporter : une des premières peluches qu'elle ait eues, un petit singe qui occupe son dessus-de-lit.

« Autoportrait », peluche remaniée,
Jaïda, 16 ans, centre Abadie.

Quelles modifications va-t-elle apporter et qu'en dit-elle ? Jaïda dessine un cœur au rouge à lèvres sur la large bouche du singe « pour montrer qu'il s'agit d'une fille ». Elle accroche un énorme cœur en feutrine sur le pelage noir afin de signifier que, pour elle, « seul l'amour compte dans la vie ». Elle fixe à son oreille une boucle tenant une main de Fatima, pour rappeler ses origines. Et elle déclare que cette peluche qui l'incarne est borgne, car c'est ainsi qu'elle veut représenter son mal-être. Une amputation. Elle se sent *diminuée* par les questions qui la tourmentent au sujet de sa conception, notamment par celle-ci : mes parents se sont-ils aimés ou suis-je seulement un « accident » ? Elle se sent également *incapable d'y voir clair* quant à ce qui la fait le plus souffrir : l'abandon maternel ou l'inconnu paternel. Pourquoi a-t-elle choisi de se représenter en singe ? Elle rit lorsque je lui pose la question, ça lui est venu tout seul, elle ne l'explique pas. Elle finira par dire que c'est une manière de confirmer son appartenance à l'Afrique, même si elle n'y a jamais mis les pieds, et aussi pour interpeller à sa manière cet « inconnu » qui a mis sa mère enceinte. Des explications elles-mêmes plus ou moins « remaniées » mais qui me convaincront qu'il y a là une forme de support à développer pour aider les adolescents en souffrance à s'exprimer.

Nous n'aurions jamais pu deviner sans ces mises en représentation que ces jeunes figureraient à la fois leur souffrance et son mystère par une amputation, qu'elle soit celle d'un œil, d'une jambe ou d'une oreille. On est là, encore une fois, en contradiction manifeste avec l'idée convenue et erronée qu'ils sont incapables de mentalisation. Au cours de son suivi, et face à nouveau au petit singe en peluche qu'elle a déposé au centre, Jaïda sera en mesure d'associer à propos de l'importance qu'elle a voulu donner à ces « cœurs à répétition » qui caractérisent son autoreprésentation : « C'est vrai que l'amour compte plus que tout pour moi, dira-t-elle en substance, mais je voudrais pouvoir croire que mon père n'a pas été qu'un simple client de ma mère. J'espère de tout mon cœur qu'ils ont eu une relation de tendresse et peut-être, pourquoi pas, une vraie relation d'amour. C'est ce père-là que je voudrais aimer et à qui j'adresse un baiser. » Jaïda aurait eu du mal à trouver les mots pour le dire sans ce support. Qu'attend-elle au juste ? Certainement pas la confirmation de son espérance rêvée qui restera toujours pour elle une interrogation douloureuse. Mais d'oser pouvoir regarder sa souffrance identitaire en face – *avec ses deux yeux*, aurait-on envie de dire –, et de la formuler à haute voix, grâce à ce singe-écran de projection et à notre position de témoin tiers. Les premiers pas, en somme, d'une jeune fille acceptant d'avancer dans la vie en parvenant à *faire avec* son histoire singulière.

Des doubles à distinguer selon les troubles

La plupart des adolescents suicidaires semblent à l'aise avec cette demande d'autoreprésentation à partir d'un objet remanié de leurs mains. Ils se prêtent facilement à l'exercice, puis se montrent étonnamment attachés à respecter l'objet-fétiche qu'ils ont ainsi transformé, voulant le laisser tel quel et nous le remettre, comme si lui aussi devait *faire trace*. « Je ne veux plus y toucher, dit Arthur, 14 ans, devant le chevalier en plastique qui l'incarne. Je le mets sur le dos, les quatre fers en l'air, puisqu'il a tout perdu, son cheval, son bouclier et son épée. Ça me représente maintenant que je me sens faible, tout seul, sans amis. J'en prendrai un autre quand j'irai mieux... Tiens un Batman, dit-il en riant, c'est lui que je voulais être quand mes parents ont divorcé, je voulais être fort comme un roc. » Dans le choix spontané de l'effigie, poupées, doudous et peluches tiennent le devant de la scène, chez les filles comme chez les garçons ; mais il s'agit parfois – comme dans le cas d'Arthur – d'une figurine en pied (un humain ou un animal), ou d'une illustration très symbolique du genre *hérisson* pour dire « qui s'y frotte s'y pique ».

Beaucoup demandent si l'objet doit être ou non ressemblant. Et nous observons que leur investissement semble renforcé lorsque nous les invitons expressément à produire à travers cette autoreprésentation *des aspects d'eux qui les caractérisent.* L'idée est de les amener à préciser l'expression de leur mal-être et à *se voir* sous une forme différente et un point de vue décentré, pour prendre du recul par rapport à leurs difficultés. De la même manière que l'on peut accéder au sens de sa souffrance en l'énonçant en mots face à un interlocuteur bienveillant, nous espérons que ces enfants de l'image pourront percevoir certains aspects de leur problématique en examinant leurs productions qui sont aussi des projections. D'abord en compagnie des soignants, puis entre pairs, ces autres « semblables » à la fois similaires et différents. Certains ados se plaignent de ne pas pouvoir suffisamment remanier l'objet qu'ils ont choisi pour exprimer leur souffrance, ce qui nous conduira bientôt à leur faire littéralement *mettre la main à la pâte* en modelant une figurine à leur image.

L'expérience appliquée aux jeunes anorexiques suscite beaucoup moins d'enthousiasme, surtout chez celles qui « ne lâchent rien » et qui restent obsédées, malgré leur maigreur, par leur image corporelle. Il s'agit presque d'une épreuve diagnostique de gravité. Celles qui vont mieux et qui se montrent un peu plus souples dans les échanges

« Autoreprésentation »,
poupée Barbie remaniée, Léna, 16 ans.

supportent la consigne, qu'elles suivent en général de manière très différente des jeunes suicidaires. Elles s'autoreprésentent sous la forme d'un objet haï, évocateur de leur détestation des formes corporelles et de la piètre image qu'elles ont d'elles-mêmes (un flacon ventru au col étroit, une illustration représentant une vache jouant du violoncelle, etc.), ou encore d'une Barbie habillée à l'identique mais dont la poitrine formée ne correspond aucunement à la réalité de celle, inexistante, de la jeune fille concernée.

Alors que peluches et doudous occupent leur dessus-de-lit, installés là parfois dans des positions d'accouplement contre nature qui heurtent le regard témoin mais qui semblent totalement échapper à leur conscience, les jeunes anorexiques ne recourent quasiment jamais à ces reliquats de la petite enfance pour s'autoreprésenter. Un tel constat nous semble révélateur du déni avec lequel ces patientes refusent de voir dans leurs conduites cette volonté de régression qui pourtant saute aux yeux. À l'invitation de dessiner leur souffrance, elles répondent au mieux par des figures géométriques, et face à la demande de « s'incarner dans une autoreprésentation de leur choix », elles se disent « en panne ». Nous allons devoir imaginer pour elles d'autres figurations du double.

CHAPITRE 8

Tracer leurs contours pour donner chair aux âmes en peine

Les jeunes anorexiques, ces « âmes en peine », nous donnent à voir la fonte de leurs chairs pour n'*être que d'os* et s'épargner ainsi, croient-elles, les souffrances que le corps sexué inflige à leur cœur d'adolescente ne supportant pas les bouleversements affectifs de la révolution pubertaire. Les formes corporelles, les pulsions et les émotions nouvelles que la puberté fait naître angoissent, voire persécutent ces jeunes filles qui voudraient rester pures et innocentes pour continuer en quelque sorte *à vivre d'amour et d'eau fraîche* à l'ombre de leurs parents. Véritables squelettes ambulants, elles s'accrochent à l'os pour « tenir », ne pas se relâcher, garder la tête haute et le regard fiévreux, telles des résistantes qui refusent de se soumettre aux besoins fondamentaux de l'acte alimentaire et de la sexualité dont les conséquences leur paraissent « incalculables », donc trop menaçantes. Aux parents nourriciers dont elles avouent pourtant ne pas pouvoir se passer, elles renvoient violemment leur extrême maigreur assortie d'un appétit intellectuel insatiable, comme si elles voulaient leur signifier amèrement ceci : malgré les efforts entrepris de part et d'autre, la réussite éducative ne les a pas assez nourries, elles restent en manque d'affection, et ce manque comporte tant un besoin inassouvi d'amour et de reconnaissance, qu'une insuffisance de confiance et d'estime de soi. Garder le contrôle d'une main inflexible sur leur évolution pour prétendre avancer seules sera leur credo, une manière de maîtrise en guise de garde-fou afin de ne pas sombrer dans l'abîme du vide et de l'absence.

N'attendent-elles vraiment rien, elles qui incarnent la discrétion absolue en jouant les ombres furtives, mais qui s'affichent décharnées en figurations de la mort particulièrement saisissantes ? De l'aide, elles finissent par se dire prêtes à en recevoir lorsque la fatigue et le découragement les gagnent, à condition que celle-ci s'exerce sans forçage excessif de leur volonté ni exigence de reddition, qu'elle soit marquée par des étapes anticipées et calibrées, et qu'elle prenne en compte leur besoin permanent d'un cadre rassurant allant du contenu précis de leur assiette à l'organisation définie des temps et des espaces d'évolution. C'est dans cet esprit que notre équipe cherche à leur faire tolérer d'inévitables contraintes sans les « casser ». Il faut peu à peu les conduire à s'alimenter le plus normalement possible, à supporter une prise de poids progressive qui les sort de l'état d'extrême maigreur, et à pacifier leur relation à leur propre image. Patiemment, sans les brusquer, ces progressions doivent les amener à ressentir émotions et plaisirs sans qu'elles aient le sentiment de s'avilir ou de perdre la face. En somme, il s'agit de substituer la souplesse à la rigidité, ce que les entretiens, les groupes et les médiations devront avoir comme objectif commun. Ce gain de souplesse s'observera dans le fonctionnement psychique de ces jeunes filles, à travers la fluidité des associations libres, la richesse des représentations mentales et la reprise du sens de l'humour, tandis que diminueront les obsessions et les angoisses. Au niveau affectif, elles iront mieux lorsqu'elles accepteront leur sensibilité et les soubresauts de leur vie émotionnelle, au lieu de chercher à étouffer les tensions et les élans du cœur. Et dans le domaine corporel, davantage de souplesse s'exprimera chez elles dans les mouvements et les postures, dans leurs rapports plus détendus à la nourriture, ainsi que dans la capacité à se voir telles qu'elles sont et à supporter l'image qu'elles ont d'elles-mêmes.

Comment les aider à développer tout cela, en sachant que ces jeunes filles ont autant de mal à parler de leurs souffrances qu'à les projeter en dessins et en figures d'auto-représentation ? C'est encore une fois au pied de la lettre que nous allons les amener à « faire le tour du problème » en travaillant sur les contours de leur silhouette. Voici comment.

La piste des arts premiers

À Bordeaux, le musée d'Aquitaine contribue à nous ouvrir de nouvelles perspectives. Ce musée ethnographique dédié à l'histoire de la ville et de sa région, de la préhistoire à nos jours, dispose d'une importante section d'arts d'Afrique et d'Océanie témoignant du passé portuaire de la ville et des richesses accumulées par le commerce triangulaire et le colonialisme. L'intérêt que nous portons aux symboles et aux gravures cutanées à travers le piercing, le tatouage et les scarifications nous conduit naturellement à vouloir interroger l'histoire du marquage corporel. Grâce à Anne Brézillon, qui préside l'Association de soutien scolaire aux enfants malades (ASSEM) dont les professeurs bénévoles interviennent au centre Abadie, des liens se tissent à cette occasion avec les personnels du musée. Nous sommes évidemment frappés par un constat de similitude : les ados.com qui se font incruster de l'encre ou du métal dans la peau apparaissent les dignes descendants des *hommes premiers* pour qui de telles marques valaient comme empreintes d'appartenance, rites de passage et insignes statutaires, avant d'accéder à l'inscription « externalisée » de ces signes et symboles sur d'autres surfaces de projection. La peau est la première *feuille de route identitaire*. Et, dans notre société moderne où la « tribu adolescente » cherche à se doter de ses propres marques, les ados.com renouent avec ces pratiques pour étayer leur identité, partager des codes d'appartenance et réinventer les rites de passage que la communauté des adultes ne leur propose plus. Aujourd'hui, les ados.com disposent en quelque sorte de deux espaces personnels pour « se dire » intimement, tout en l'affichant avec l'espoir de *faire corps* entre pairs : la fleur de peau, dans le réel, moins superficielle que les seuls effets du look et de la mode, et leur page Facebook, nouvelle vitrine-écran ouverte aux internautes acceptés comme « amis ».

À l'époque où débutent nos échanges avec les personnels du musée, les ados commencent à peine à se constituer une « peau numérique » à travers les blogs. Ils investissent avant tout les *marques* – celles qui concernent aussi bien l'enveloppe cutanée que la « seconde peau » du look. Et ceux qui vont mal s'automutilent, ce qui nous amène à parler des scarifications dont la fréquence ne cesse d'augmenter. Qu'ont-elles à voir avec les scarifications des sociétés traditionnelles ? Ces dernières marquent le plus souvent un rite de passage : un jeune impétrant prêt à accéder à un nouveau statut se conforme aux règles du groupe en acceptant de subir ce marquage de la part d'exécuteurs patentés pour prouver qu'il est prêt à affronter la souffrance – et à travers elle qu'il peut dorénavant voir la mort en face. C'est une épreuve de soumission, donc d'intégration à l'ordre du groupe, l'individu seul perdant son identité en dehors de sa communauté. Pour affirmer cette appartenance, les scarifications marquent le visage, la poitrine et le ventre, les sites corporels les plus porteurs de valeur symbolique. *A contrario,* nos ado.com s'infligent eux-mêmes cette épreuve de souffrance pour soulager leurs tensions et se prouver qu'ils existent en regardant leur sang couler. Ils ne veulent pas se soumettre, ils hurlent à leur façon leur désespérance, cherchent à lui donner forme en l'inscrivant dans leur chair, pour la circonscrire et en garder la trace, avec le secret espoir d'être reconnus. Sauf dans les cas graves de « fracture identitaire », leur marquage en forme de sévices corporels évite le visage, la poitrine et le ventre – ces hauts lieux symboliques d'intégration à l'identité groupale. Il se concentre sur les avant-bras et les poignets, pour exprimer la rupture en ces endroits du corps qui incarnent l'échange, le lien, le support, en somme l'ouverture à la relation à l'autre. Chez les ados.com en souffrance, ces blessures auto-infligées restent des tentatives individuelles et désespérées de « garder la main » sur la résolution de leurs problèmes, tout en exposant ces plaies pour dire leur impossibilité d'en sortir seuls. Une attente ne pouvant être mise en mots par la parole ou l'écriture qui les obligent à se replier sur le « langage cutané » pour s'exprimer. Ce retour à une certaine forme de primitivité confirme notre intuition initiale : nos ados.com en souffrance manquent de supports pour exprimer leurs angoisses et leurs attentes, et se retrouvent aussi démunis que les hommes premiers lorsque ceux-ci n'avaient pour seul « passeport identitaire » que leur propre peau. À nous de les faire évoluer vers des moyens d'expression « extériorisés » permettant à ces écorchés vifs d'utiliser des supports de projection autres que le marquage corporel.

Les apports du musée d'Aquitaine ne s'arrêtent pas là. Il se trouve que les plasticiennes du musée accueillent au cours d'« ateliers du mercredi » des enfants scolarisés qu'elles cherchent à sensibiliser aux patrimoines préhistoriques d'une région possédant, comme on le sait, des sites mondialement réputés en Dordogne. Dans ces ateliers, on apprend aux enfants à reproduire des motifs empruntés aux arts de ces époques reculées, à dessiner les contours d'animaux disparus, et à les colorer avec des pigments naturels selon les techniques qu'employaient les hommes préhistoriques. Nous prêtons une attention soutenue à ce travail, puisque nous sommes en quête de supports de projection. Et, soudain, un déclic se produit ! J'observe que les dessins et les pigments utilisés pour les colorer sont posés sur des toiles de lin. C'est un choix des animateurs du musée qui s'explique par le fait que les pigments s'accrochent mieux au lin qu'au papier. Mais ces toiles de lin, la première fois que je les découvre, m'évoquent irrésistiblement un drap nuptial, une alèse. Peut-être un linceul. Le saint suaire... Mes yeux de psy voient dans la toile de lin une surface d'expression à haute valeur ajoutée métaphorique convoquant le sexe et la mort – ces deux angoisses fondamentales qui agitent les ados.com en souffrance.

Sous le signe de *morphê*

Nous allons créer un outil thérapeutique autour de ces prémices. Et imaginer d'abord le « dépôt » de la silhouette du corps sur une telle surface « projective » avant d'envisager d'y faire figurer des symboles. Nous pensons donc aux patientes anorexiques-boulimiques en premier lieu. Pourquoi ne pas les amener à projeter littéralement leur silhouette sur la toile, elles qui ont tant de mal à supporter leurs contours et à pouvoir directement travailler sur leurs formes corporelles ? J'insiste sur ces tâtonnements pour rendre compte de quelque chose qui caractérise la démarche abadienne. Nous ne prétendons pas savoir à l'avance ce qui est forcément thérapeutique. Ni ne voulons mettre nos observations en boîte formatée selon tel ou tel principe théorique. Nous aimons confronter notre savoir et nos vues à ce que nous font découvrir d'autres apports, d'autres expériences, d'autres regards. Cela ne nous enlève rien de dire que cet atelier n'aurait jamais vu le jour sans les professionnels du musée d'Aquitaine. Au contraire. C'est une formidable illustration d'un principe clé pouvant prendre tout son sens chez les jeunes anorexiques : être perméable aux apports extérieurs quels qu'ils soient permet de s'enrichir. C'est exactement ce que nous essayons de faire entendre à nos patientes. Se nourrir, c'est davantage qu'apaiser sa faim et répondre au besoin de s'alimenter pour survivre. L'acte de se nourrir est avant tout un acte culturel qui inscrit chacun dans la relation à l'autre et les échanges que celle-ci permet. Ce n'est pas se remplir. La boulimie de maths, de lecture n'est pas le moyen le plus adéquat de participer de l'aventure humaine collective. Se nourrir, c'est en somme acquérir davantage de *densité* et non pas forcément davantage de rondeurs.

Nous imaginons un atelier au cours duquel chaque adolescente verra ses contours corporels projetés sur un drap de lin, silhouette à taille réelle dont elle aura à investir l'intérieur et l'extérieur à l'aide de pigments colorés pour distinguer contenant et contenu. Nous intitulons ce nouvel espace de projection « atelier de morpho-pictographie ». *Morpho*, du grec *morphê* « forme », *picto* pour « image » et *graphie* pour « traçage sur un support ». Intégré au programme de l'unité pour troubles des conduites alimentaires, l'atelier de groupe est coanimé par la kinésithérapeute et une infirmière du service – deux soignantes particulièrement impliquées dans cette création –, et il est suivi par un temps de régulation avec un psy de l'unité. Deux groupes de niveaux constitués chacun de quatre à six patientes alternent d'une semaine sur l'autre, l'atelier se déroulant sur plusieurs séances. Nous mesurons en effet que ce « travail sur soi » est à la fois puissamment mobilisateur et fortement anxiogène, et que nous devons définir des étapes progressives. Les coanimatrices échangent à ce sujet avec les patientes, et une idée que nous n'aurions pas osé leur imposer émane des jeunes filles : elles jugent « moins stressant » de commencer par faire une ébauche à main levée de silhouette humaine et tombent d'accord entre elles sur une taille d'environ 50 centimètres de hauteur, avec pour consigne d'essayer de respecter à peu près les proportions d'un corps humain. Cette ébauche s'appellera « la Petite Silhouette ». Nous entérinons la proposition, convaincus une fois de plus que travailler *avec* les patientes et non *contre* elles se révèle toujours profitable. En l'occurrence, le fait qu'elles imaginent donner d'abord naissance à une *Petite Silhouette* qui a les proportions d'un nouveau-né, avant de pouvoir en venir à leurs propres contours, donne une forme tangible à leur aspiration secrète de régression infantile – et peut-être aussi de leur difficulté à se projeter elles-mêmes dans le désir de devenir mères un jour.

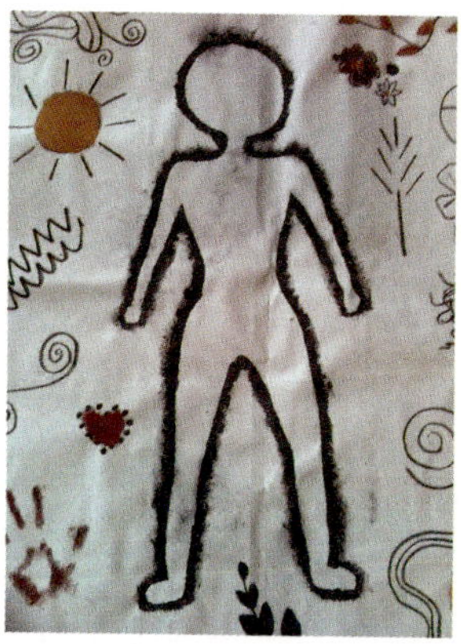

« Ma Petite Silhouette »,
Mathilde, 16 ans, centre Abadie.

D'emblée, certaines jeunes filles révèlent la vision déformée qu'elles ont d'elles-mêmes. C'est le cas de Roxane, 15 ans, qui « se trouve monstrueuse » et qui tient à figurer combien elle se sent « un objet tiraillé » entre celle qui lui a donné la vie, sa mère (symbolisée par une main blanche) et la « force maléfique » qui la pousse vers les crises de boulimie (main noire).

« Ma haine de moi », Petite Silhouette de Roxane, 15 ans, centre Abadie.

L'étape suivante de l'atelier a lieu lors de la deuxième séance. Chaque patiente s'allonge sur une feuille de papier kraft posée à même le sol et laisse une soignante dessiner son contour. La jeune fille s'applique ensuite à détourer sa silhouette, puis à la rapporter sur une surface de lin de la taille d'un drap. Elle se préoccupe alors d'y appliquer, à l'extérieur comme à l'intérieur du trait, les pigments par application d'éponges imprégnées de gomme arabique. La « Grande Silhouette » naît de cette opération, le plus souvent en silence, chaque patiente fixant intensément cette forme projective d'elle-même.

Traçage des contours de la silhouette de Charlotte, 17 ans, centre Abadie.

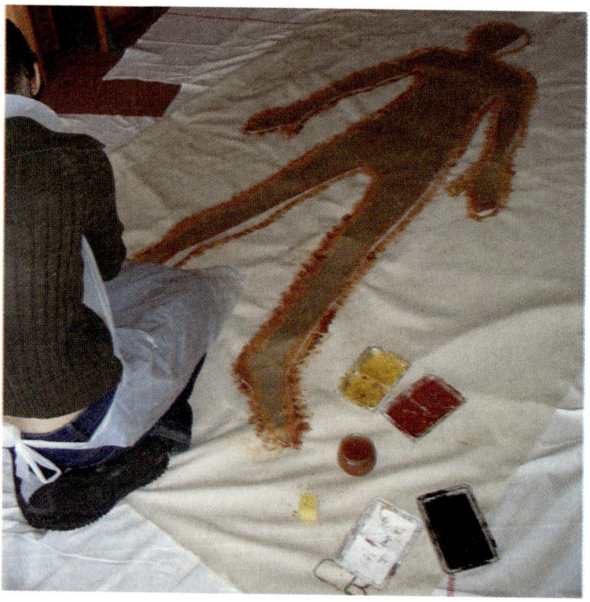

Tamponnage des pigments après détourage de la Grande Silhouette.

Tamponnage décor extérieur
de la Grande Silhouette.

Tamponnage intérieur
de la Grande Silhouette.

Nous amenons ainsi les jeunes filles à travailler sur un autre corps, un corps *intermédiaire*. Sur ce corps de transition, nous leur demanderons au cours d'autres séances de définir par des couleurs les zones ou les contours les plus « sensibles » avant de figurer au moyen de symboles les organes des sens, puis la féminité en fonction d'une progression prenant en compte, bien entendu, leur capacité psychologique à se livrer à ce genre d'expérience. Autant d'étapes qui donnent lieu chaque fois à des échanges et des mises au point avec le psy qui régule l'atelier. À la fin de chaque séance, les jeunes filles prennent délicatement dans leurs bras la toile de lin sur laquelle leur silhouette et son décor sont imprégnés de pigments fixés par la gomme arabique pas encore sèche. Elles tiennent alors sur leurs avant-bras très exactement une représentation d'elles-mêmes, comme s'il s'agissait d'un corps à deux dimensions transporté dans un drap de lin. Un corps en forme de « masque » plus que d'ombre portée qui n'est plus ce squelette qu'elles exposent avec tant d'ostentation, mais un corps en devenir, une esquisse à la fois réelle et suffisamment abstraite pour ne pas les persécuter... Un corps de renaissance allongé dans son drap de lin. L'image est frappante. Et que vont-elles en faire ? Nous leur demandons de déposer les silhouettes dans une pièce que nous gardons comme un vestiaire intime où ces corps-empreintes plans et colorés attendront le jour du prochain atelier, suspendus à des tringles pour les faire tenir les uns contre les autres dans un minimum d'espace.

Certaines jeunes filles nous interrogent. Une fois les morpho-pictogrammes finalisés et parés, pourquoi ne pas exposer ces œuvres ? Nous en parlons en équipe. Dans le service, cela risquerait d'inviter les patientes à copier les modèles exposés et briderait leur créativité. Mais nous sommes d'accord : l'idée mérite réflexion. Je suis pour ma part convaincu qu'il y aurait un grand intérêt à rapprocher

Morpho-pictogramme
d'Alexane, 16 ans, centre Abadie.

ces productions des œuvres « archaïques » des hommes premiers. Avec François Hubert, le conservateur en chef du musée d'Aquitaine, son assistant, Christian Block, et Anne Brézillon, nous travaillons au projet d'une exposition officielle. Patients, soignants, professeurs de l'ASSEM et personnels du musée s'y impliquent avec enthousiasme. Intitulée *Mémoires de corps. Ados à corps perdu*, l'exposition se déroulera à l'automne 2006 et connaîtra un grand succès.

Affiche de l'exposition *Mémoires de corps*,
Bordeaux, 2006.

De la difficulté à habiter son corps

L'atelier de morpho-pictographie est devenu une étape thérapeutique incontournable de l'unité pour troubles des conduites alimentaires. Il révèle les angoisses corporelles et produit chez toutes les patientes une intense mobilisation psychique amenant nombre d'entre elles à solliciter des entretiens après chaque séance. On observe qu'au stade de la *Petite Silhouette* les jeunes filles boulimiques cherchent à réaliser une représentation ultraféminine aux courbes parfaites, tandis que les adolescentes en anorexie restrictive créent une forme infantile, et que les plus en difficulté produisent une forme disproportionnée, parfois même équivalente à un « délire graphique ». Lorsqu'elles découvrent le tracé de leur *Grande Silhouette*, on assiste à des mouvements de sidération, de rejet ou d'effondrement qui nécessitent l'étayage des animatrices. La plupart se calment rapidement, mais les jeunes filles ont souvent du mal à « investir » leur silhouette blanche. Elles restent un long moment pétrifiées devant cette projection d'elles-mêmes, puis finissent par jeter un œil sur la silhouette de leur voisine. Certaines nous diront plus tard que ce qui les frappe alors est de ne voir « aucune différence » entre les silhouettes des unes et des autres, réalité liée à la pratique du détourage et à l'épaisseur du contour lui-même. Nous n'avons pas cherché à obtenir ce résultat, mais le fait est qu'il offre l'avantage de lisser les différences et de solidariser ainsi le groupe.

Dans cet atelier, les jeunes filles travaillent individuellement sur leur propre projection, tout en évoluant de conserve. Cette « condensation » nous semble très mobilisatrice. Aucune ne reste seule en panne devant sa projection, et les participantes les plus angoissées peuvent à tout instant s'écarter de leur ouvrage et regarder ce que font les autres. C'est le cas de celles qui voient dans le tracé de leur silhouette les contours identifiant au sol un corps dans une scène de crime. En prenant du champ, cette vision cauchemardesque ne résiste pas au chantier groupal coloré qui ressemble plutôt à un atelier de confection. La plupart des jeunes filles passent beaucoup de temps au remplissage du décor à l'aide de pochoirs. Elles semblent repousser le moment d'investir l'intérieur de leur silhouette. Une autre façon d'exprimer leur difficulté à *habiter* leur propre corps. Elles mettent ensuite beaucoup d'application à « remplir » les surfaces jusqu'à saturation. Les plus gravement malades donnent un aspect morcelé, hétérogène et souvent très violent au comblement de leur silhouette, ce qu'elles verbalisent fréquemment face à leur œuvre, lors du temps de régulation. Pendant l'atelier, il y a très rarement des crises de pleurs ou des manifestations émotionnelles exagérées. Certaines patientes se montrent très crispées et maladroites au début, d'autres excessivement rigides avec l'obsession de ne surtout pas « déborder », mais les animatrices n'ont aucun mal à les rassurer. Toutes les patientes se détendent au fur et à mesure que progresse leur réalisation, comme si cette « mise à plat » au sens propre leur permettait de se soulager. Les jeunes filles sont littéralement *au travail* sur elles-mêmes.

Dans quel état se retrouvent-elles au sortir d'une séance de morpho-pictographie ? Étrangement détendues et sereines. Elles ont beaucoup de mal à dire ce qu'elles ressentent mais nous pensons qu'elles vivent cette expérience réussie comme une victoire sur la maladie. Elles ont enfin pu se confronter à un double « supportable », alors que la plupart d'entre elles fuient ou dénient leur reflet dans un miroir. Et ce double personnel s'est transformé sous leurs doigts en une œuvre saisissante, alors qu'elles se croient emmurées dans l'anorexie, devenues insensibles et incapables de s'exposer aux tensions de la création artistique. Voilà quelques années que nous pratiquons cette activité. Si sa vertu thérapeutique ne fait pas de doute, nous n'en avons pas pour autant fait le tour, si l'on peut dire. L'atelier occupe une place importante dans les soins. Les jeunes filles en parlent souvent, comparent leurs réactions lors de telle ou telle étape, font des liens entre la « cuisine » du mélange des pigments et l'attirance ou la répulsion qu'elles éprouvent face aux préparations culinaires. Nous constatons que l'atelier contribue incontestablement à aider ces jeunes filles à *prendre de la densité,* et non à seulement reprendre passivement du poids en respectant plus ou moins bien le programme thérapeutique. L'atelier produit une sortie de l'état de « fantôme ambulant », avec dorénavant une ombre portée, donc l'amorce d'une acceptation de la matérialité corporelle. Et cette densité pourrait tenir de la réunification avec l'esprit et le squelette de ce que j'ai appelé le cœur, c'est-à-dire la *sphère affective*. Peut-être que les jeunes filles qui portent sur leurs avant-bras leur silhouette expérimentent des émotions qui viennent titiller, réveiller cette sphère affective cadenassée, figée dans un long sommeil. Pour moi, toute thérapie de l'anorexie qui ne cherche pas à déverrouiller l'affectivité est une impasse. Imaginer qu'en faisant grossir le corps d'une adolescente anorexique le problème sera réglé est tout aussi peu pertinent que de vouloir contraindre son esprit à accepter l'ordre des bien-mangeants. Ma conviction est que nous devons faire porter notre effort sur l'articulation de la chair et de l'âme, dans cette région que figure peut-être cette « ombre » allongée entre les bras de nos patientes et que je veux voir comme annonçant une possible réconciliation avec la sphère affective.

Avec le temps, nous observons que toutes les étapes de l'atelier de morpho-pictographie ne semblent pas avoir la même portée thérapeutique. Les moments les plus intenses restent centrés sur le traçage de la silhouette et son comblement pigmentaire. Tout se passe comme si l'expérience du « calque de la chair » était bien plus mobilisatrice que le parement de la silhouette avec des plumes, des perles et des ajouts divers pour figurer les cinq sens et la féminité. Elles le disent elles-mêmes : elles reconnaissent apposer des symboles convenus parce qu'elles ne savent pas dire leur *souffrance intérieure*. Et même si la figuration des seins en forme de panneaux de signalisation et celle de l'utérus en forme de cœur correspondent bien à des représentations psychiques particulières, nous constatons que ces figurations sont plaquées, non investies parce que non ressenties. Les jeunes filles s'engagent davantage dans la projection de leurs contours sur la toile de lin que dans le « remplissage » ultérieur de leur silhouette qu'elles transforment rapidement en routine, se contentant souvent de décorer machinalement leur œuvre comme s'il s'agissait d'un exercice d'atelier occupationnel.

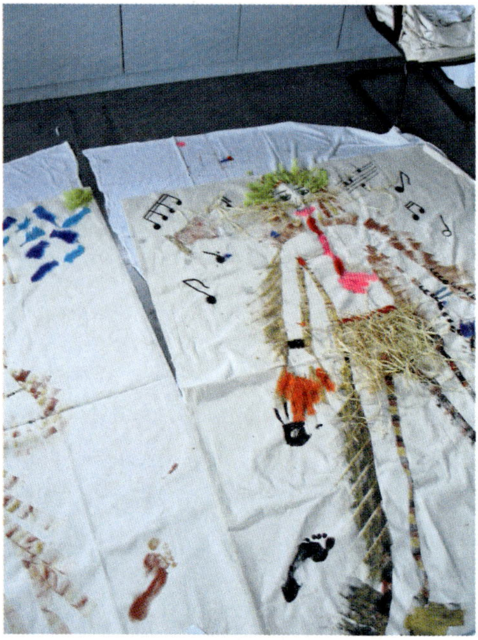

Morpho-pictogramme décoré
de Valériane, 17 ans, centre Abadie.

Apprivoiser les formes

Nous réalisons que l'habillage de la Grande Silhouette n'a pas les effets escomptés. Son remplissage devient aussi stérile et obsessionnel que celui des figures vides d'un album à colorier. Nous passons à côté de l'essentiel : si nous voulons donner à ces jeunes filles davantage de *densité*, nous devons plutôt faire évoluer la projection plane vers une représentation 3D, afin que l'approche du *double* soit réellement incarnée. Ce qu'on appelle précisément une « forme », en couture. Nous sommes ici, déjà, dans le pré-avatar. Nous évoluons inexorablement, sans le savoir encore, vers l'idée du double en relief.

À la différence des adolescents suicidaires, les jeunes anorexiques ne sont pas seulement « hermétiques » aux autoreprésentations, elles ont beaucoup de mal à figurer sur leurs *morpho-pictogrammes* les symboles de leur souffrance – preuve, une fois encore, que la diversité des troubles réclame des soins différenciés. Une fois leur silhouette projetée sur la toile de lin, elles ne savent pas comment exprimer leurs blessures intimes et se saisissent des ajouts disponibles comme de simples objets servant à « garnir » leur intérieur d'une manière conforme ou décorative. Elles indiquent, en somme, qu'en ce qui les concerne l'essentiel est encore dans la *forme,* non dans le *fond.* Souvenons-nous de ce qu'elles disent de leur anorexie : elles se restreignent au niveau de l'alimentation car elles ont la *hantise de grossir.* Et elles se trouvent toujours trop grosses même quand elles sont déjà très maigres. Impossible de passer en force cette barrière de corail psychique. Nous devons en tenir compte et ne pas chercher à brûler les étapes. Continuer à travailler « en surface » mais essayer de donner du champ, de la profondeur, de la perspective à ces figurations corporelles. La voie de l'avatar 3D matériel ou numérique est ouverte.

Une étape intermédiaire, certes modeste, nous convainc que nous sommes dans la bonne voie. Nous avons l'idée d'une nouvelle médiation destinée à mieux préparer nos patientes à la morpho-pictographie : l'*atelier gommettes.* Avant le traçage de leur silhouette, quelle perception ces jeunes filles ont-elles de leur surface corporelle ? Nous allons mesurer l'écart – c'est-à-dire la gravité de la distorsion perceptive – entre la disposition des gommettes vertes collées par les soignants tout autour de leur corps allongé par terre, et celle des gommettes rouges que les patientes collent elles-mêmes en restant dans cette position (donc sans rien voir) à l'endroit où elles pensent que leur corps prend appui au sol. Nos stagiaires sont réquisitionnés pour effectuer la même opération à titre de mesures témoins. Le résultat est stupéfiant. Les jeunes anorexiques-boulimiques ne font pas que *se voir* difformes ; elles se *perçoivent* comme telles, avec une zone corporelle particulièrement distordue : le bassin est anormalement élargi, tandis que les cuisses sont spectaculairement réduites. Le résultat final leur déplaît de toutes les façons, et la plupart terminent la séance en cherchant à vérifier, à l'aide de leurs deux mains, la taille réelle de leurs cuisses. Nous retenons que l'atelier est un dispositif de mesure de la distorsion perceptive du corps et l'utiliserons dorénavant comme tel.

La question de la projection en relief reste posée. Nous pensons résoudre le problème en inventant de donner du volume aux silhouettes de morpho-pictographie : pourquoi les jeunes filles ne termineraient-elles pas cet atelier en découpant leur silhouette de lin, puis en cousant celle-ci sur un tissu d'appoint pour la garnir ensuite comme on le ferait d'un coussin ? Je revois notre enthousiasme devant cette idée portée par l'un d'entre nous en réunion institutionnelle. Hélas, les prototypes se révèlent compliqués à réaliser, même avec le secours des infirmières les plus douées en couture. Et le résultat est navrant : aucune patiente ne peut se reconnaître dans une forme inerte de taille réelle qui évoque une « poupée gonflable. »

Nous sommes sur le point d'abandonner l'expérience, quand une suggestion est avancée en réunion soignants-soignés devenue décidément un véritable laboratoire d'idées : la Petite Silhouette de 50 centimètres de long se prêterait mieux à cette *mise en forme*. Des essais sont réalisés, ils s'avèrent concluants. La forme est beaucoup plus simple à réaliser. Son rembourrage avec du coton cardé la fait ressembler à une poupée de chiffon qui ne déclenche

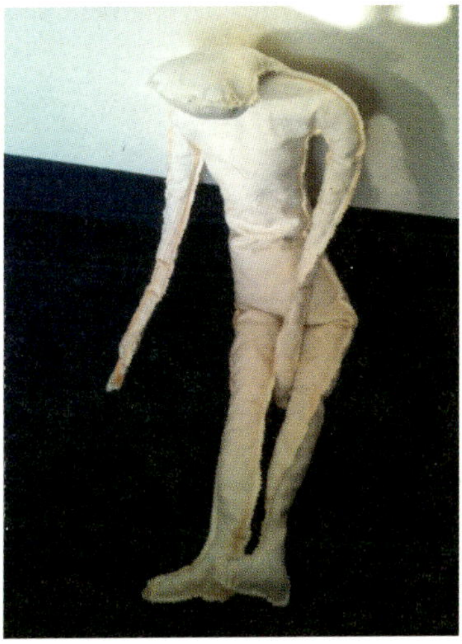

Grande Silhouette mise en forme,
centre Abadie.

ni hostilité ni rejet. Nous sommes dans le Sud-Ouest. Une patiente s'empresse de la dénommer *mounaque* « poupée » ou « pantin » en béarnais, appellation qui deviendra *mounak* à l'usage. Et la consigne elle-même évolue : il s'agit d'essayer de rembourrer la « mounak » en restituant les creux et les pleins des formes corporelles, ce qui se révèle hasardeux avec du coton comme garniture. Contre toute attente, cette difficulté plaît aux jeunes filles qui doivent imaginer des solutions pour « faire tenir » le modelé qu'elles veulent produire. Et l'épreuve met en évidence des aspects de leur problématique qui leur saute aux yeux pour la première fois. Les jeunes boulimiques ont tendance à rembourrer à l'excès leur mounak, jusqu'à faire craquer les coutures, tandis que les jeunes anorexiques s'absorbent dans les moyens à trouver pour réduire les fesses, creuser le ventre mais augmenter la poitrine.

Les patientes sont ensuite invitées à habiller et parer leur mounak. Et là encore de manière surprenante, alors que la plupart ont résisté à l'idée de s'autoreprésenter à partir d'un doudou ou d'une poupée remaniée, les jeunes filles – tout comme leurs rares homologues masculins – investissent la petite silhouette qui est née de leurs mains et a été mise en forme par leurs soins. Barbara veut « garder » sa mounak et la mettre sur son lit, car elle incarne la « sortie de la maladie ». Sébastien, qui a d'ordinaire tant de mal à parler de son anorexie, veut exposer sa mounak pour dire aux autres « combien la maladie l'a enchaîné et lui a fait verser des larmes de sang. » Et Sandy, qui se sent elle aussi « prise au piège » de l'anorexie, veut montrer à quel point « elle a été abattue par la maladie, comme une otage exécutée, ce qu'elle a failli faire de ses propres mains en se suicidant ».

Mounak de Barbara,
16 ans, centre Abadie.

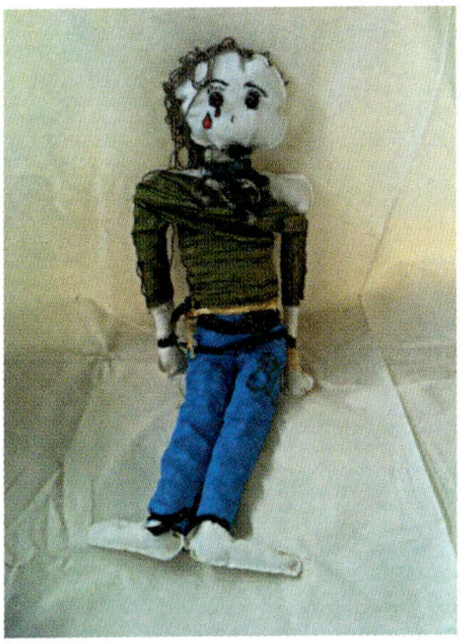

Mounak de Sébastien,
17 ans, centre Abadie.

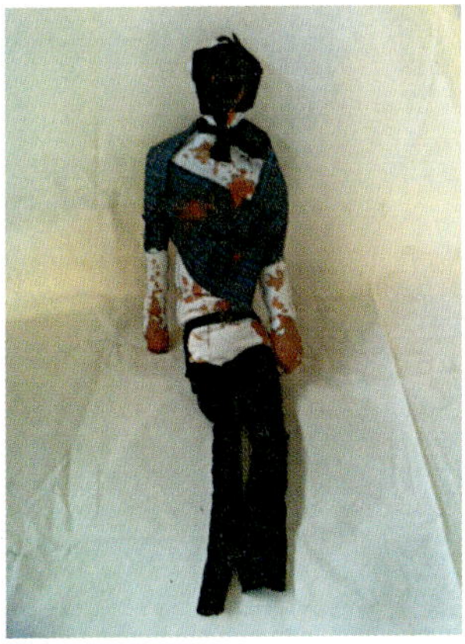

Mounak de Sandy,
18 ans, centre Abadie.

La réalisation des mounaks amène enfin des émotions verbalisées. Mais l'expérience montre qu'elle est l'aboutissement d'un parcours dont on ne doit jamais chercher à brûler les étapes : une sorte de pacification progressive qui commence par l'épreuve des gommettes, se poursuit par la création de la Petite Silhouette, puis par le travail sur la Grande Silhouette, avant d'en arriver à la mise en forme.

Au même moment, l'étage des jeunes suicidants expérimente un nouveau défi à relever : s'autoreprésenter en figurine de pâte à modeler. La mise en relief est en marche !

CHAPITRE 9

Mettre la main à la pâte

Les ados.com ne sont pas que des enfants de l'image. Ce sont aussi des *enfants de la consommation*, habitués depuis leur naissance à *être servis* avant même d'avoir à exprimer le moindre désir, et à *se servir* dès que l'envie – plus souvent que le besoin – s'en fait sentir, avec pour corollaire une faible tolérance aux frustrations. La plupart des adultes savent qu'ils en sont responsables. Ils ont conscience de vouloir leur donner ce qu'ils n'ont pas eu, et cela à la mesure de l'amour qu'ils leur portent. Ils reconnaissent également qu'ils espèrent ainsi combler les « manques » que la course au temps, leurs préoccupations personnelles ou les remaniements familiaux ont à leurs yeux provoqués. Soulignons-le une fois encore : beaucoup de parents culpabilisent, et cherchent à « réparer » les accrocs de la vie relationnelle en gavant les ados de biens de consommation ; ces derniers leur font « payer » ces manquements réels ou supposés en s'affichant en consommateurs exigeants, jamais vraiment satisfaits et toujours prêts à l'exprimer – du refus au rejet, au sens propre et au figuré. Avoir une place reconnue d'*acteurs* à part entière et pouvoir échanger davantage avec les adultes qui les ont en charge, constituent sans doute la principale revendication – consciente ou inavouée – des ados d'aujourd'hui.

Les mêmes phénomènes, souvent amplifiés, s'observent au centre Abadie avec les ados.com en souffrance. Ils arrivent en « consommateurs de soins » davantage avertis de leurs droits que de leurs devoirs, convaincus qu'ils vont idéalement se comprendre et s'entraider entre eux, concédant aux soignants un rôle de garants du cadre dont ils n'auront à « actionner » l'intervention qu'en cas de nécessité absolue. « Un secours, sinon rien ! », selon l'expression d'un de nos stagiaires. Au début de leur séjour, les jeunes ne sollicitent en effet les soignants que lorsqu'ils en éprouvent un besoin urgent. Ils affichent leur mal-être, mais ils n'aiment pas avoir l'air de quémander de l'aide. C'est en général en soirée, lorsque la nuit renforce le sentiment de solitude, que les demandes d'entretien émergent. Il peut s'agir d'une crise d'angoisse, de la résurgence d'idées suicidaires, ou d'une envie soudaine et régressive de se confier – tel le petit enfant à l'heure de se coucher. Parfois, c'est après un échange avec l'un des parents au téléphone ou en visite, ou bien à la suite d'une altercation avec un autre patient à propos d'un « emprunt » non consenti de cigarettes, de CD ou de vêtements. Ce peut être aussi après un entretien avec le psy référent qui a remué des choses difficiles ou, plus prosaïquement, qui n'a pas validé une demande de permission, de somnifère ou de changement de chambre.

Dans la journée, les adolescents sont donc peu demandeurs d'entretiens. Ils *subissent* plutôt qu'ils ne réclament les différents temps de soins qui composent un programme intensif rappelant par certains côtés celui du rythme scolaire. En moyenne, un jour sur deux, les jeunes participent à deux ateliers d'expression, un groupe de parole, un ou deux entretiens soignants d'évaluation ou de soutien et une rencontre programmée avec leurs psys (chaque patient a un psychiatre et un psychologue référents). Ce programme intensif est destiné à les (re)mobiliser à travers des approches volontairement diversifiées mais complémentaires pour les aider à faire des liens et à donner du sens à leur souffrance. Toutefois, et de manière tout aussi délibérée, l'équipe soignante laisse vacantes des plages de temps quotidiennes de plusieurs heures pour les amener à se confronter à l'*attente*, à l'*ennui*, au *différé* – temporisations fondamentales pour apprendre à supporter l'absence et la frustration que notre société de consommation boulimique nie en dénonçant toute « perte de temps » et en prônant l'hyperactivité. C'est une première mise à l'épreuve : nous ne cherchons pas à les *occuper*. À eux de disposer de leur temps libre comme ils l'entendent, ce qu'ils font très spontanément – le matin en soignant leur look et en vaquant à leurs tâches personnelles, l'après-midi en recevant leurs visites ou en ayant diverses activités récréatives, seuls ou à plusieurs. Cette alternance voulue de moments denses et de creux est destinée à faire écho aux manques qu'ils éprouvent et à ces sensations de vide intérieur qui souvent les bouleversent. Nous voulons également cesser de les traiter en consommateurs *passifs* prêts à ingurgiter tout ce qu'on leur donne pour mieux le recracher ensuite. Ils doivent se poser des questions. Quelles sont leurs ressources propres ? Parviennent-ils à les mettre en œuvre ? Qu'espèrent-ils exactement de notre part ?

Au bout de quelques jours d'hospitalisation, nous les sentons *en attente*, prêts à consacrer une partie de ce temps libre à de plus vastes investigations personnelles, plutôt qu'à continuer à « meubler » les creux. Ils sont alors mûrs pour accepter nos nouveaux outils de mobilisation. Eux qui veulent tant être reconnus, nous allons les considérer comme des *acteurs* à part entière, solliciter leur engagement, miser sur leurs compétences plutôt que sur leurs insuffisances. Les mettre tout autant au *travail* qu'à l'*épreuve*.

Modeler son image

À l'étage des jeunes suicidants, nous avons vu que les adolescents ne manifestent aucune réticence à produire le travail qu'on leur demande, dès lors qu'il s'agit de s'autoreprésenter en dessins ou à travers la personnalisation de poupées, doudous ou peluches. Et que les plus rétifs ou les plus « empêchés » à mettre des mots sur leur souffrance sont les plus engagés dans de telles mises en représentation. D'autre part, force est de constater que l'emploi de matériaux très marqués du côté de l'infantile est apparu important, comme si ces jeunes cherchaient à mettre en correspondance leur passé d'enfant et leurs tensions identitaires actuelles. Nous évoquions à l'instant un programme thérapeutique dense rappelant le rythme scolaire, et nous voilà dans une sorte d'école primaire où les ados.com hérissés, scarifiés et affublés d'un look dantesque s'appliquent sagement à exprimer leur souffrance avec des feutres, des crayons de couleur, du papier à dessin et les objets-fétiches de leur plus tendre enfance. Ils remettent soigneusement leur œuvre aux soignants, se déclarent pour la plupart « OK » s'ils doivent répondre à d'autres consignes – dont celle du « génogramme », cette figuration illustrée de la constellation familiale à l'aide de symboles ronds et carrés pour marquer le féminin et le masculin, qu'ils dessinent en présence d'une infirmière. Les années ont passé depuis qu'ils ont fait ce travail en CP, à la demande de leur institutrice ! L'image est saisissante. Puisqu'il est question de leur faire *mettre la main à la pâte*, et que le rappel de l'infantile leur est, à ce point, nécessaire, nous allons leur demander de réaliser une figurine à leur image, en pâte à modeler. L'idée les surprend un peu, mais la plupart des adolescents saluent l'originalité de ce mode d'expression par le modelage. Lorsqu'on sait la difficulté que beaucoup d'adultes disent avoir pour intéresser les jeunes aux arts plastiques, nous mesurons que nous avons là une opportunité à saisir et décidons de faire provision de paquets de pâte à modeler de toutes les couleurs. Voici ci-dessous l'une des premières productions réalisée par une adolescente hospitalisée.

Le rébus tragique d'Alice en pâte à modeler, centre Abadie.

Une œuvre en forme de rébus qui dit à peu près ceci : « Alice aime Adrien, mais ce dernier a mis un terme à leur relation amoureuse. Alice ne supporte pas cette rupture et s'acharne sur son avant-bras à coups de ciseaux ou de lame de rasoir pour montrer que son cœur saigne et pour transformer la douleur morale en souffrance physique. Elle porte sa croix et pense même à se couper de la vie tout court. » Alice, 17 ans, n'a encore jamais pu dire les choses d'une manière aussi claire. Elle est hospitalisée depuis une semaine au centre Abadie et se montre peu loquace, abrégeant les entretiens « qui la saoulent, puisque tout est déjà écrit dans son dossier médical ». Son avant-bras gauche est couvert de multiples scarifications dont certaines sont très fraîches. Elle erre souvent dans le couloir ou reste dans sa chambre, manifestement à distance des autres patients « parce qu'elle se sent rejetée ». Jusque-là, le séjour ne lui a rien apporté, répète-t-elle, sinon qu'elle pense tout le temps à s'automutiler et que tous les objets tranchants passant à sa portée lui donnent envie de le faire. Alice est une *spécialiste de la rupture*. Mais lorsque je lui propose de représenter sa souffrance en pâte à modeler, elle accède à ma demande avec un petit sourire. Je sens qu'elle est étonnée bien qu'elle se refuse à le laisser paraître. Relever ce défi, dit-elle, lui semble « intéressant ». Elle ajoute : « Au point où j'en suis... » Le lendemain, elle attend notre rencontre avec impatience. Les infirmières précisent dans leurs transmissions écrites que « la jeune fille a passé toute la soirée à travailler sur ma commande ». Elle arrive en tenant délicatement dans ses mains plusieurs figures de pâte qu'elle dispose devant elle, à même le bureau qui nous sépare, sur son dossier d'hospitalisation. Son infirmière référente assiste à l'entretien. Et c'est à partir de ce tableau composé que l'adolescente commence à associer. Extraits de notre dialogue :

— Ces scarifications en pâte à modeler sont un peu différentes des vraies en forme de stries que tu as sur l'avant-bras... Là, sur ce bras jaune, on dirait plutôt des coches de comptage, ça un rapport avec un décompte quelconque ?, demande le psychiatre.

— Ce sont simplement des coupures, répond Alice. Pour voir couler mon sang. Je ne supporte pas qu'on m'abandonne mais je supporte très bien de me faire mal. Et quand j'ai commencé, je ne peux plus m'arrêter, ça me fait du bien de me faire du mal...

— Comme une dépendance à une drogue ?

— Oui, c'est ça... Adrien, je l'avais dans la peau... Tiens, c'est marrant que je dise ça... J'aurais dû graver son prénom à ce salaud et le barrer ensuite. Je me demande si je n'ai pas choisi de sortir avec lui parce que je savais qu'il allait me quitter. Je suis une sacrée maso !

Alice est restée un mois au centre Abadie. Elle est aujourd'hui en psychothérapie. Elle n'a pas réglé tous ses problèmes et a encore parfois envie de se scarifier, mais elle n'a plus ces obsessions qui lui prenaient la tête. Quel sens donne-t-elle à sa souffrance ? Elle a compris que certaines coupures *agies* répondent à des coupures *subie*s. Elle réalise qu'elle est « une enfant de la rupture » puisque ses parents se sont séparés lorsqu'elle avait 1 an. Elle sait aussi qu'elle n'a pas encore « pu couper le cordon ombilical » et qu'elle est donc très dépendante de sa mère chez qui elle vit et dans le lit de laquelle elle dort « lorsqu'elle a trop peur, en cas d'orage, ou quand les angoisses sont trop fortes ». Elle compte reprendre contact avec son père qu'elle ne voit plus depuis plusieurs mois. Il a refait sa vie, « elle lui en veut et elle avait décrété qu'elle laisserait son géniteur là où il est ». Quant à Adrien, son ex, « il est rangé dans sa boîte à souvenirs ». Alice se pense amoureuse d'un autre garçon, « l'affaire est à suivre... » Le travail psychothérapique porte actuellement sur cette *émancipation impossible* qui oblige l'adolescente à adopter sans cesse deux mouvements contradictoires : *se coller* à l'autre parce que la solitude est intenable ; *se couper* de tous et en quelque sorte *d'elle-même* parce que ces rapprochements fusionnels sont eux aussi intenables. Le résultat en est une insupportable sensation d'écartèlement que la jeune fille a projetée à son insu dans cette *représentation éclatée* assimilée d'emblée par nous à un rébus.

Tendance *voodoo style*

Nous définissons rapidement un cadre précis à ce nouveau mode de projection. L'énoncé est le suivant : il s'agit de *s'autoreprésenter avec sa souffrance* sous la forme d'une figurine de pâte à modeler d'environ dix centimètres de hauteur. Ils devront la vêtir et la parer à leur image, et nous mettrons pour cela à leur disposition des pièces de tissu, des perles, des rubans, etc., en sachant qu'ils peuvent aussi utiliser leurs propres accessoires. Détail très important : si scarifications il y a, celles-ci devront être reproduites le plus fidèlement possible sur la figurine. L'épreuve est proposée quelques jours après l'admission, lorsque l'adolescent est apaisé. Nous jugeons en effet nécessaire de ménager cet écart temporel pour que la production fasse sens. En jouant sur les mots, nous laissons reposer la pâte pour mieux qu'elle lève ensuite. Et, comme toujours, les patients participent à la création de ce nouvel outil. « Est-ce que je peux lui mettre des cheveux à moi ? », interroge Pauline, 16 ans. Nous n'y voyons aucune objection. Aux adolescents de juger si cela leur paraît indispensable ou non pour s'incarner. Nous n'avons pas en tête de singer un rite vaudou, mais pourquoi ne pas imaginer qu'en projetant ainsi leur souffrance dans une figurine les incarnant, les patients « jetteraient un sort » à leurs angoisses ? Le programme *voodoo style* est lancé. Toutes les créations ne sont pas des œuvres d'art, mais contrairement à ce que l'on aurait pu craindre, aucune réalisation n'est bâclée. Les ados.com en souffrance s'appliquent à la tâche et une évidence s'impose : il est rarissime qu'un patient renonce à s'autoreprésenter.

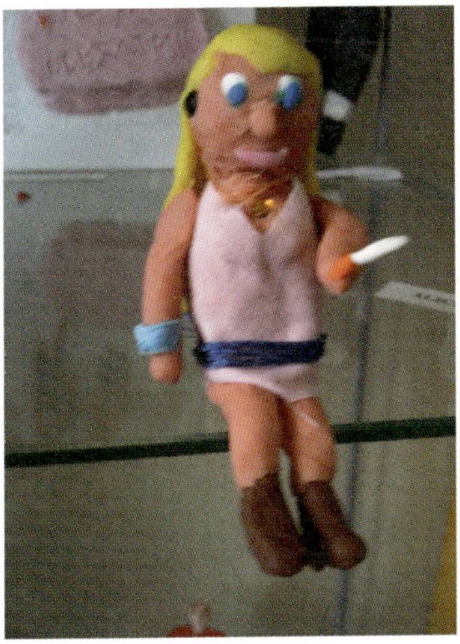

« Prête à se défendre »,
œuvre d'Émilie.

« Notre Père… »,
œuvre de Priscilla.

« La Combattante »,
œuvre de Léonnie.

« L'écartelé »,
œuvre de Jordan.

Face à son autoreprésentation, l'adolescent suicidaire reste un moment sidéré par ce double qui lui ressemble tant. Émilie « voit seulement maintenant » que sa figurine brandit le couteau avec lequel elle s'inflige habituellement des scarifications, et qu'elle ne les a pas reproduites sur l'avant-bras de son effigie. « De toute façon, dit-elle, je n'étais pas prête à lui faire du mal, et finalement ça ne me dérange pas qu'elle ait l'air de vouloir se défendre. » Émilie précise qu'elle n'y avait pas songé, mais autant qu'elle se montre menaçante à l'égard de quiconque s'aviserait de l'approcher – puisqu'elle a été victime de violences sexuelles.

Une telle projection dans un double *intouchable* est plutôt rare. La plupart des adolescents suicidaires ont spontanément la volonté de représenter leurs propres scarifications sous la forme de petites encoches ou, comme dans le cas d'Alice, d'ajouts de pâte à modeler rouge donnant, qui plus est, du relief à la figuration de leurs blessures.

— Si l'on part du principe que ce que tu as produit n'est pas le fruit du hasard, peux-tu en dire davantage sur cette figurine que tu laisses intacte ?, lui demande-t-on.

— J'ai sûrement zappé les scarifs parce que j'ai voulu me faire *comme avant*, quand tout allait bien, répond l'adolescente. Le souci c'est qu'avant j'étais beaucoup trop naïve, sans défense, alors que j'aurais dû me méfier du copain de mon frère avec ses idées tordues.

— Dans quel but te scarifies-tu ?

— Ça me soulage de me faire mal, ça fait sortir tout ce mauvais passé... En plus ça laisse des traces, comme ça je n'oublie pas ce qu'il [le copain du frère] m'a fait.

Émilie réalisera quelques mois après le début de sa thérapie que le fait de ne pas reporter ses blessures sur sa figurine pouvait aussi s'interpréter comme une résistance. Une incapacité à voir en face qu'elle n'était pas encore prête à arrêter de se scarifier. Un autre sens en somme du verbe *reporter*, en l'occurrence remettre à plus tard, plutôt que reproduire. Et liée à son travail psychothérapique, une étrange coïncidence ne manquera pas bientôt de la troubler : le moment où elle se sent en mesure d'en parler correspond à celui où elle s'estime capable de représenter ses scarifications en pâte à modeler, le tout inaugurant une étape décisive de son suivi : l'arrêt des automutilations.

L'effigie de Priscilla porte les cheveux de sa créatrice qui s'est représentée en position agenouillée et enchaînée « pour supplier qu'on la délivre ».

— De qui ou de quoi ?, lui demande-t-on.

— De son envie de mourir, répond-elle, avant d'ajouter : je suis trop attachée au passé, je ne veux pas grandir... Là, je me suis mis les cheveux longs que j'avais quand j'étais petite. Je voudrais revenir en arrière.

Priscilla sait que ce n'est pas possible. Alors elle voudrait figer les choses *pour toujours*. Pour elle, renoncer au passé ce serait se défaire de son identité. Son œuvre, elle l'a d'abord intitulée « Prières » avant d'opter pour « Notre Père [qui est aux Cieux] », en hommage à ce Papa décédé, lorsqu'elle avait 8 ans, d'un accident de la route survenu dans des conditions mal précisées. Il rentrait du travail, il avait bu ; le couple parental était alors en crise. Accident ou suicide ? L'adolescente ne le saura jamais. Après plusieurs entretiens en présence de sa figurine, elle associera sur sa dépendance. Est-ce de sa mère très fusionnelle qu'elle est finalement la plus dépendante ou de ce père qui semble parfois l'appeler pour qu'elle vienne le rejoindre au ciel ? Au fil des séances, Priscilla prend conscience que cet appel de l'au-delà, c'est elle qui se le crée. Et que deviendrait sa mère qui aurait décidément tout perdu ? Elle en est là pour l'instant, presque convaincue qu'elle doit miser sur la vie pour que son défunt père « soit fier d'elle ».

Léonnie fixe longuement la figurine qui la représente en combattante, « ceinture bleue », ce qu'elle voudrait devenir pour affronter son père disparu lui aussi – mais ce dernier seulement absent du paysage familial – et sa mère tout autant en fuite, bien que consignée à la maison à cause du chômage. « Ce sont des fantômes de parents », déclare l'adolescente hospitalisée au centre Abadie qui voudrait bien pouvoir « les faire venir [à son chevet] en chair et en os ». Où est son père ? Quelque part en Bretagne, avec sa petite amie, « sans boulot ni adresse fixe ». Léonnie le décrit comme un ex-navigateur à présent abîmé dans l'alcool. Elle ne l'a pas beaucoup vu enfant, elle le voit encore moins aujourd'hui qu'il s'est échoué sur la terre ferme, faute de convoyage et de course au large. Et sa mère ? Elle, ce n'est pas dans l'alcool qu'elle plonge pour « oublier », mais dans une autre drogue : chaque soir, elle s'enlise avec délices dans les sables d'un jeu de rôle en ligne où, écouteurs sur les oreilles et micro ouvert, elle abandonne sa fille et son fils au profit des elfes et des mages internautes que Princesse Shaïa – son pseudo – préfère fréquenter dans cette vie virtuelle. Pourquoi n'est-elle venue qu'une fois voir Léonnie au centre Abadie ? Parce qu'elle n'a pas de voiture et qu'elle réside à trente kilomètres de là. « Deux échoués de la vie, mes parents », glisse la jeune fille, des sanglots dans la voix. C'est elle qui doit incarner *la mère de sa propre mère* pour lui intimer l'ordre d'aller se coucher le soir ; « un comble », ajoute cette jeune guerrière qui s'est composé une crinière de lionne « pour être raccord avec son prénom ».

Et Jordan, le beau Black à la coiffure afro dont toutes les filles tombent amoureuses ? Lui aussi a mis sa chevelure en jeu, mais sans parvenir à réunir « le haut et le bas » de sa figurine. Il en est « sincèrement désolé », dit-il. Il aurait voulu « tout faire tenir ensemble ».

— Si vous avez une idée, je suis preneur, déclare-t-il en préambule à notre entretien.

— Pourquoi ne pas utiliser un morceau d'allumette en guise de tenon ?, lui suggère-t-on.

Jordan ne connaissait pas le mot, mais il lui convient bien. « Tenons ! », il l'a souvent pensé pour éviter de craquer. L'adolescent a 16 ans. Il n'a rien « à reprocher à personne mais il a le cœur en vrille », c'est cela son problème. Jordan est un enfant adopté. Que sait-il de ses origines ? Pratiquement rien, sinon qu'il a été abandonné dans un orphelinat d'Haïti de sa naissance à l'âge de 3 ans. Avec le temps, il s'est persuadé que ses parents biologiques étaient tellement pauvres qu'ils avaient préféré sauver leur fils en le confiant à des religieuses. Quant à ses parents adoptifs, Jordan les aime de tout son cœur, « il leur doit tout, il le sait bien ». Mais ces derniers semblent incapables de le comprendre, ils sont toujours ou trop raides ou trop souples, c'est-à-dire *décalés* – comme s'ils s'accrochaient à des principes éducatifs dont ils ne ressentent jamais le bien-fondé ou tout simplement le bon sens. « Ils m'ont adopté parce qu'ils ne pouvaient pas faire un enfant », précise Jordan qui a conscience de « jouer les tyrans avec eux pour les faire bouger ». Il sait tout cela, ce qui n'empêche que lui seul *bouge* justement. Il voudrait hurler sa détresse, mais qui saurait le reconnaître tel qu'il est, sans le juger ? Il n'en souffle mot. Mais la cassure apparemment fortuite de son effigie ne figure-t-elle pas les déchirements successifs dont il a pu être l'objet depuis sa naissance, voire sa conception, jusqu'à son abandon dans des circonstances inconnues ? N'est-ce pas l'écartèlement entre ses deux « histoires » qui le fait tant souffrir ? Nous ne lui poserons pas la question au stade où il en est, c'est-à-dire moins de quinze jours après une tentative de pendaison – effroyable figure s'il en est de la séparation de la tête et du corps.

Quand la forme exprime le fond

Nous sommes sidérés par l'extraordinaire créativité dont font preuve ces adolescents en mal-être dont certains sont pourtant considérés par leur entourage comme « en situation d'échec complet ». C'est le cas d'Amandine la bien nommée, une petite brunette aux yeux vert amande, âgée de 16 ans, qui est enlisée dans une voie de garage médico-sociale dont elle dit : « J'ai pas choisi, on m'oblige à aller à l'école, et où ça va me mener ? À aller torcher des vieux dans une maison de retraite ? Moi je voudrais faire de la déco. » Devant la figurine qu'elle a produite, Amandine s'explique : elle a commencé par faire « ce qu'elle a de mieux, ses yeux et son sourire ». Pour exprimer son mal de vivre, elle a ensuite représenté ses scarifications. Elle confie alors qu'elle se taillade les avant-bras avec un cutter depuis un an, chaque fois qu'elle se sent trop énervée, « capable de s'attaquer à un prof » dont elle pense qu'il cherche à l'humilier. Elle sait que sa violence intérieure est aussi en rapport avec sa vie de famille secouée par les ruptures de tous ordres. Comme elle trouvait que sa figurine ne rendait pas assez son mal-être profond, elle a ajouté « au final » deux boules de pâte à modeler rouge en guise de seins assorties d'une grande bouche en forme de parenthèse inversée barrant son ventre – l'ensemble figurant l'émoticône triste L. Et voilà comment une jeune fille réputée rebelle et en pleine débâcle scolaire a pu commencer à parler de sa souffrance.

« Le smiley triste », œuvre d'Amandine.

Dans ces conditions, comment se contenter d'affirmer, comme on l'entend trop souvent, que les ados.com en souffrance sont prêts à « faire n'importe quoi » pour monopoliser l'attention, alors qu'ils n'ont rien à dire ? Décodons plutôt leur « langage des signes ». Signes ou symboles, d'ailleurs ? Le *smiley triste* d'Amandine est un *symbole* – c'est-à-dire une icône puissamment évocatrice qui établit une association d'idées, une analogie, avec une émotion, en l'occurrence un état d'âme par nature abstraite, impalpable, « absent à l'image ». La figurine réalisée par cette adolescente comporte plusieurs *signes* qui font sens : tout d'abord, les scarifications qui constituent une reproduction imagée à la fois *symbole de souffrance* à travers les stigmates sanguinolents qu'elles réalisent et *signe de reconnais-*

sance appelant d'autres semblables à y trouver le reflet de leurs propres blessures intérieures. Mais à la différence de l'émoticône L qui est un symbole ayant la charge d'un *signe conventionnel* puisqu'il est immédiatement saisi par tout le monde, la représentation des stries scarifiées se pose en énigme qui demande, pour être résolue, à être décodée sinon par son auteur, du moins par l'observateur. La distinction entre ce qui relève proprement du symbole et du signe ne s'arrête pas là. On sait que, selon la psychanalyse freudienne, le champ de *ce qui peut être symbolisé* concerne pour l'essentiel le corps, les relations aux parents, la naissance, la mort et surtout la sexualité. Dans le cas de la figurine produite par Amandine, on voit bien que l'ajout *in fine* de deux seins rouges et d'une barrure sur le ventre, tout en même temps qu'il compose l'émoticône triste, matérialise un « objet de souffrance » de la même couleur sanguine que les scarifications et qui frappent les attributs de la féminité. La jeune fille n'a probablement pas eu conscience de créer une telle association. Il est intéressant de savoir qu'après quelques séances d'entretien en présence de son effigie, Amandine associera sur ses relations particulièrement difficiles avec les hommes qui, dit-elle, « lui donnent souvent les boules ». Elle fera le constat que les professeurs qu'elle juge agressifs à son encontre sont tous de sexe masculin, comme son père « qui ne la regarde jamais autrement que pour lui reprocher des milliards de choses ». Et l'on comprendra que l'émoticône de pâte à modeler figure aussi le cramoisi de la colère et les fameuses « boules » de l'énervement – celles qui font dire à quelqu'un qui en a assez *qu'il ou elle a les boules*.

Des « métaphoristes » qui s'ignorent

Notre équipe vérifie une nouvelle fois que l'intuition et l'articulation « sens propre/sens figuré » qui guident nos explorations nous font déboucher sur une piste thérapeutique prometteuse. Nous avons voulu amener ces adolescents en difficulté à *mettre la main à la pâte* pour travailler leur présence au monde, et la pâte à modeler s'est imposée comme une ressource précisément souple et d'accès facile. Alors que cette matière est familière aux enfants en bas âge, nos ados.com l'investissent sans se sentir aucunement infantilisés, c'est-à-dire réduits au statut d'*infans* – « celui/celle qui ne parle pas », en l'occurrence qui n'aurait pas son mot à dire. Notre demande est au contraire immédiatement perçue comme une ouverture, certes un peu surprenante, mais dans laquelle il est question de *se définir soi-même*, avec l'espoir d'une reconnaissance et l'emploi d'une matière renvoyant ce qu'il faut de nostalgie du passé – la pâte à modeler de l'école primaire – pour éveiller l'intérêt et les souvenirs. Bref, une épreuve qui fleure bon le jeu et dont la consigne prend en compte l'égocentration narcissique propre à l'adolescence. Cette invitation est d'autant mieux acceptée qu'elle consiste à *se mettre en forme* davantage qu'à s'exprimer en mots.

Et tandis que l'adolescent qui va mal est réputé rester sur la réserve et la méfiance lorsqu'on lui dit de *parler*, et qu'on le harcèle de questions sur sa famille, ses relations, ses peurs et ses agissements, nous découvrons des modeleurs en herbe aux talents insoupçonnés, prêts à relever tous les défis qui les incarnent et les font reconnaître. Avec eux, nous confirmons qu'à l'instar de l'avertissement ferroviaire bien connu *un symbole peut toujours en cacher un autre*. Mais nous retrouvons également dans ce langage des signes un autre point capital : les figurations que donnent à voir ces adolescents ont une *double entrée* – consciente et inconsciente. D'une part, les jeunes en mal-être mettent *en représentation* ce qui incarne leur souffrance à travers ce que leur corps expose en ruptures et blessures diverses, et d'autre part ils produisent à leur insu des figurations symboliques de ce qu'ils ne parviennent pas à *se représenter psychiquement* – c'est-à-dire le monde intime de leurs pulsions, les affects qui s'y rattachent et les manœuvres du refoulement qui tentent d'en dévier le cours.

En d'autres termes, voilà des champions de la métaphore qui s'ignorent ! Il s'agit donc de favoriser chez eux les projections et de tenter de jeter ainsi des passerelles leur permettant de relier ces différents niveaux de représentation. Nous l'avons souligné, l'époque actuelle est bouleversée par la révolution numérique qui privilégie l'image et la communication pour amener tout un chacun à se situer ; *ce qui est vu* prend le pas sur *ce qui est dit* en paroles, et le ressenti le plus intime doit être exposé à vif, à feu et à sang pour être entendu et saisi. Et nous constatons que ces enfants de l'image, qui nous avaient déjà étonnés par l'inventivité dont ils pouvaient faire preuve pour figurer leurs faiblesses et handicaps sur leurs doudous ou poupées remaniés, se révèlent capables d'investir le modelage avec une dimension supplémentaire d'implication, d'engagement, liée à la technique elle-même. Nous prenons la mesure de l'extraordinaire *surface de projection* que représente ce travail de façonnage qu'aucun adolescent ne refuse. Notre défi devient le leur. Il y a là une gageure qui entre en résonance avec le fantasme d'auto-engendrement ou, à tout le moins, de renaissance dont ces adolescents en rupture identitaire rêvent pour « se refaire » et sortir ainsi de leur impasse. Un pari qui va dans le sens de ce qu'ils cherchent lorsqu'ils adoptent un look et des agissements tranchant avec ceux de l'adolescent lambda par l'excès, l'outrance, l'agressivité défensive. Ils s'affichent écorchés vifs, hérissés de piques ou désarticulés, sans savoir que ces compositions qu'ils croient improviser ou copier sont à l'image exacte – directe ou inversée – de leur fragilité intérieure. Plus ils attaquent leur peau, plus ils traduisent les tortures présentes et passées dont souffre leur moi profond. Plus ils se couvrent de marques vestimentaires ou cutanées « effrayantes », ou encore d'armes contondantes ou perforantes annonçant « qui s'y frotte s'y pique », plus on doit comprendre qu'ils se sentent intérieurement démunis, craignant de se voir envahis, submergés, passer sous contrôle de l'autre.

Et Dieu dans tout ça ?

Une adhésion aussi massive des adolescents suicidaires au programme d'automodelage nous amène à réfléchir. Surtout, nous entreprenons de hiérarchiser les modes de projection mis en place, du doudou au *voodoo style*. L'étape des doudous et poupées remaniés nous apparaît comme étant un défi inaugural qui doit précéder le modelage. On pourrait qualifier de *primaire* cette première étape où, spontanément, la plupart des adolescents choisissent de s'autoreprésenter à travers un objet qui, par sa nature même, exprime un attachement jugé indépassable aux figures infantiles. Un agrippement d'autant plus serré qu'ils ont le sentiment de basculer dans l'inconnu, le flou et l'insondable, avec la puberté et les tensions que celle-ci fait naître. Le doudou ou la poupée incarnent cette quête d'un retour aux origines avec pour support un *objet transitionnel* et pour désir de changer le cours de l'histoire afin de retrouver la quiétude d'un passé idéalement imaginé comme le temps de l'assurance et de l'insouciance. En voilant, barrant, mutilant cette « effigie primaire », les adolescents expriment à la fois combien leur propre passé a pu être sali ou bouleversé, et comme il leur est douloureux de s'arracher tant du giron maternel que de la protection assurée par la puissance paternelle, pour tourner la page de l'enfance. L'étape du modelage les hisse au niveau du *secondaire*. L'objet est à créer de toutes pièces. Il ne s'agit plus de partir d'un modèle initialement offert par les parents. Et le seul vrai lien à l'infantile réside dans la matière utilisée qui appartient au monde de l'enfance, substance qui précisément va se trouver activement remaniée, façonnée par le sujet lui-même, l'épreuve figurant sa nécessaire contribution au *travail de l'adolescence* déclenché par la puberté.

Avec un certain recul, l'évocation, toutes proportions gardées, rappelle aussi la création divine d'Adam et Ève au sixième jour de la Genèse biblique, texte sacré que l'on peut résumer ainsi : alors qu'une vapeur d'eau s'éleva de la terre et arrosa toute la surface du sol, Dieu créa l'homme à son image en le formant à partir de la poussière de la terre, puis il insuffla dans ses narines un souffle de vie et Adam devint un être vivant. Un peu plus tard, Dieu fit tomber l'homme dans un profond sommeil ; il prit une de ses côtes et referma la chair à cet endroit. Avec cette côte, Dieu forma Ève et l'approcha d'Adam en désignant la femme comme issue des os de ses os et de la chair de sa chair.

Pourquoi s'appesantir ainsi sur une telle évocation ? Parce que ce récit est l'un des fondements de notre civilisation, et qu'à ce titre il appartient à l'inconscient collectif. Les adolescents d'aujourd'hui, même élevés dans la tradition laïque la plus formelle ou dans le culte d'une autre religion, en ont forcément entendu parler à l'école, en famille ou en société. Notons d'ailleurs qu'en « toute inconscience », mais à l'instar de la création divine, les jeunes suicidaires du centre Abadie forment leur figurine de pâte à modeler d'abord en effigie d'allure masculine avant de la doter, dans un deuxième temps, des attributs féminins lorsqu'ils veulent représenter une fille.

Quant aux adolescentes anorexiques et au rapport persécuté qu'elles ont avec leur propre corps, comment ne pas y voir un écho – certes amplifié et déformé par la maladie – à cette insistance biblique de présenter la conception de la femme comme fabriquée *en chair et en os* ? Sur le terrain en tout cas, elles s'agrippent à l'os et refusent la chair jugée obscène, témoignant de grandes difficultés à s'incarner, on l'a vu, dans des formes modelées. Nous observerons que la tolérance douloureuse que ces jeunes filles manifestent pour le traçage de leur silhouette et la réalisation de leur « mounak 3D » ne s'applique que rarement à cette épreuve de modelage. Elles peuvent remanier un doudou ou une poupée, créer un autoportrait très suggestif élaboré à partir d'un objet évocateur de leurs angoisses, mais très difficilement envisager de mettre les mains dans la pâte à modeler pour s'autoreprésenter, sans doute parce que la malléabilité de la matière et l'obligation de la pétrir viennent attiser leur répugnance à s'engager dans tout « commerce des chairs ». C'est ce que déclare, avec d'autres mots et une ambivalence qui lui échappe, Émilie, 16 ans, jeune fille anorexique qui ne sait produire que des figurines enfantines – à savoir des « bonshommes », dit-elle, dont la tête et le corps sont formés de deux boules auxquelles sont rattachés des membres constitués de boudins de pâte à modeler. Émilie préfère se représenter à partir d'un objet minéral, en l'occurrence une bouteille d'Orangina qui, selon elle, restitue la haine qu'elle a pour ses hanches et ses cuisses. Le flacon est rempli à ras bord de substances inspirant le sang et le gras parce qu'elle « se sent immonde à l'intérieur », le tout étant assorti d'une

« Autoportrait », œuvre d'Émilie,
16 ans, centre Abadie.

mèche et d'un logo avertisseur car elle peut se révéler « explosive comme une bombe », tant elle est souvent prête à craquer pour faire une crise de boulimie.

Un objet qui parle du sujet

Qu'ils s'autoproduisent ainsi, ou dans une figurine qu'ils ont eux-mêmes modelée, les adolescents s'incarnent dans un double qui s'offre à la vue du sujet et du thérapeute. L'observation croisée de ce *dédoublement* donne du champ, donc des perspectives, aux protagonistes et peut servir de support à l'échange avec des mots.

Du côté des jeunes suicidaires, nous poursuivons nos réflexions sur le succès rencontré par la pâte à modeler comme matière de travail. Les adolescents résistent en effet à en investir d'autres, malgré les sollicitations régulières des stagiaires de passage dans le service acquis aux techniques de la poterie, et qui leur vantent les avantages d'une figurine de type santon pouvant être peinte ou décorée à loisir. Est-ce la perspective de voir leur double passer au four qui les retient ? Ou celle de le fixer à jamais en objet ne pouvant qu'être brisé pour être modifié ? Ces interrogations restent dans nos têtes de psys. En revanche, d'autres arguments sont avancés par les adolescents. Leur opinion est assez unanime : ils refusent l'argile, jugée trop salissante pour les mains et le sol, et dont l'emploi implique non seulement la proximité immédiate d'un point d'eau, mais aussi la perspective d'une fastidieuse séance de nettoyage ultérieure. Ils disent aussi, à l'instar de Séverine, 17 ans, que « le rendu grisâtre ou marronnasse ne les sort pas de leur vécu déjà bien assez décoloré comme ça ». Les autres matières proposées, pâte à bois ou résines diverses, posent le même genre de problème : aux trois temps incontournables de la préparation, de la réalisation et du nettoyage, s'ajoute une séance de peinture – elle-même plombée par des contraintes identiques. Les adolescents veulent obtenir un résultat satisfaisant au premier coup d'œil, quitte à détruire leur œuvre pour la recommencer sur-le-champ. Et nous vérifions alors combien l'épreuve comporte, au-delà de ce que nous avions pu imaginer, d'intenses mouvements du sens propre au sens figuré qui lui confèrent une forte valeur ajoutée au plan symbolique. Il s'agit, ni plus ni moins, de se refaire en mettant les mains à la pâte et en se redonnant les couleurs de la vie, sans se plier aux attentes d'un achèvement différé et sans avoir à en essuyer les plâtres – en l'occurrence les effets collants et salissants.

Matériau de l'enfance incarnant le corps impubère conçu par les parents, la pâte à modeler devient la substance même de la métamorphose adolescente. Le sujet doit en subir les contraintes car cette matière n'est pas si facile à travailler et elle échappe souvent aux desseins de l'artiste à l'œuvre, mais celui-ci participe activement à cette « réincarnation » qui matérialise à la fois la continuité avec le passé et le solde d'une enfance à jamais révolue. Il passe du modèle établi au *modelage participatif*, sans savoir qu'en talentueux « métaphoriste » il exprime une grande partie de ses blessures et de ses errements identitaires dans la transposition naissant de ses doigts. Cette étonnante productivité inconsciente qui se déploie sur le support comme le lierre sur la pierre surprend généralement son auteur lui-même. Au moment où il pose son autoreprésentation sur la table d'entretien entre le thérapeute et lui, c'est-à-dire lorsque les regards croisés se centrent sur l'objet comme les poursuites lumineuses se focalisant sur l'artiste en scène, l'adolescent reste sidéré par la puissance qui s'en dégage. Cela explique sans doute pourquoi, bien qu'il en ait la possibilité puisque la matière employée reste malléable après réalisation, les retouches ultérieures sont rares. Nous avions imaginé à tort le contraire, convaincus au début que la réalisation d'un « premier jet » modifiable allait permettre aux jeunes patients de le retravailler ensuite. Nous nous sommes trompés. La magie de la projection est en réalité celle du miroir. À moins de briser ce dernier ou de détourner la tête face à lui, il est impossible de refuser sa propre image. Nous comprenons alors, à un autre niveau, leur refus de la terre cuite, matière cassable s'il en est.

En vitrine, le comble de l'affichage

Une question supplémentaire se pose rapidement : que faire des effigies une fois qu'elles ont été produites ? Le souffle infantile se fait à nouveau sentir : à l'instar de l'enfant qui ne comprendrait pas qu'on lui restitue le « beau dessin » qu'il offre, triomphant, à ses proches, la plupart des adolescents n'imaginent pas *reprendre* leur œuvre après nous l'avoir remise. Le mot *transfert* prend ici toute son importance. Il s'applique d'abord à la charge d'émotions projectives que la figurine doit à présent supporter ; il représente également l'engagement du sujet envers le thérapeute qui lui a demandé de relever ce défi ; il signe enfin le passage que cette réalisation matérialise, du flou identitaire à une représentation incarnée nécessairement assortie de l'espoir de son auteur qu'elle ait dorénavant sa place dans le monde. N'oublions pas que le besoin de reconnaissance est, chez ces patients, proportionnel à leur souffrance identitaire. Ces aspects nous semblent essentiels. Nous en parlons en équipe et décidons que nous devons marquer l'avènement de chaque autoreprésentation de la manière la plus affirmée possible : la grande salle d'entretien sera équipée de plusieurs armoires vitrées dans lesquelles nous entreposerons ces « doubles » adolescents pour qu'on les voie. Une sorte de musée Grévin en miniature se constitue sous nos yeux. Les soignants s'habituent peu à peu à ces *présences*, les adolescents invités à venir en entretien les admirent ou les ignorent, mais certains stagiaires ou collègues visiteurs ne manquent pas de nous interpeller régulièrement à propos de ce « musée des horreurs » qui semble inspirer un fétichisme de mauvais aloi.

Dire que de telles remarques glissent sur nous comme l'eau sur les plumes d'un canard serait fallacieux. Nous doutons en chœur et remettons plusieurs fois en question notre concept jusqu'à ce que nous soyons tentés d'en stopper le déroulement, d'autant que la collection d'effigies grandit à vue d'œil et qu'un problème de place ne va pas tarder à se poser. L'investissement sans faille dont les adolescents font preuve dans ce défi et les associations mentales qu'ils déploient à partir de ces représentations nous retiennent. Et un phénomène imprévu va nous aider à poursuivre le programme : sous l'effet de la chaleur des radiateurs en hiver et des rayons du soleil aux beaux jours, les figurines de pâte à modeler résistent mal au temps qui passe. Irrémédiablement, elles s'affaissent, se désagrègent en perdant la tête, un membre ou un attribut ; les plus sophistiquées – et par conséquent les plus fragiles – finissent souvent en petits tas à la fois durcis et très amoindris. Bien entendu, nous résistons à l'envie de recoller les morceaux, mais pas à celle d'anticiper le sauvetage de ces sculptures frappées par les outrages du vieillissement. Nous cherchons à les *fixer* avec du vernis, multiplions sans succès comme on l'a vu les essais d'autres matières à modeler, imaginons même de réfrigérer les vitrines ! Rien n'y fait et aucune solution réaliste n'émerge de nos réflexions. Le constat est là : la durée de vie des effigies les plus délicates est d'environ six mois, certaines restent quasi intactes pendant deux ans, voire davantage lorsque la figurine est massive et sans fioritures.

Et puis la magie du brainstorming en situation de groupe nous sauve une fois de plus la mise. L'un d'entre nous fait observer à juste titre que la durée de séjour des jeunes suicidants n'excédant pas un mois, ils n'assistent pas *en direct* à la décrépitude de leur œuvre. Celle-ci reste *vive* pendant qu'ils sont hospitalisés dans l'unité, et c'est autour d'elle que certains échanges ont lieu. Les patients s'amusent d'ailleurs de ces sorties de la « maison vitrine » le temps d'un entretien, suivies du retour bien sage au bercail. Un havre de paix qui est aussi un cercueil de verre puisque c'est dans la même vitrine que la figurine est destinée à décrépir ensuite à petit feu. Les adolescents ont-ils conscience de cela ? Sans doute pas, dans la majorité des cas. Mais l'expérience doit faire sens car lorsqu'un patient est réhospitalisé en prévention, il ne semble pas affligé le moins du monde de trouver son effigie en partie décomposée. Selon ses dires, « cela lui paraît normal » ; ce qui semble compter pour lui, c'est que les restes soient présents. On ne met en vitrine que les objets précieux ou ceux dont on est très fier. Et chaque jeune suicidaire dont on a dit combien il avait besoin de laisser ses traces pour marquer son existence, quitte à en mourir, se sent ainsi reconnu, avec une identité préservée, mise à l'abri, respectée. Sans le savoir, l'adolescent accède à une figuration qui fait écho au culte des morts propre aux humains. Et que propose-t-il alors spontanément ? De *refaire son effigie*, comme s'il acceptait de tourner la page du passé pour en

« Autoportrait », œuvre d'Alex B.-Viaud.

écrire une nouvelle. Œuvres vives et œuvres mortes incarnent ainsi le cycle de la vie, illustrant ce qui doit advenir *en chair et en os* pour que les vivants et les morts soient à leur juste place. Nos patients le saisissent à leur corps défendant, l'expérience éclairant non seulement l'enjeu de l'adolescence où l'on meurt à l'enfance pour renaître à la condition d'adulte, mais aussi la voie de sortie de leur impasse existentielle : se reconstruire à partir de ses souffrances, plutôt que de continuer à les subir.

Autoreprésentation de Virginie,
15 ans, centre Abadie.

CHAPITRE 10

Le temps des défis

Les ados.com appartiennent à une génération rompue aux épisodes de téléréalité qui cultivent l'exhibitionnisme télévisuel en dévoilant la vie quotidienne, parfois même l'intimité quasi complète de « vrais gens » ou de stars, avec leur consentement et un gain escompté de célébrité. C'est à partir du début des années 2000 que se sont développées ces mises en situation télédiffusées. Rappelons que la plupart d'entre elles consistent à filmer l'évolution d'un groupe de candidats isolés dans un environnement donné, pour qu'ils *se livrent* – le mot n'est pas trop fort – à divers défis, sur les indications de la production. Les caméras saisissent les surprises et les interactions observées, et celles-ci sont complaisamment restituées, avec souvent une insistance particulière sur les réactions les plus négatives des candidats : jalousie, infidélité, détestation, vengeance, etc. Enfants de l'image et de la consommation, les ados.com sont friands des provocations que ces défis inspirent. Elles leur permettent d'observer *de visu*, et avec la distance de l'écran, des attitudes qui leur sont familières, qu'ils en soient les auteurs ou les victimes. Et contrairement à beaucoup d'adultes qui jugent obscènes et déplacées ces épreuves de téléréalité, voire qui les suspectent d'être « surjouées » par des candidats-acteurs, la plupart des ados.com y voient des jeux de rôle amusants et instructifs, éclairant leurs perceptions des zones d'ombre de l'âme humaine.

Nos ados.com en souffrance, imprégnés de telles mises en scène, n'ont pas tardé à appeler « défis » les demandes d'autoreprésentation que nous leur adressions. Un peu interrogatifs et réservés au départ, nous avons fini par employer nous-mêmes le mot sans le référer aux expositions télévisuelles qui ont fait son succès. *Défi* est en lui-même un terme intéressant. Tout d'abord, peu de parents mettent leur adolescent au défi de faire telle ou telle chose, tant ils associent le mot à une prise de risques qu'ils n'ont pas à solliciter puisque le jeune est réputé capable d'en prendre sans qu'on l'y invite. Du point de vue des parents, il serait préférable qu'il souscrive sans trop ciller aux règles établies, qu'il s'emploie à faire des efforts pour rester dans le chemin balisé, et qu'il réussisse sa scolarité, en contrepartie éventuelle de récompenses. Plus généralement, il n'est pas classique que ce soit l'autorité qui mette au défi celui sur qui elle exerce son ascendant ; c'est le sujet supposé en situation d'infériorité qui interpelle son supérieur pour se mesurer à lui, ou le rival d'un *alter ego* qui cherche le duel sur un pied d'égalité. Sauf dans le cas exemplaire des communautés encadrant les jeunes dans les sociétés traditionnelles qui organisent des rites de passage auxquels se soumettent les adolescents pour quitter l'enfance et être reconnus comme adultes. Un parcours *initiatique*, à ne pas confondre évidemment avec quelque mouvement sectaire que ce soit, puisqu'il s'agit d'accéder à un statut qui rend le sujet responsable en le faisant passer d'une position inférieure à une position supérieure.

Les défis du centre Abadie prétendent s'inspirer de ces « passages » pour montrer à l'adolescent en mal-être que nous croyons en ses potentialités et que nous voulons l'aider à les mettre en lumière. C'est aussi pour nous le reconnaître et l'amener à ce qu'il ait davantage confiance en lui. Que le défi consiste à s'autoreprésenter en dessins, en objet remanié ou en figurine, l'adolescent comprend vite que si nous l'y engageons, c'est que nous le jugeons capable de le réaliser. Le patient devient un candidat qui s'apprête à passer une épreuve. Et cette passation contribue à contester la position d'*incapable* dans laquelle croyait croupir l'adolescent désespéré, en l'obligeant à se bouger. En ce sens, c'est un élément mobilisateur qui, dans une certaine mesure, amène le sujet à *se remettre en question*. L'histoire du mot *défi* mérite d'ailleurs un détour tant il fait résonance avec ce besoin qu'ont les jeunes suicidants mais aussi les jeunes anorexiques de s'affirmer, de prouver leur valeur et ainsi de marquer leur existence. *Défier* signifie à l'époque féodale « aviser quelqu'un que l'on renonce à la foi jurée à son égard » ; on défie alors son suzerain ou son frère d'armes. En découle le sens courant de « provoquer quelqu'un », en laissant entendre ouvertement que l'on interroge sa capacité de réalisation. Les jeunes abadiens en quête d'en découdre avec leurs démons intérieurs acceptent avec enthousiasme ces nouveaux combats. Et, puisqu'ils ont grandi trop vite sans prendre suffisamment de temps aux jeux de l'enfance, puisqu'ils sont tant avides de reconnaissance et de relations « cash », nous allons faire évoluer l'autoreprésentation vers la mise en scène incarnée en chair et en os.

Les prisonnières de l'apparence

Le succès du modelage avec les jeunes suicidants, mais son accueil glacial chez les jeunes anorexiques-boulimiques, oblige l'équipe de l'Unité pour troubles des conduites alimentaires (UTCA) à imaginer un autre type de défi. Puisque ces jeunes filles (ainsi que les rares garçons concernés) ont tant de mal à *représenter leurs formes*, pourquoi ne pas commencer par leur demander de *changer de peau* – en l'occurrence d'apparence, de look ? À l'instar du travail sur la silhouette que ces adolescentes parviennent à faire dans le cadre de l'atelier de morpho-pictographie, nous supposons qu'une incitation à modifier leur enveloppe peut les aider à investir autre chose que la seule insistance à leur faire reprendre du poids, donc des formes. Rappelons que nous cherchons à introduire du *jeu* dans les relations qu'elles s'acharnent à vouloir maîtriser pour cesser de se sentir dépendantes. Notre objectif est d'essayer, à travers diverses médiations, de leur faire gagner davantage de liberté de mouvement pour à la fois les débloquer dans leur fonctionnement et les assouplir de manière ludique. Nous l'avons dit, lorsqu'elles retrouvent le sens de l'humour et la capacité d'exprimer émotions et sentiments, elles vont incontestablement mieux, témoignant d'une plus grande souplesse à différents niveaux.

D'autre part, les faire travailler sur le look est loin d'être un chantier négligeable. Le contrôle est, dans le domaine de l'apparence comme dans celui de la consistance, leur mot d'ordre. Même lorsque la cachexie offre de ces adolescentes une vision particulièrement décharnée, beaucoup portent des parures et des effets censés témoigner d'une féminité affirmée. Le contraste est souvent frappant entre la délicatesse de ces mises et la crudité de leur maigreur, mais n'oublions pas l'un de leurs symptômes les plus pathétiques : vaincre le regard d'autrui porté sur elles en le saisissant d'effroi. Elles donnent aussi le change pour paraître en conformité avec leur environnement et, surtout, se raccrochent désespérément à une apparence maîtrisée pour *se convenir* à elles-mêmes, tant elles sont prisonnières de cette égocentration défensive qui les caractérise. Elles s'efforcent ainsi d'éviter de sombrer corps et biens, et luttent jusqu'à l'épuisement pour sauver la face.

Cette coquetterie trompeuse doublée d'un exhibitionnisme triomphant peut laisser croire qu'elles sont victimes de la mode et qu'elles cherchent à maigrir pour souscrire au diktat de la minceur. Insistons sur cette idée fausse : ce n'est pas pour *plaire davantage* que ces jeunes filles ont débuté un régime alimentaire restrictif qui aurait fini un jour par « déraper ». Et ce n'est pas la mode qui est responsable du décès de plusieurs top models attirées par les podiums du mannequinat parce qu'elles étaient précisément déjà anorexiques. Nul désir de séduire dans cette maladie complexe, multifactorielle, dont les manœuvres alternées de retenue anorexique et de lâchage boulimique sont les expressions, dans notre culture, de *troubles des relations* qui s'exprimeraient sans doute ailleurs sous d'autres formes.

Au centre Abadie, nous imaginons les mettre au défi de s'incarner à travers la « figure imposée » d'un look ou d'une posture, mais sur quelle scène ? Sans exposition officialisée, le risque est grand qu'elles se contentent d'arborer une apparence *plaquée*, sans rien ressentir des effets produits. La « grande visite » hebdomadaire répond parfaitement au besoin d'un « théâtre » à la fois exposant et mobilisateur. En voici le cadre.

Le psychodrame de la grande visite

Comme je l'ai déjà indiqué, la création de l'UTCA a pu voir le jour lorsque j'ai hérité d'un service de médecine interne au moment où son patron prenait sa retraite. Lequel avait connu l'époque où on appelait « visite » ce défilé aux chevets des malades qui occupait la matinée hospitalière et au cours duquel les mandarins passaient de chambre en chambre, entourés par un aréopage de blouses blanches, la feuille de température à la main. En reprenant ce service de médecine que je transformai en service de psychiatrie de l'adolescent, je me suis dit que je n'arriverai pas à faire quelque chose de cohérent si je n'empruntais pas un peu de l'histoire du lieu, partant du principe que si les murs ont des oreilles, ils ont aussi de la mémoire et les équipes soignantes de même. Je me devais aussi de rentabiliser au mieux ma disponibilité personnelle, ayant la responsabilité de deux services et donc de deux équipes hospitalières. Je ne voyais pas très bien comment j'allais pouvoir m'occuper *et* de jeunes suicidants *et* d'anorexiques. C'est ainsi que j'ai fait le choix de ne prendre en charge aucune patiente de l'UTCA pendant le temps de son hospitalisation. Ce sont mes collègues qui assurent le suivi thérapeutique, depuis l'admission jusqu'à la sortie de l'hôpital. Je m'emploie par contre à suivre quelques patientes en ambulatoire. Mais en décidant de ne pas m'occuper directement des jeunes hospitalisées, je me trouvais dans l'impossibilité de les connaître. Je risquais de devenir une espèce de « patron fantôme » – image d'autant moins appropriée que les jeunes anorexiques se rêvent précisément en purs esprits.

Il me fallait donc trouver un moyen d'être bien *présent*, sans les suivre à titre personnel. Cette obligation m'a convaincu de reprendre le principe de la visite. Mon objectif n'était pas de jouer au grand patron s'autorisant à interroger ses propres collègues au lit du malade, mais de créer les conditions d'un psychodrame collectif autour d'un moment défini de la semaine. En l'occurrence, le mercredi matin, toutes les patientes de l'UTCA sont pesées et attendent notre venue protocolaire établie selon un rite immuable. À 10 heures et demie, je rejoins mon équipe dans la salle des soignants où sont affichées les courbes de poids. Pendant trois quarts d'heure environ, mes collègues passent en revue chacune des douze ou treize patientes hospitalisées, les unes à temps plein, les autres en hôpital de jour. Ils ne s'en tiennent pas au seul poids, mais cherchent plutôt à mettre en évidence la concordance ou, à l'inverse, la divergence de l'évolution pondérale avec la manière dont chaque patiente investit les entretiens, les groupes de parole et les ateliers d'expression. En même temps que les grammes si chèrement acquis, la jeune fille est-elle aujourd'hui plus *dense* qu'auparavant dans sa présence au monde ? Joue-t-elle au contraire un *double jeu* qui la voit prendre du poids sans bouger d'un iota de ses positions, afin de sortir plus vite et de reprendre le cours habituel de son anorexie ? Lors de ce staff, nous observons également l'évolution du *corps groupal* des patientes dans sa globalité. La tendance est-elle, cette semaine à la prise ou à la stagnation pondérale, voire pour une partie de ses membres, au recul ? Pendant ces quelque quarante-cinq minutes qui nous séparent de la visite proprement dite, je ne prends pas de notes mais j'essaie d'être extrêmement attentif à ce qui m'est dit au regard de ce tableau de bord qui, enrichi des explications de mes collègues et des soignants, prend un relief incroyable.

Cette rencontre préparatoire terminée, nous nous dirigeons en équipe vers le long couloir menant aux chambres des jeunes anorexiques – neuf fois sur dix des adolescentes, ne l'oublions pas –, tandis que les patientes en hôpital de jour nous attendent dans une grande salle de réunion située à l'autre extrémité du service. Nous veillons à observer scrupuleusement le protocole qui implique de commencer par visiter de façon individuelle chaque patiente dans sa chambre, avant de rencontrer en groupe celles qui sont censées aller beaucoup mieux puisqu'elles sont en hôpital de jour. La visite établit de la sorte une gradation distinguant les patientes encore très malades de celles qui peuvent commencer à voir la sortie du « long tunnel anorexique ».

Le jour de la visite, les patientes doivent être dans leur chambre à partir de 11 heures et avoir inscrit leur prénom sur leur porte. Détail important : chaque porte est pleine pour préserver l'intimité, et son revêtement extérieur permet d'écrire et de dessiner à la craie. Cette identification est nécessaire car je dois savoir à qui je vais avoir affaire, puisque je ne les suis pas personnellement. Il s'agit aussi de les amener à renforcer l'identité territoriale de leur chambre au moment où nous allons y faire délibérément intrusion, afin que celle-ci produise le maximum d'effet. Certaines adolescentes prennent un soin extrême à calligraphier leur prénom ; d'autres l'écrivent en minuscule dans un coin de leur porte ; d'autres encore « noient » leur prénom dans des dessins et volutes alambiqués. Chaque *présentation* en dit évidemment long sur la manière dont sa réalisatrice veut nous accueillir et ce faisant, nous surprendre, nous heurter ou répondre sagement à la consigne. Une chambre après l'autre, je frappe à la porte et j'attends que la patiente nous ouvre. Dès qu'elle le fait, nous la saluons puis pénétrons tous dans sa chambre, ce qui inspire l'image d'une véritable inondation. La patiente voit son intérieur être littéralement envahi sous ses yeux. La règle stipule qu'elle doit m'avoir préparé une chaise ou un fauteuil en face de l'endroit où elle va s'asseoir pour s'entretenir avec moi. Nous sommes alors entourés par mes collaborateurs – une dizaine ou une douzaine de personnes au total. L'équipe encadre au sens propre ce face-à-face qui va durer quelques minutes. Le temps d'un *round* de boxe, mais dans un match aux conditions particulièrement désavantageuses pour la patiente. Pourquoi manifester une telle violence ? Nous restituons en métaphore celle que chaque anorexique éprouve lors de l'acte alimentaire vécu comme un forçage qui l'envahit et lui donne la sensation d'être « plombée ». Et quitte à l'amener à revivre au figuré cet insupportable lestage, autant faire craquer un peu de cette maîtrise qui l'aliène au lieu de la sortir d'affaire. L'ambiance est incontestablement plombée, l'épreuve est donc très dérangeante. Cela dit, chacun y est préparé ; personne ne subit la visite par surprise. C'est d'ailleurs l'une des premières choses que les « anciens » apprennent aux « nouveaux » à leur arrivée. « Une grande visite a lieu le mercredi, prévient Estelle à l'adresse de l'entrante. Ils vont tous débarquer dans ta chambre et le docteur Pommereau aura un entretien hyper *cash* avec toi. »

Le portrait-vérité et ses répliques

Avant que nous connaissions le temps des défis, cette confrontation très inégalitaire me permettait déjà de restituer, de la manière la plus sincère possible, ce que l'état ou l'attitude de l'adolescente m'inspirait. Mes impressions étaient évidemment modulées par les propos que l'on m'avait tenus à son sujet pendant le staff. Et c'est avec ces informations en tête assorties des réserves *ad hoc* que je lui donnais mon opinion. Si je trouvais par exemple qu'elle avait l'air très fatiguée et très maigre, je le lui disais. Si au contraire, je la trouvais plus souple, en progrès, je le lui disais tout aussi bien. Et si elle rétorquait qu'elle se sentait parfaitement en forme alors que la sonde naso-gastrique lui pendait au nez, je n'hésitais pas à lui faire observer cette contradiction flagrante. Je pouvais aussi lui faire décrire la manière dont elle avait décoré sa chambre, et l'amener ainsi à revisiter à voix haute, et en présence de l'équipe, son *intérieur*. Pour accentuer le jeu des correspondances, je questionnais devant elle la kiné, la diététicienne, les infirmières pour que les soignants infirment ou confirment l'impression de relâchement ou de tension, de vide ou de trop-plein qui s'en dégageait.

À l'issue de cette brève mais brutale intrusion, du point de vue des patientes, la visite « s'était bien passée » ou, à l'inverse, « avait été catastrophique » ; en ce dernier cas, à peine sortis de la chambre, nous entendions parfois l'adolescente sangloter bruyamment, ou donner un coup contre le mur, ou encore tempêter distinctement contre ce qu'elle avait vécu comme un huis clos particulièrement injuste. Que la visite se soit bien ou mal passée, chaque patiente reprenait ensuite avec ses référents ce qu'elle avait perçu, compris ou difficilement pu supporter. Mais j'avais observé quelque chose qui m'était souvent adressé d'un mercredi à l'autre : ce que les jeunes anorexiques ne parvenaient pas à me dire en face et en scène devant l'équipe, elles le ruminaient pendant la semaine et me le restituaient lors de la visite suivante sous la forme d'un *passage à l'acte*. Bien sûr, ce n'était pas systématique, et les patientes les plus bloquées n'étaient pas encore en mesure de le faire. Mais dès qu'elles le pouvaient, et bien que les mots leur restent en travers de la gorge, elles mijotaient une véritable réplique destinée à me clouer le bec. Avant d'en illustrer la manière singulière, soulignons que ces patientes sont généralement hyperconformes en société, discrètes, peu connues pour les éclats tapageurs. Leur violence ne s'exprime que rarement de manière directe à l'encontre des adultes, hormis l'effroi que suscite à la vue leur extrême maigreur, et la tyrannie alimentaire qu'elles imposent à leur entourage. Les adolescentes anorexiques se montrent insidieusement violentes à travers le retrait, l'isolement apparemment « détaché », le déni obstiné des troubles et, surtout, la chasse impitoyable au gras corporel auxquels elles se livrent, le tout réalisant une mise en coupe réglée du corps et des relations aux autres. Entre elles, elles peuvent en revanche manifester une agressivité redoutable portant sur la façon de manger, le devenir « en plus » ou « en moins » de leurs formes corporelles, leur attitude d'opposante ou, au contraire, d'alliée trop consentante vis-à-vis des soignants.

Ces précisions apportées, à quoi ressemblaient ces fameux passages à l'acte ? Nullement à des saillies oratoires, rejoignant en cela les difficultés éprouvées par les jeunes suicidants pour se livrer aux joutes verbales, comme d'ailleurs la plupart des adolescents pour qui, nous l'avons dit, le champ du langage appartient aux adultes. Nullement non plus à des gestes brusques ou belliqueux, cette fois à la différence des jeunes suicidants réputés avoir le passage à l'acte *auto-* ou *hétéro*-agressif facile, impulsivité oblige. Les jeunes anorexiques répliquaient plutôt en adoptant sciemment une disposition contraire à celle que je leur avais pointée lors de la visite précédente, et cela sans parole, de façon strictement circonscrite à l'apparence ou à la posture. Sylvanie, à qui j'avais fait observer son effroyable pâleur, s'était maquillée presque de manière clownesque ; et Blandine, que j'avais en quelque sorte « habillée pour l'hiver » en contestant les T-shirts qu'elle s'acharnait à porter en plein mois de janvier « pour perdre des calories », arborait à la visite suivante un pull à col roulé et un pantalon de ski. Dans un registre moins tapageur, Éléonore n'avait pas encore décoré sa chambre et son lit n'offrait au regard que de ternes draps d'hôpital. Après s'être entendu dire qu'elle avait l'air d'une pauvre prisonnière blottie sur un grabat, la jeune fille s'était joliment apprêtée et avait transformé son petit domaine en chambre témoin digne d'un cliché publicitaire.

La qualité de la réplique pouvait laisser à désirer, mais elle livrait toujours en caricature un aspect essentiel de l'enfermement dans lequel était plongée l'adolescente. Derrière une façade plus ou moins lézardée, on devinait un enfer quotidien fait d'empêchements et d'obsessions de tous ordres. Parfois, la patiente campait longtemps sur ses positions, adoptant une attitude foncièrement négative. Les rares garçons anorexiques n'étaient pas en reste. Ainsi Julien, dont j'avais souligné la maigreur avec insistance, s'était habillé tout en noir le mercredi suivant, confiant aux infirmières avant la visite qu'il paraîtrait donc encore plus maigre « pour me clouer le bec ». La résistance pouvait également prendre la forme de pseudo-efforts de changement dont le caractère misérable jurait avec les ressources connues de l'adolescente. Ainsi Justine, capable de parfaitement coiffer ses camarades, avait-elle répondu à une de mes remarques concernant le piteux état de sa chevelure par un tressage aussi serré que raté semblant appeler de ma part une observation encore plus cinglante. Bref, d'une manière ou d'une autre, il y avait de la *réplique* dans l'air. Et, comme sur une scène de théâtre, nous étions en train de passer du *double jeu* à une forme intéressante de « jeu en double » avec assistance. D'un mercredi à l'autre, indépendamment de la prise en charge assurée par leurs psys et les membres de l'équipe pluridisciplinaire, les patientes les plus combatives échafaudaient une réplique avec la complicité admise des soignants pour les aider dans leur entreprise. Et, tandis que le temps des défis débutait à l'étage des jeunes suicidants sur le thème de l'autoreprésentation en souffrance, l'UTCA voyait naître une nouvelle forme de médiation centrée sur le look et les postures – un travail de mise en scène de soi.

Le défi du « double je »

Voici la lettre qu'une patiente âgée de 16 ans adresse à sa famille. Elle fait allusion à ce nouveau défi du look que nous proposons à l'UTCA.

> « Centre Abadie, mercredi 2 février 20…
> Chers Parents,
> Ce matin la grande visite s'est bien passée et j'ai réussi mon défi ! Je devais me maquiller et m'habiller aux couleurs de la tristesse… Les filles m'ont aidée, les infirmières aussi pour coudre la tunique noire que j'ai fabriquée. Il paraît que j'avais l'air d'être une fiancée de vampire… Sinon, j'ai pris 300 grammes cette semaine, et si je maintiens le rythme j'aurai une permission pour les vacances scolaires !!! J'espère que tout va bien pour vous, pensez à moi, je m'accroche. Chloé me manque, Filopat aussi, j'espère qu'il dort toujours sur mon lit. Je vous embrasse tous très fort,
> Carine »

Lors de la grande visite hebdomadaire, et au terme de ce face-à-face à la fois redouté et attendu, j'envisage dorénavant de lancer un défi portant sur l'apparence, à la condition expresse que la patiente concernée ait fait preuve d'efforts ou de progrès remarqués au cours de la semaine écoulée. Cette notion est importante, car elle fixe les règles du *jeu* : pas d'épreuve quand tout reste à faire ou que la position semble totalement bloquée ; on joue pour avancer, non pour reculer. Si étonnant que cela puisse paraître, les jeunes anorexiques ne ressentent pas le défi comme un test à subir. Elles estiment que recevoir un défi est une sorte de récompense, une prime, qui valorise leur engagement dans les soins. Nous vérifions en l'occurrence que ce sont bien des enfants de l'image comme les autres, habitués aux *chal-*

lenges de la téléréalité. Mais une question se pose : comment éviter que ces championnes de la maîtrise ne finissent par *reprendre la main*, en neutralisant les défis dans une routine ou des figures convenues d'avance ? Je vais devoir rester *maître du jeu* et, pour cela, provoquer des effets de surprise qui ne soient pas factices ; me refuser à faire des demandes trop fantaisistes ou inappropriées qui ne tiendraient pas compte des ressources que l'adolescente est en mesure de mobiliser ; m'employer à lancer des défis à forte valeur ajoutée métaphorique à partir desquels la patiente pourra réfléchir, avec l'aide des soignants. À Cynthia, ex-danseuse, qui me fait face prête à l'affrontement, raide comme un « i » sur sa chaise, avec un chignon enserrant sa chevelure dans un filet, j'ai envie de dire : « Détendez-vous ! » Voilà une jeune fille dont tous les investissements visent à *se tenir*, envers et contre tout. L'idée qui me traverse l'esprit est de lui demander d'adopter une coiffure très relâchée pour la prochaine visite. Étonnée, avouera-t-elle plus tard, par un défi aussi facile à réaliser, Cynthia accepte immédiatement de le relever. Nous espérons évidemment tous que cette épreuve aura pu lui faire vivre un peu de décontraction – expérience qui, conjuguée aux séances de relaxation proposées par la kiné, aura contribué à mettre l'accent sur l'importance et l'urgence d'un *lâcher-prise* salvateur. Quant à Clémentine la bien nommée qui, elle, « s'épluche » littéralement en témoignant d'un tel défaut d'enveloppe que l'on a envie de lui dire d'aller se rhabiller, quoi lui proposer ? Cette jeune fille expose à longueur de journée sa maigreur en short et bas résille, avec un débardeur brassière qui baille sur un inutile mais très coloré soutien-gorge. Toute son attitude indique qu'elle *s'offre* au regard, mais dans une disposition corporelle qui s'apparente à un abandon. Elle a incontestablement besoin de davantage de *tenue*, et l'on doit chercher à la réconcilier avec son corps pour qu'elle en prenne soin d'une manière plus adaptée. Comment ? En lui demandant, par exemple, de revêtir une tenue *chaude*, sans oublier de préciser au bout d'un temps de pause destiné à faire effet : « dans le meilleur sens du terme », avant d'ajouter : « Vous nous direz quel pourrait être le pire terme, vous concernant. »

Cet ambitieux programme va nécessiter de ma part d'être au plus près de mes perceptions. D'avoir aussi conscience que cette relation accentue les phénomènes de *transfert* et *contre-transfert* particulièrement à l'œuvre entre l'homme et le chef que j'incarne et ces adolescents en majorité de sexe féminin. Même si les jeunes filles concernées nient en bloc toute féminité et entreprise de séduction, la plupart savent que « me plaire » ou « me convenir » en répondant à mes attentes ne s'adresse pas seulement à la figure paternelle et tutélaire que je représente. À moi de gérer ces ambiguïtés et d'éviter de mettre ces adolescentes en difficulté. Dans le cadre fixe et prévisible de la visite – image de la contrainte immuable, à la fois inquiétante et rassurante –, je vais introduire souplesse et incertitude, c'est-à-dire soit m'abstenir de toute invite, soit improviser l'énoncé d'un défi, en prenant appui sur ce que l'on vient de me dire du patient, et en faisant confiance à mon intuition. Faut-il aujourd'hui lancer ce défi que Myriam, 15 ans, semble attendre comme un dû ? Rien ne m'y oblige, au contraire. Le caractère systématique de l'épreuve finirait par l'affadir. À l'inverse, est-ce vraiment le moment de signifier à Théophile que la mèche de cheveux laquée qui lui barre le visage mériterait d'être relevée, alors que ce jeune homme timide et effacé supporte très mal d'« avoir la sonde » ainsi que tous les yeux braqués sur lui ? L'urgence semble être plutôt de différer ce genre d'observation, et de l'aider à supporter le regard d'autrui. Dois-je faire monter les enchères du côté de l'apparence avec Juliette, 17 ans, qui a choisi, de sa propre initiative, d'afficher un look provocateur – à savoir celui d'une soubrette s'inclinant devant toute demande et répétant à l'envi « À votre service, Monsieur ! » ? Mieux vaut plutôt, en ce cas, que je m'incline moi-même devant la réussite de ce spectacle, et que je l'amène à décrire par le menu sa mise, ce qui est en soi un *challenge* auquel elle ne s'attend pas. Insistons au passage sur le fait que la richesse de tels échanges repose sur la vive intelligence de ces jeunes anorexiques dont la maigreur des corps va de pair avec une grande finesse d'esprit, comme si leur destructivité devait hélas beaucoup à leur extrême sensibilité. Il en est d'ailleurs de même avec les jeunes suicidaires, chez qui l'inventivité à se faire du mal est à la mesure de leurs indéniables potentialités.

Tenir l'affiche, tout un programme !

Je vais assez vite m'apercevoir que les « défis du double je » s'apparentent à des *variations identitaires* qui incluent nécessairement la décoration intérieure et les affichages fixés aux murs de la chambre. Nous avons vu que cet environnement que l'adolescente définit à sa guise est non seulement une enveloppe protectrice et familière, mais aussi un lieu de projection de ses aspirations et de ses peurs, et la façade qu'elle offre d'elle-même. Il doit donc être interpellé au même titre que la tenue vestimentaire et posturale, la coiffure ou le maquillage. Et le travail que ces différents composants permettent tient à la fois du sketch théâtral en solo et du jeu de rôle. Pour son « actrice », il s'agit de se plier à la demande d'un metteur en scène et de *se produire* devant un public, avec le confort et l'inconfort de le faire sur son propre terrain – sa chambre – à partir de ce qu'elle donne à voir. En somme, une autre forme d'autoreprésentation qui la dédouble et l'incarne dans un *personnage*, comme les poupées, les doudous remaniés et les figurines de pâte à modeler des jeunes suicidants. L'élaboration de cette figure, et les essais qu'elle a pu exiger auront suscité des réactions chez les pairs et les soignants permettant à l'adolescente de voir *jouer, s'animer, se révéler* des aspects d'elle-même dont elle n'avait peut-être pas conscience. L'épreuve est destinée à lui faire exprimer et ressentir des perceptions physiques et psychiques susceptibles d'éveiller des représentations mentales donnant du sens à sa souffrance. Et, là encore, de mettre et d'entendre des mots sur cette dernière. Le rituel de la visite, l'aspect ludique de la demande et cette volonté d'éveil de la conscience rappellent, dans une certaine mesure, la pratique du *psychodrame* psychanalytique individuel. Cette technique désigne un ensemble de séances thérapeutiques au cours desquelles un jeu dramatique de scènes réelles ou imaginées est interprété par un patient et plusieurs thérapeutes formés à cette pratique. Chaque séance se déroule selon un protocole défini. Dans un premier temps, le meneur de jeu et le patient choisissent un thème et déterminent une histoire. Les rôles correspondant aux personnages sont attribués puis joués par le patient et les cothérapeutes qui improvisent activement la scène choisie. Le meneur de jeu est le garant de la séance ; il ne participe pas à la représentation mais décide de l'interruption, de la fin ou de la reprise de la scène. À l'issue de celle-ci, tous échangent sur ce qui vient d'être joué. Les défis du « double je » ont à voir avec cette technique, même s'il s'agit ici d'une *mise en scène de soi* réalisée sur mon injonction, avec ou non l'aide préparatoire des soignants.

Un collectif en représentation

Le *corps groupal* des quatre ou cinq patientes admises en hôpital de jour, fait l'objet d'une visite groupée à l'issue de l'expédition de chambre en chambre de la grande visite. Les jeunes anorexiques-boulimiques qui le composent sont censées aller mieux, puisque cette forme d'hospitalisation plus légère (retour à domicile quotidien à partir de 17 heures et week-ends libres) fait suite au séjour à temps plein qui dure en moyenne quatre mois. L'hôpital de jour est un espace de soins *intermédiaire* qui prépare chacune à un projet et à un suivi spécifiques en ambulatoire. C'est aussi en cela que cet espace est transitionnel : les perspectives individuelles peuvent être travaillées en groupe, et ce dernier incarne un corps collectif dont les mouvements, les entrées et les sorties rappellent métaphoriquement ceux du corps propre. Généralement, un ou deux « membres » de ce corps groupal vont un peu moins bien que les autres, ce qui correspond au taux de rechute qui affecte le tiers des patientes à court terme. Le groupe boitille, hoquette, digère plus ou moins facilement les départs et les arrivées, fournissant d'indispensables représentations du caractère durable et profond de cette maladie, et de la nécessité absolue d'avoir en tête la *double forme* possible des rechutes : restriction et retenue, ou gavage suivi de purges. La rechute n'est pas forcément grave ni durable, mais il n'est pas rare que la résurgence des troubles nécessite la réhospitalisation à temps plein de l'adolescente concernée pendant un temps donné. Une chose est néanmoins sûre : même en cas de rechute sévère, nous n'observons jamais de retour à la « case départ » ; dès sa réadmission, la jeune fille retrouve très vite ses marques et ses repères, ce qui réduit la durée de ce nouveau séjour et permet un travail plus en profondeur.

Les défis proposés à ce corps groupal doivent naturellement être relevés de manière collective. Ils consistent le plus souvent en une *présentation* orale à plusieurs voix, s'appuyant si besoin mais non obligatoirement sur un jeu de postures ou de tenues, une semaine après que j'ai énoncé une proposition de réflexion sur un thème précis. Cette présentation est faite devant l'équipe puis elle est soumise à un bref échange. Sachant par exemple que Christelle, Sandrine et Romain jugent *obscène* d'être regardés en train de manger, acceptent-ils de s'interroger en chœur sur ce qui les gêne tant dans cette situation ? Ils relèvent le défi et, la semaine suivante, apportent tour à tour leur contribution. Christelle gonfle les joues et mime avec ses mains un gros ventre, tandis que ses deux camarades indiquent que leur peur est celle de *grossir à vue d'œil*. Ils craignent, disent-ils, que la nourriture absorbée ait immédiatement des conséquences sur leurs formes ; et ils trouvent intenable que quelqu'un en observe les effets – « comme un voyeur », ajoute Romain, l'air dégoûté. Des regards et quelques sourires discrets s'échangent entre soignants. Grosseurs et grossissements appellent des images suggestives. Tous ces « normo-mangeants » voient et entendent combien il est encore question dans ces propos de *sexualité barrée*, depuis l'impossible incorporation jusqu'à l'impensable grossesse. Les mots choisis traduisent la perversion au sens fort de l'acte alimentaire en acte sexuel, d'autant moins tolérable qu'il est exposé à la vue de tous. Mais rien ne sort de leur bouche, à ce sujet. Si étrange que cela puisse paraître, ces trois adolescents dont l'intelligence est pourtant vive sont à la fois capables d'émettre des propos évocateurs et incapables d'en percevoir le sens. Et cela ne servirait à rien de le leur révéler de façon abrupte, car ils l'admettraient intellectuellement mais ne l'intégreraient pas affectivement. Que faire, alors ? Compter sur les effets conjugués des entretiens et des ateliers, et attendre patiemment que le jeu des associations mentales crée des correspondances qui vont peu à peu « imprégner » l'adolescent, faire corps avec lui. Comme nous l'avons déjà dit, la mesure des progrès accomplis résidera d'abord dans le *gain de souplesse* observé au cours des échanges et des actes de la vie quotidienne, avant de pouvoir se mettre en mots et en formes.

Jouer sur les contraires

En matière de *défi du double je*, nous observons que certaines consignes ont un puissant effet de mobilisation psychique, dès lors que les patientes ont investi ce type d'épreuve. Pour le comprendre, ayons à l'esprit que les anorexiques-boulimiques sont aussi des championnes du *déni des troubles*, au moins au début des soins, et qu'elles ont toujours tendance, même après évolution favorable du poids corporel et de la souplesse psychique, à exprimer verbalement l'inverse de ce qu'elles ressentent ou de ce dont témoigne leur comportement. Puisqu'il en est ainsi et que nous voulons travailler avec elles sur la notion de *double*, pourquoi ne pas les faire associer sur les *contraires*, en défi individuel ou collectif ? À ces trois adolescents qui craignent de « grossir à vue d'œil », plutôt que de chercher à leur faire entendre le caractère suggestif de leurs propos, je vais proposer un nouveau défi : nous exposer s'ils auraient ou non une même peur de *maigrir à vue d'œil*, en supposant qu'une telle éventualité se présente. Quels que soient les éléments qu'ils rapporteront de cette exploration d'un pôle à l'autre, l'important est que s'établisse dans leur tête un *jeu associatif* – de la chair turgescente et repoussée comme telle, à l'os brandi à la fois comme le dernier support-étai et l'épine dressée pour tenir l'autre à distance respectable. Et ce sont ces allers et retours, de l'individuel au groupe, du sens propre au sens figuré, de telle représentation à son supposé contraire, qui établiront autant d'entrées pour éclairer le sens de la souffrance.

L'inconscient ne connaît pas les contraires, pourrait-on dire simplement. Les rêves associent les opposés, ce qui contribue à rendre énigmatiques les réminiscences que l'on en garde au réveil. Le blanc et le noir sont pour l'inconscient deux couleurs intenses et franches, donc en tant que telles *équivalentes*. Les défenses conscientes s'emploient en revanche à distinguer l'une de l'autre en conférant à chacune des valeurs et des sens particuliers. Les tensions qui résultent des rapprochements et des divergences circulant entre ces deux instances, par ailleurs nourries de pulsions plus ou moins violentes, constituent le *travail* psychique. Chez les ados en souffrance, comme chez la plupart des ados.com, le blanc est davantage un symbole de pureté, d'innocence, que la représentation du vide et de l'absence. Le noir évoque surtout les idées morbides, la mort, le deuil, l'impasse d'un horizon bouché. Les ados qui vont mal jonglent souvent avec ces conventions, par jeu, provocation ou volonté d'exorciser leurs angoisses, en s'autoreprésentant en « ange noir » ou en « démon immaculé ». Nous importerons rapidement le *défi du double je* assorti du « travail sur les contraires », à l'étage des jeunes suicidants. À telle jeune fille se présentant « écorchée vive » avec une tenue gothique néoromantique, des piercings multiples et des scarifications, nous demanderons d'imaginer et de porter un look *contraire* au sien – consigne littéralement paradoxale qui va immédiatement la mobiliser, l'amener à interroger ses semblables et les soignants. Quel peut être le contraire de la pointe hérissée ou de l'entaille au poignet ? Et si le contraire du noir est le blanc, comment va-t-elle éviter le *hors sujet* de la robe de mariée ? Il faut qu'elle réfléchisse. L'écran de l'ordinateur constitue une surface de projection et de « réflexion » proche du miroir où des essais pourraient être faits. Virtuellement ? La demande fait tilt. Nous ouvrons la page de l'avatar numérique.

CHAPITRE 11

Avatars numériques

Forts ou faibles en maths, les ados.com jonglent avec les chiffres, sans toujours le savoir. Les nouvelles technologies qu'ils utilisent ont en effet recours au *système numérique* qui convertit les données traitées en codes formant des nombres. En anglais, le mot numérique se dit d'ailleurs *digital* – du latin *digitus,* « doigt » – puisque le codage fait appel aux dix chiffres arabes (0 à 9). Les informations ainsi codées gagnent en haute résolution, elles peuvent être « travaillées », et elles se transmettent à la vitesse de la lumière grâce aux fibres optiques. Nés avec la révolution numérique qui poursuit inexorablement sa course, les ados.com ont appris à gérer leur propre image comme un bien primordial et à s'adapter aux changements de leurs espaces d'évolution. Ils disposent pour cela d'un camp de base *réel* – leur chambre –, et de son équivalent *virtuel* sur l'ordinateur – leur « mur » Facebook. Ils y cultivent leurs plans, clichés et profils personnels, les échangent avec ceux de leurs amis, et s'affichent sous tous les angles pour séduire et briller toujours davantage. Devenus étonnamment sédentaires dans leurs déplacements physiques, ce sont en revanche de grands nomades du virtuel, grâce à l'Internet et aux jeux vidéo. Et même lorsqu'ils « tracent » ou « bougent » en chair et en os, ils veillent à leur look et restent en permanence branchés pour émettre ou recevoir des textes, des images et des sons, *via* le smartphone ou l'outil numérique qui ne les quitte plus.

Les ados.com s'adressent entre pairs photos et vidéos de leur évolution, de jour ou de nuit. Tout est prétexte à saisir le rire, l'éclat, la chute, la pose en duo, trio ou plus si affinités, en prises aussi directes qu'instantanées, puis à les passer en revue *entre soi*. Mais l'ordinateur et le portable leur permettent aussi d'échanger le personnage virtuel qui les représente. Ce personnage peut rester inerte ou au contraire se déplacer dans divers environnements – réels ou fictifs – dorénavant en 3D. Il est à leur image, ou se présente sous la forme d'une créature amusante et colorée qui est en quelque sorte la signature graphique de son auteur. Il peut aussi être une figure imaginaire, humaine ou animale, appartenant au domaine de l'*heroic fantasy*. Ce représentant au sens fort du terme s'appelle un *avatar* – mot qui désigne aujourd'hui une « incarnation numérique ». Il rejoint ainsi son étymologie première, après avoir eu le sens de « mésaventure, malheur » sous l'influence probable des mots *aventure* et *avanie* – *dixit* les lexicographes. C'est un emprunt au sanskrit *avatāra*, proprement « descente », d'où en religion « incarnation, descente (d'un dieu) sur terre ». Il s'agit à l'origine des transformations de Vishnou, deuxième dieu de la triade hindoue, dont la fonction est d'assurer la conservation de l'univers créé.

Ce petit détour par l'histoire du mot a son importance. *Faire son avatar* (sous-entendu numérique) donne à son auteur un pouvoir d'autodétermination, sinon « quasi divin », du moins très supérieur aux seuls effets du look et des postures. Non seulement les ados.com choisissent la forme de cette métamorphose, mais ils peuvent lui dicter son évolution, puisque l'avatar leur obéit *au doigt et à l'œil*. Cela explique sans doute son succès chez les très jeunes adolescents tentés de renouer avec la toute-puissance infantile lorsqu'ils subissent la puberté. Les fantasmes d'auto-engendrement y trouvent une application manifeste, de même que les besoins de se réapproprier l'image de soi. Une fois créé, l'avatar peut être plongé par son créateur dans de véritables « descentes aux enfers » le faisant évoluer dans des mondes hostiles. Il lui permet d'affronter des obstacles et des dangers qui ne le mettent pas réellement en péril, et lui fait ainsi vivre par procuration des situations extrêmes, ce qui procure des sensations fortes sans risques. Ce principe est l'axe ludique central de nombreux jeux vidéo. Il est également utilisé par certains thérapeutes dans le traitement des phobies, pour apprendre aux patients à surmonter leurs angoisses en s'habituant à y être exposés virtuellement.

Attention aux pièges !

Ce pouvoir d'autodétermination en images virtuelles suscite également des controverses et des craintes légitimes. Les très jeunes internautes peuvent se croire à tort *intouchables* derrière la double protection de leur pseudonyme et de leur avatar, et s'exposer à des « contacts » qui cachent derrière les mêmes artifices les desseins inavouables d'adultes pervers. L'avatar est un masque qui peut réserver en l'occurrence de bien mauvaises surprises ! Il y en a d'autres qui sont moins dangereuses mais proprement stupéfiantes, lorsque des appels à se retrouver entre avatars sur le Web ou certains effets d'annonce tweettés – par exemple une date d'anniversaire – déclenchent des rendez-vous géants bien réels d'internautes qui ne se connaissent pas. Ceux qui envoient ces messages à la « cantonade numérique » disent se sentir souvent « seuls dans leur vie », certains avouant d'ailleurs être en quête d'une marque tangible de « popularité » – selon leur propre terme. Et ceux qui accourent en masse dès qu'une idée de rassemblement se profile à l'horizon déplorent souvent le même sentiment de solitude, aspirant à une « fraternité sans frontières ». De telles manifestations indiquent combien certains ados.com se vivent eux-mêmes comme de tristes individualités enfermées dans l'isolement de leurs écrans et de leurs branchements, en manque de *vraies* rencontres et de liens interhumains.

Les ados.com les plus en difficulté peuvent aussi devenir dépendants de l'outil numérique, préférant les évolutions virtuelles de leur avatar à la « vraie vie », avec le danger de s'y laisser absorber tel Narcisse dans son miroir d'eau, pour devenir otages de leur propre reflet. De nombreuses enquêtes montrent que les addictions aux jeux vidéo sont en augmentation chez les moins de 16 ans, parallèlement à l'usage croissant des substances psychoactives. S'absorber dans les chimères d'un écran et ingurgiter des drogues ont souvent le même but. Les jeunes concernés ne cherchent ni à expérimenter ni à explorer le monde sensible, ils veulent *se couper* des réalités et des contraintes. La fréquentation excessive, voire quasi exclusive, des réseaux sociaux sur l'Internet, aux dépens des relations interpersonnelles traditionnelles, traduit les mêmes errances qui marginalisent et paradoxalement contribuent à isoler les plus fragiles. D'autres jeunes gens, abusés par leur propre incarnation numérique, vont jusqu'à imaginer se faire offrir les services de la chirurgie esthétique pour obtenir physiquement les traits donnés à leur avatar, mêlant dangereusement réalité et virtualité au profit de la « reconstruction de leur propre image ».

Plus près de leurs appréhensions actuelles, beaucoup de parents craignent que le monde de l'*imaginaire en images* ne finisse par appauvrir l'imaginaire tout court, c'est-à-dire la sphère intime des représentations psychiques jusque-là traditionnellement nourrie par le conte oral, la lecture, la musique, l'approche des arts classiques. Que faut-il en penser ? Est-ce une période de transition avant un retour en force du symbolique dans les formes qu'on lui connaît, ou bien les prémices d'une mutation en profondeur de l'*Homo communicans* ? Impossible pour l'instant de le savoir. Mais pour moi une chose est sûre : contrairement à certaines idées reçues, les ados.com ne manquent pas d'imagination, comme l'attestent les œuvres présentées dans le présent livre.

D'une manière plus générale, les parents s'inquiètent du temps que consacre leur ado.com à « évoluer » sur son écran, au lieu de fréquenter ses camarades et de pratiquer avec eux des activités éducatives ou sportives impliquant les mouvements du corps. Ils craignent son abrutissement stérile et compulsif, semblant soudain réaliser que ces passions virtuelles font suite à l'imprégnation numérique de leur enfant depuis son plus jeune âge, lui qui a connu les principales étapes de l'histoire des consoles de jeux. Ce phénomène d'imprégnation précoce atteint d'ailleurs aujourd'hui des sommets – du fait du développement des technologies et des consommations de masse. Garçons et filles projettent de plus en plus tôt leurs besoins ludiques dans les jeux informatiques, reléguant les figurines soldatesques, les poupons roses et les poupées nymphettes au rang de doudous accompagnateurs. L'immersion numérique leur offre à la fois un terrain de jeux et un mode de projection personnelle et interactive. Ils sont rejoints en cela par nombre d'adultes en mal d'occupations ou d'investissements qui redeviennent de *grands enfants* en s'adonnant aux jeux vidéo et aux jeux de rôle.

Ces « plateaux » qui mettent en scène et réunissent en ligne les avatars des joueurs se caractérisent par la sollicitation principale de la *vue* et de l'*ouïe*, assortie aujourd'hui d'effets produits à partir des mouvements du corps, avec un souci croissant de rendu réaliste. L'objectif est évidemment de saturer les sensations des joueurs pour mieux les plonger dans l'activité proposée. Et, pour les placer au cœur de l'action, tous les jeux de simulation ou d'aventure disposent de la « vue subjective » – le *First-Person Shooter* (FPS) – qui permet d'avoir à l'écran le champ visuel du personnage incarné. L'intitulé du mode de projection suffit à comprendre que les jeux concernés consistent souvent à évoluer dans un univers hostile où le joueur doit *tirer sur tout ce qui bouge* à l'aide d'une arme à feu ou d'un lanceur quelconque. Les garçons en sont encore les principaux utilisateurs, mais le nombre de jeunes filles que ces jeux intéressent ne cesse de croître.

L'hyperstimulation sensorielle qui résulte de ces diverses immersions peut provoquer des crises d'épilepsie chez les jeunes gens fragilisés qui en abusent, mais elle a plus souvent pour conséquence quotidienne d'induire un état de surexcitation peu propice à l'endormissement lorsque l'activité a lieu en soirée. C'est un des problèmes majeurs que pose le « rythme numérique » adopté par les ados.com : en semaine, ils se couchent tard alors qu'ils doivent se lever tôt pour aller à l'école, ce qui réduit leur temps de sommeil à un moment où leurs besoins physiologiques augmentent, notamment en phase de croissance pubertaire. Qu'il s'agisse de la consultation tardive de leur page Facebook, de la correspondance SMS intensive à laquelle ils se livrent en soirée lorsqu'ils sont libres et que leurs forfaits sont alors illimités, ou de l'engagement de leur avatar dans une phase de jeu qu'ils ne peuvent pas quitter – toutes ces nouvelles « exigences » de l'ère numérique nécessitent de la part des parents des attitudes fermes pour éviter les débordements. Les priver de ces temps de détente serait évidemment excessif, mais il est indispensable qu'un cadre soit posé. L'ordinateur dans la chambre est très discutable en dessous de 16 ans, et tous les outils numériques sans exception doivent pouvoir « dormir », c'est-à-dire être *éteints*, à partir d'une certaine heure – 22 h 30 au plus tard en semaine, pour un collégien. Même la microchaîne hi-fi sophistiquée permettant de s'endormir en musique ? Oui, car contrairement à ce que l'on croit, il n'est pas sain de dormir dans une ambiance sonore qui maintient un certain niveau d'excitation.

Revenons aux avatars. Les ados.com s'en saisissent d'autant plus volontiers que les adultes les ayant en charge dénigrent ces emblèmes de la virtualité. Il y a de la contestation et de la provocation dans l'air à autoproduire un double à son image, au nez et à la barbe de ses parents – ces « pauvres géniteurs » qui n'y comprennent rien. L'avatar sort des doigts de l'adolescent. Il est sa propre émanation et il incarne une *marionnette (enfin) débarrassée de ses fils* qui revendiquent sa liberté, son autonomie, son aisance jusqu'à dépasser ses propres limites. Le succès mondial du film en relief 3D *Avatar* de James Cameron (2009) l'atteste. Nombre d'ados.com (et de jeunes adultes se reconnaissant comme tels) se sont sans doute retrouvés dans le portrait des Na'vis, ces indigènes humanoïdes qui vivaient en harmonie sur leur planète et communiquaient grâce à leur « natte-connexion », jusqu'à ce qu'ils soient aux prises des « adultes-Terriens » voulant les déplacer pour mieux exploiter leurs richesses.

Accueillant des ados.com en souffrance au centre Abadie, et voulant miser sur leurs ressources sans les en déposséder, pouvions-nous laisser de côté la création d'avatars numériques à leur image ? Nous avons au contraire décidé d'en faire un programme thérapeutique, avec un cadre et des objectifs précis. Je vais en présenter le contenu après un petit rappel historique destiné à fixer les idées.

L'arrivée des *Sims* sur la « planète ado »

En France, il faut attendre les années 2005 pour que le grand public découvre qu'une « vie virtuelle » est possible, en parallèle à la *vraie vie,* à travers l'évolution d'avatars numériques. Ces derniers peuvent dorénavant « sortir » de leurs disquettes de jeu pour se déplacer sur le Web, ce qu'illustre *Second Life,* développé et édité par la firme Linden Lab. Il s'agit d'un *metaverse* – anglicisme signifiant « monde virtuel 3D » – univers où a lieu le jeu de rôle en ligne et où s'échangent données et biens conservés même après déconnexion. Chaque utilisateur peut s'incarner à travers un avatar qui évolue et interagit avec les autres dans un monde persistant « à l'image du réel », enrichi par les « résidents » eux-mêmes. Et cela moyennant l'achat de domaines et objets, basé sur la circulation d'une monnaie virtuelle qui s'acquiert auprès de la « maison-mère » avec de l'argent bien réel. Le jeu est peu investi par les adolescents, sans doute en raison de cet aspect financier et peut-être parce qu'il ne répond pas assez directement à leurs attentes, à savoir exprimer et échanger rapidement pulsions, désirs et angoisses.

En revanche, un autre jeu interactif va faire fureur chez les ados.com. Sortis au début des années 2000 dans une première version peu diffusée, *Les Sims*[1] font une entrée mondiale retentissante en 2004 sous leur seconde version, et connaissent un succès immédiat chez les très jeunes adolescents – garçons comme filles, même si ces dernières sont largement majoritaires. Et en 2009, *Les Sims 3* améliorent encore le réalisme et la rapidité du jeu, avec des extensions ouvrant notamment à des métiers et des loisirs évolutifs.

1. Electronic Arts, Inc.

Création d'un avatar, capture d'écran du jeu *Les Sims 3*,
Yumi, centre Abadie.

Il s'agit d'un jeu « simulateur de vie » en 3D qui permet de créer et de gérer des avatars formant une famille ; ceux-ci évoluent dans un espace domestique observable à ciel ouvert et selon différentes perspectives. Cet intérieur est à composer, à l'instar de la « maison de poupées » qu'ont connue les fillettes jadis. Chaque Sim est défini au départ avec un prénom, un sexe, une couleur de peau, un signe astrologique censé influer sur son tempérament et une appartenance à un segment d'âge donné. Le visage, le corps et les vêtements du Sim peuvent être finement déterminés par des choix optionnels d'une grande richesse, tandis que sa personnalité est brossée à grands traits à l'aide d'une galerie plus restreinte de travers et penchants susceptibles de se mélanger et de constituer un mode d'être-au-monde.

Les personnages ont des besoins fondamentaux à satisfaire sous peine de mort. Le joueur peut leur faire subir bons ou mauvais traitements qui ont des conséquences observables. Lorsqu'il veut qu'ils aillent bien, il s'en occupe, les fait évoluer et s'agrandir dans tous les sens du terme, jusqu'à leur permettre de se reproduire et de créer une famille. Le lieu de résidence est situé dans un quartier de ville fictif où vivent d'autres familles prédéfinies ou créées par le joueur, et les interactions entre elles produisent des situations à gérer. Lorsque le joueur maltraite ses *Sims* ou qu'il les oblige à se livrer à des activités très dangereuses, la Mort incarnée sous la forme de la Faucheuse peut venir saisir les avatars et les transformer en fantômes. Il s'agit donc aussi de jouer avec les mystères du sexe et de la mort, ce qui explique le succès du jeu chez les 11-16 ans. Eux qui adorent les films d'horreur et de vampires trouvent dans les différentes versions du jeu matière à nouer ces mystères jusqu'à amener l'un de leurs Sims à avoir un bébé avec la Faucheuse !

Lorsque celle-ci arrive dans le foyer d'un Sim pour lui signifier sa fin, un coup de tonnerre la précède. Elle tient sa faux à la main, psalmodie quelques propos inintelligibles, et fait face au Sim. La tombe de ce dernier apparaît, d'abord translucide, avant de se matérialiser peu à peu. En même temps, le Sim quitte son enveloppe corporelle et se transforme en fantôme.

Apparition de la Faucheuse, capture d'écran du jeu *Les Sims 3*, Sabine K., centre Abadie.

Dans les forums et les tchats consacrés aux *Sims* sur Internet, interrogations, échanges de bons procédés et rumeurs vont bon train : « Sais-tu comment noyer ta famille ? », « Je ne parviens pas à électrocuter la femme enceinte, pouvez-vous m'aider ? », « As-tu réussi à sortir avec la Faucheuse ? », etc. Les échanges avec la Mort incarnée sont particulièrement recherchés. En témoigne l'extrait poétique suivant qui appartient à la page d'Athena69 parue dans la *Communauté des Sims 3* :

> « Bonsoir,
> Cela valait bien une capture d'écran, la Faucheuse qui reçoit une fleur de chrysanthème en échancre de la vie... Si c'est pas beau cette amour pour une fleure...
>
> 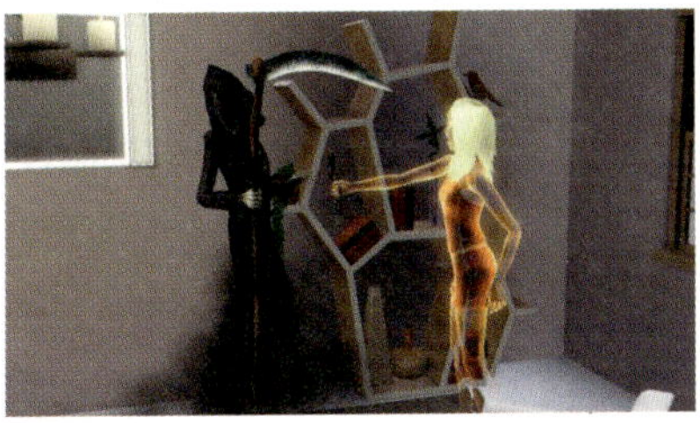
>
> Et surtout ce magnifique message de la Faucheuse après avoir pris la fleure...
>
> 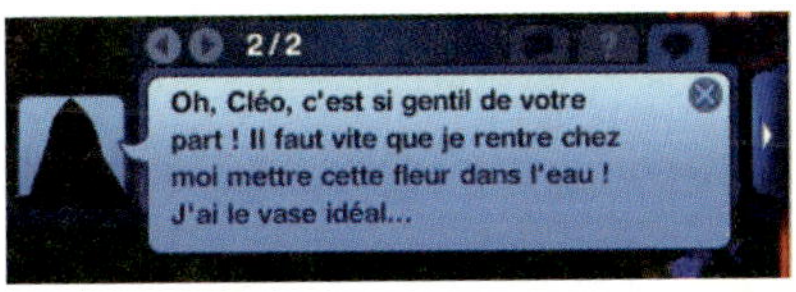
>
>
> Par contre je me demande à quoi peut bien ressembler le vase de la Faucheuse ! Après réflexion je n'ai pas tant que cela envie de savoir à quoi ce vase ressemble...
> Bonne soirée à vous,
> Athèna »

De tels échanges et contenus déconcertent de nombreux parents lorsqu'ils les découvrent, au hasard d'un écran d'ordinateur laissé « ouvert » par un ado.com étourdi. Beaucoup s'en inquiètent : ce type de jeu ne valorise-t-il pas les mauvais penchants ? Cela ne va-t-il pas leur donner des idées morbides ? Nos enfants sauront-ils toujours faire la part des choses entre réel et virtuel ? Ces questions méritent d'être posées, mais rien ne permet aujourd'hui d'affirmer que ces fantasmes illustrés sont plus toxiques que ceux produits par la lecture d'un conte de Grimm. Ce détour par l'image visuelle fait lui-même naître des représentations psychiques qui s'expriment par écrit dans ces tchats où les questions-réponses fusent, avec des fautes de frappe ou d'orthographe parfois de l'ordre du lapsus.

Les ados.com ne confondent pas ces jeux virtuels avec la réalité, pas plus que leurs aînés lorsqu'ils mimaient la mort en jouant aux cow-boys et aux Indiens. Soulignons d'ailleurs que les histoires contées oralement avec les effets requis joignant le geste à la parole, et les insistances idoines dans la forme et le ton, continuent à rencontrer beaucoup de succès chez les ados.com. Ceux-ci ne sont réfractaires ni au symbolique ni à la narration fictionnelle et, même si certaines limites sont devenues floues, les représentations qu'ils ont des articulations morales entre crimes et châtiments ne les distinguent pas franchement des trentenaires qui n'ont connu la révolution numérique qu'à la fin de l'adolescence.

La nouveauté surprend et dérange, mais pourquoi l'expérience des avatars ne donnerait-elle pas corps – donc *consistance* – aux horreurs à contenir dans toutes les têtes ? À condition de rester dans un cadre défini comme celui de la fiction, de telles productions, somme toute révélatrices de l'âme humaine, ne se rapprochent-elles pas de celles du

« La Faucheuse venant chercher sa proie » (*Les Sims*), Clotilde-la-hérissonne, centre Abadie.

cinéma ? Elles nous semblent en tout cas très différentes des images violentes dites d'information, livrées sans morale ni critique sur les écrans, comme autant de consommations à absorber. L'équipe du centre Abadie retient ce principe clé : utiliser l'imagerie numérique dans les soins, mais toujours placer l'adolescent en position de *producteur* et d'*acteur*, non de consommateur, puis échanger avec lui à propos de ses créations.

Un projet abadien en débat

Au centre Abadie, nos deux équipes réfléchissent à la mise en place d'un atelier de création d'avatars numériques qui compléterait les expériences engagées dans le domaine des autoreprésentations. Après avoir montré à quel point ils pouvaient mettre la main au dessin, à la pâte et au look pour s'afficher et exprimer leur souffrance, nous aimerions que les ados.com hospitalisés fassent de même à l'aide de cette « main numérique » qu'ils utilisent tant dans les jeux et les pages de Facebook. Nous voulons travailler avec eux différentes approches de l'image de soi, les mettre en perspective, créer ces effets de distance pouvant les amener à observer ce qu'ils donnent à voir d'eux-mêmes. Passer du réel au virtuel, et *vice versa*, nous semble également susceptible d'enrichir ces allers et retours entre sens propre et sens figuré auxquels nous accordons tant d'importance.

Nous ne sommes pas encore prêts à voir s'animer et interagir les avatars dans un décor virtuel, seconde partie du projet qui se réalisera en principe à l'été 2012, nous y reviendrons. Notre objectif est d'abord d'acquérir une solide expérience dans la conception des avatars, en permettant à nos patients de réaliser un double virtuel suffisamment ressemblant pour qu'il *reflète* au sens propre leurs préoccupations. Nous avons cependant du mal à nous mettre d'accord en équipe sur une procédure claire. Allons-nous autoriser tous les adolescents hospitalisés à installer un ordinateur dans leur chambre, alors que nous le déconseillons aux parents, et que nombre de nos patients se reconnaissent *addicts* aux pratiques informatiques ? Ne risque-t-on pas de valoriser la conception virtuelle au détriment des exercices manuels qui impliquent davantage le « travail de la chair » dans l'écriture, le dessin et les arts plastiques ? Les soignants s'estiment-ils suffisamment compétents en informatique pour encadrer une telle activité ? Faut-il d'ailleurs que celle-ci se fasse en individuel ou en groupe ?

Ces questionnements nous divisent. Seul le choix du logiciel *Les Sims* fait l'unanimité, tant il offre des options morphologiques détaillées. Beaucoup de jeux mettent en effet surtout l'accent sur le réalisme 3D des actions effectuées par l'avatar, davantage que sur les possibilités d'en faire un double à l'image de son créateur. Le choix des caractéristiques pour le créer est souvent sommaire ; il est même fréquent que le joueur soit explicitement invité à s'identifier à un champion célèbre ou à se représenter en être chimérique. Il s'agit avant tout de se projeter dans l'action et de se voir ainsi capable de réaliser – à travers les évolutions « lissées » de l'avatar – des performances que la vie quotidienne ou les possibilités ordinaires du joueur lui interdisent normalement. Quant aux jeux d'habillage type *Lady Dress* qui permettent de vêtir et de parer une « poupée numérique », ils ne s'appliquent qu'au look, non aux traits corporels.

Après bien des discussions, nous finissons tous par admettre que nos résistances tiennent plus du manque d'expérience de l'outil numérique que de l'approche elle-même qui relève parfaitement du domaine des autoreprésentations. Nous sommes parés pour nous lancer dans cette aventure. Et, comme avec les autres modes d'expression, nous indiquons aux patients que nous voulons mener cette exploration avec eux, et qu'ils auront fréquemment à jouer le rôle de guides dans les arcanes informatiques qu'ils connaissent mieux que nous. Leur engagement enthousiaste lève nos derniers doutes. À nous de définir le cadre et ses consignes, à eux de nous aider à faire tourner le programme.

Les premiers avatars du centre Abadie

À l'étage des jeunes suicidants, un ordinateur spécifiquement dévolu à cette activité est installé dans la grande salle de soins. Nous décidons que l'élaboration de chaque avatar s'effectuera en présence du soignant référent ; celui-ci donnera son point de vue, pour aider l'ado.com à se représenter le plus fidèlement possible. Accords et désaccords à ce sujet constitueront le contenu de l'entretien et l'image produite fera partie du dossier médical. Un jour viendra où les avatars pourront ensuite se promener dans le service, se réunir ou relever tel ou tel défi, mais nous n'en sommes pas là. Il s'agit pour l'instant d'amener chaque patient à produire son double numérique et à le vêtir, sous la forme d'un Sim.

Choix des yeux lors de la création de l'avatar numérique de Clémence, 16 ans (*Les Sims 3*).

Nous disposons un grand miroir derrière l'écran de l'ordinateur pour faciliter l'étude détaillée du reflet en buste. La séance ne doit pas excéder au total quatre-vingt-dix minutes. Après de multiples tâtonnements, la méthode que nous mettons en place divise le temps imparti en deux séquences de durée égale. La première consiste à définir les traits du visage en procédant élément par élément à partir de l'éventail de choix proposé par le jeu. Et, comme il existe non seulement une grande variété de nez, bouches, yeux, oreilles, chevelures, etc., mais aussi de nombreuses possibilités de retouche (couleur, longueur, largeur, épaisseur, etc.), l'épreuve est à la fois difficile et passionnante. L'adolescent doit se regarder dans le miroir, de face puis de trois quarts en cherchant à évaluer la forme exacte de tel ou tel élément de sa physionomie, avant d'en choisir un dans la galerie numérique qu'il peut faire défiler devant lui. Il discute son choix avec le soignant qui donne son avis, entérine la proposition ou en suggère une autre. Parfois l'écart est à ce point important entre les deux perceptions qu'il donne lieu à un compromis qui pourra être soumis à l'avis d'un autre soignant.

Au cours de la deuxième séquence, l'adolescent détermine de la même manière la morphologie de son avatar au plus près de ce qu'elle est en réalité, puis il se choisit un look et des parures proches des siens propres, avec là encore l'étayage et les commentaires du soignant. Cette épreuve d'autodétermination numérique sous le regard croisé du jeune créateur et de son assistant adulte, ne produit pas qu'un avatar. Elle donne à l'échange une atmosphère particulière où l'attention soutenue du duo concernant cet inventaire et sa transposition en image de synthèse fonctionne comme un acte de *double reconnaissance*. Le jeu relationnel qui s'établit alors, confronte l'observation directe des traits et des atours avec ce qu'en restituent le reflet du miroir et sa traduction en pixels sur l'écran de l'ordinateur. Du réel au virtuel, en passant par l'image réfléchie du sujet, cette opération de projections prend appui sur les échanges de regards et d'appréciations entre l'adolescent et le soignant. Elle crée les conditions d'une circulation entre focalisations et prises de distance qui se révèle non seulement *réflexive*, mais propice à la réflexion au sens du retour sur soi-même de la pensée. Et tandis que l'attitude corporelle de l'adolescent se détend au fil de la séance, le soignant constate que l'épreuve d'égocentration l'amène spontanément à parler de lui, de sa place dans la famille, de ses attentes et de ses craintes.

Les « adonnes » à l'aide

Prononcez « adonnes » (pour l'anglais *add-on,* « addiciel ») : il s'agit d'extensions qui enrichissent les versions de base des *Sims*. Certaines sont « officielles », conçues, diffusées et vendues par le fabricant, d'autres sont des productions « sauvages » d'internautes créatifs qui circulent sur le Web. Les « adonnes » permettent de trouver habillages, parures et accessoires absents des versions standard – les « skins » (de l'anglais *skin,* « peau ») –, mais elles ouvrent aussi de nouveaux espaces d'évolution. Depuis juin 2011, on peut voir sur Internet la bande-annonce de l'*add-on Sims 3 Generation*, assez tristement évocatrice du raccourci en images que l'on peut faire de la vie des ados.com : elle débute par une longue séquence « fiesta », où l'on voit des ados Sims danser et, parmi eux, l'un qui vomit debout, tandis qu'un autre le fait plus discrètement dans son coin ; puis on les retrouve tous endormis ou en train de cuver par terre en fin de soirée. Suit la séquence romantique intemporelle « coup de foudre » où deux Sims « tourtereaux » regardent ensemble les étoiles avant de s'amuser à se courir après dans la nuit, et de finir dans les bras l'un de l'autre. Quant à la séquence « sérieuse », elle consiste à les voir passer leurs diplômes et sortir de l'adolescence pour se marier et avoir des enfants... Un résumé sans doute réaliste, mais « hyperformaté », qui confond *vie rêvée* et *idéal,* et qui correspond au monde que nombre d'adultes laissent en représentations aux jeunes, sans aucune place pour l'imagination, les rêves de voyage et de découverte, les croyances et les échanges culturels et intergénérationnels.

Une « adonne » de cette nature est-elle une *extension* ou une *réduction* du monde sensible ? On ne peut que rapprocher le mot du verbe *(s')adonner* qui appartient au vocabulaire de l'addiction et qui renvoie davantage à l'enfermement qu'à la liberté. Les jeunes les plus « accros » à ce type de jeu passent des heures à surfer sur l'Internet à la recherche de nouvelles extensions. Certains de nos patients nous révèlent consacrer chaque soir jusqu'à cinq heures à faire évoluer leurs familles d'avatars. Retranchés dans leur chambre et donc coupés de leur *vraie famille*, ils se plongent dans ces vies virtuelles pour échapper à la réalité. C'est cet excès qui constitue le fond du problème. De la même manière qu'ils ne boivent pas en soirée pour s'amuser mais pour se déchirer, ces ados.com en souffrance misent sur la fuite et l'oubli pour tenter d'échapper à leurs angoisses. Assoiffés d'affection, de tendresse et de reconnaissance, ils s'abreuvent de ces rêveries éveillées en images qui les font évoluer dans des environnements enchanteurs. Et, lorsque la frustration et l'agressivité se font trop pressantes, ils mettent leurs avatars en fâcheuse posture, convoquent la Faucheuse pour les « punir » de ce bonheur dont eux sont privés, ou changent carrément de jeu pour aller tirer tout ce qui bouge dans un *space-game* ultraviolent.

Au centre Abadie, nos patients finissent par nous convaincre de pouvoir utiliser des *add-on* à des fins plus productives : les autoreprésentations obtenues avec la version de base des *Sims* ne sont pas assez réalistes. Fatma, 16 ans, *alias* Siska33, a besoin de telles *add-on* glanées sur Internet pour s'autoreprésenter, dit-elle « de la façon la plus ressemblante possible, avec mes désirs et mes soucis ». Elle a retravaillé son portrait-Sim avec un autre logiciel pour orner son avatar de piercings et d'un tatouage du cou, fantaisies inenvisageables par son père qu'elle décrit comme « très sévère, voulant élever ses enfants dans le droit chemin ». Elle s'étonne de cette position de refus chez un homme d'origine kabyle, donc théoriquement coutumier des marquages corporels tribaux. En conséquence, elle a ajouté une « larme d'incompréhension » pour exprimer ses désirs et espère lui prouver que ces parures ne la défigureraient pas.

« Mon avatar »,
autoportrait de Siska33, centre Abadie.

Le luxe de détails avec lequel chaque avatar peut être ainsi créé, « travaillé », habillé et paré rend la ressemblance sinon criante, du moins très approchante. Et, du fait du succès du jeu, les extensions en circulation sur Internet offrent au look les dernières tendances du moment. Seules limites très paradoxales dans un jeu où il est possible d'exercer une grande violence à l'encontre des personnages, et ce jusqu'à leur mort, on ne peut pas créer un avatar d'adolescent sans lui adjoindre un parent, et certaines « exagérations » de l'apparence sont impossibles à reproduire. C'est le cas des expressions de la physionomie, de l'état de la peau et de la corpulence de l'avatar. Impossible, en l'occurrence, de figurer la rage ou le désespoir, d'inclure des blessures « gore » relevant de l'automutilation, ou de rendre l'avatar énorme ou à l'inverse d'une maigreur effrayante. D'où la multiplication des *add-on* « sauvages » pour combler ces manques résultant d'un « bridage » délibéré du fabricant. Ce parti pris d'autocensure s'explique par les risques encourus de procès pour incitation à la violence. Il faut dire qu'aux États-Unis, pays de naissance des *Sims*, les associations de protection de l'enfance assurent une veille vigilante ; et tandis que les jeux vidéo de combat semblent pouvoir restituer sans ennui et avec une crudité inouïe les coups et blessures que s'infligent les combattants, tout logiciel ludique qui permettrait l'incarnation de l'automutilation ou d'une autre violence auto-infligée serait accusé d'encourager l'autodestruction et condamné comme tel. On tolère curieusement l'image de la brutalité, voire de la sauvagerie *contre autrui*, mais pas celle de la violence exercée contre soi-même.

Pour réaliser leurs autoportraits numériques avec les tenues, parures et accessoires *ad hoc*, nous décidons d'autoriser les jeunes patients du centre Abadie à utiliser *add-on* et logiciels de retouche, mais nous interdisons les figurations « gore » pour l'instant.

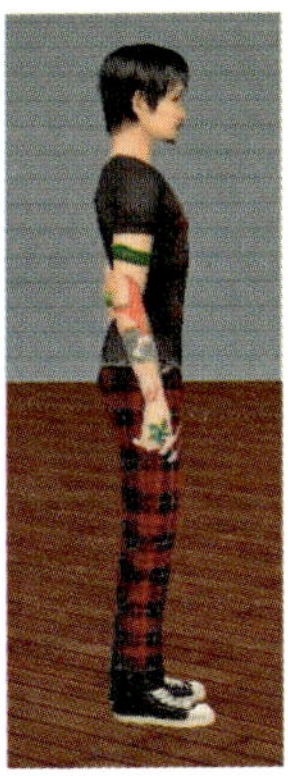

Avatar de Fred, 16 ans,
avec ses tatouages rêvés,
atelier du centre Abadie.

Avatar de Fiona, 15 ans,
en tenue punk,
atelier du centre Abadie.

Un avatar révélateur

Centre Abadie, dimanche, 17 heures. Clémence, 16 ans, hospitalisée depuis dix jours après une TS, vient de raccompagner son père venu en visite. Ils ont enfin pu parler hors de la présence de Sonia – la belle-mère, restée sur le parking avec Maxime, le demi-frère âgé de 4 ans. C'était l'accord qu'ils avaient passé : il monterait, seul, la voir. À sa sortie, peut-être dans une quinzaine de jours, Clémence ira vivre chez sa mère, puisqu'elles se sont réconciliées. Et il n'y aura plus de crise avec cette belle-mère que l'adolescente ne supporte pas. Elle adore Maxime qu'elle voudrait élever avec son père, mais elle déteste Sonia.

Par la fenêtre, Clémence fait de grands signes à son petit frère pour lui dire au revoir, elle est souriante, elle a l'air détendue. Elle met un peu d'ordre dans sa chambre et s'adresse à une infirmière en lui demandant si elle peut « refaire son avatar ». Trois jours auparavant, elle avait mis brutalement un terme à la première séance consacrée à la représentation du visage. « J'ai des yeux horribles, on dirait une sorcière ! », avait-elle hurlé avant de quitter la salle d'entretien en claquant la porte. Puis elle s'était effondrée en larmes dans le couloir et était revenue s'excuser en disant à la soignante qu'elle n'y arriverait pas, qu'elle était « trop nulle et trop moche ». En cette fin d'après-midi dominicale, l'infirmière fait observer à Clémence que cette demande soudaine mérite réflexion, compte tenu de ce qui s'est déjà passé. Elle invite l'adolescente à coucher sur une feuille de papier, en deux colonnes, les bonnes et les mauvaises raisons qu'elle pourrait avoir d'effectuer ce travail un peu « à l'arrache » – selon l'expression que Clémence utilise à tout propos. Elles feront le point en soirée, et la jeune fille aura à en parler à son psychiatre référent qu'elle voit le lendemain matin pour savoir s'il l'autorise ou non à refaire son avatar numérique.

Clémence est considérée par l'équipe comme une jeune fille très fragile. Elle arbore sur l'avant-bras gauche des scarifications formant en lettres bâtons le mot « DEATH » et sur le ventre des gravures cutanées de même nature composant les trois chiffres « 666 » – le signe satanique. Un poupon égorgé et peint en rouge a été sa première autoreprésentation, une figuration tellement saisissante que nous n'avons jamais pu l'exposer. « C'est moi, ce que j'aurais dû être, avait-elle indiqué. Le petit garçon que ma mère a perdu à six mois de grossesse. Je me serais appelé Sébastien, paraît-il. Ma mère a voulu m'appeler Clémence parce que j'étais selon elle un don du ciel après un truc pareil. Tu parles ! Une tarée, oui, moche et qui ne sait rien faire de ses dix doigts. » En pâte à modeler, justement, l'adolescente s'est représentée « en boudin marron pour dire qui elle est vraiment ». Sans commentaires. Son malêtre semble profond, elle est en observation et va bientôt passer des tests avec la psychologue du service. Son psychiatre référent l'avait laissé faire son avatar numérique, parce qu'elle s'était montrée particulièrement insistante, mais il avait demandé aux soignants de rester très prudents et réservés lors de la passation de l'épreuve.

Centre Abadie, mardi, 15 heures. Clémence a convaincu l'équipe qu'elle était prête à faire un « deuxième essai ». Elle est beaucoup plus calme depuis deux jours et a très bien supporté le différé que lui a imposé le psychiatre. Personne ici ne veut laisser une patiente en situation d'échec, mais il n'est pas question de la mettre en difficulté, lui a-t-on dit en substance. Nous avons décidé que l'infirmière présente serait celle qui a participé à la première séance interrompue. Elle invite Clémence à s'installer devant l'ordinateur et le miroir, en lui rappelant qu'elle ne doit pas hésiter à solliciter de l'aide si elle n'arrive pas à produire ce qu'elle veut exprimer, et qu'elle peut interrompre l'épreuve à tout moment. Clémence est d'accord. Elle passe à nouveau beaucoup de temps à choisir les yeux, s'appesantit sur le nez qu'elle « avait complètement raté la première fois », affine ses traits. L'autoportrait est à la fois plus réussi et plus ressemblant. Mais l'adolescente bute aujourd'hui sur le choix de la coiffure. Aucune ne correspond à la sienne dans la galerie optionnelle des *Sims*. Une faiblesse de ce jeu, selon plusieurs patients : on ne peut pas retoucher la chevelure pour la rendre plus proche de la réalité. Clémence s'agite un peu, s'apercevant que le temps imparti à la séance est écoulé. Elle finit par attribuer une coupe courte à son avatar, une coiffure qu'elle rêverait d'avoir si elle ne tenait pas autant à ses cheveux. Elle commente ses hésitations : « J'ai l'impression de me noyer dans tous mes choix », puis elle ajoute qu'elle éprouve souvent l'impression d'être « débordée » lorsqu'elle est confrontée à plusieurs options. « En fait, je me noie de l'intérieur », déclare-t-elle. Elle associe sur un cauchemar qu'elle a fait avant-hier et dans lequel elle suffoquait après être tombée dans un trou noir. Elle se demande ce que cela peut vouloir dire en psychanalyse. La soignante lui indique que les rêves résistent souvent aux interprétations, et que des sensations physiques se produisant pendant le sommeil, comme une contraction du diaphragme par exemple, peuvent amener le cerveau à émettre ce type de ressenti comportant une chute et une suffocation. L'infirmière l'invite cependant à poser la question à son psychiatre référent la prochaine fois qu'elle le verra. Le temps de la séance est maintenant écoulé. L'infirmière met un terme à la rencontre sur ce constat : Clémence *doute de ses choix en permanence*. Comment peut-on l'aider à avoir davantage confiance en elle ? Telle est la question posée. Elles se reverront un peu plus tard pour en discuter.

Il faudra trois séances à Clémence pour obtenir un avatar qui lui convient. Elle parlera de « renaissance » et s'en tiendra à ce second autoportrait, sans vouloir le retoucher pour le rendre plus réaliste. « Il me va comme ça, estime-t-elle. Je m'accepte en fille, mais il ne faudrait pas grand-chose pour que je transforme mon avatar en garçon, mon double secret. » Réputée impulsive, la jeune fille se montrera étonnamment capable de se maîtriser pendant le reste de son séjour. Et elle quittera le service en s'engageant à être suivie en ambulatoire par son psychiatre référent.

Second autoportrait de Clémence,
16 ans (*Les Sims*), centre Abadie.

L'atelier de création des avatars numériques a dorénavant sa place parmi nos outils thérapeutiques chez les jeunes suicidants. Il n'élimine pas les autres modes de représentation, il les complète. Et l'on s'aperçoit, à l'instar du cas de Clémence, que c'est l'ensemble des différents *jeux de correspondance* qui « parle » des traumatismes et des angoisses de l'ado.com qui va mal. Observons, avec notre regard de psy, comment les productions de cette adolescente transposent ses souffrances, puis facilitent leur mise en mots rendant inutiles les éclats de voix et les altercations avec ses proches. Lorsque Clémence s'autoreprésente sous la forme d'un poupon sacrifié, on peut y voir une figuration de l'enfant qu'a perdu sa mère avant sa naissance, ce frère aîné que la jeune fille s'est sentie à la fois forcée et incapable de *remplacer* – croyance active qui, à tort ou à raison, contribue à l'effondrement de l'estime qu'elle a d'elle-même. Mais s'incarner en « bébé mort », c'est aussi signifier une autre *impossibilité*, celle du désir inconscient d'avoir un enfant de son père, alors que la jeune fille est en pleine rivalité œdipienne avec sa belle-mère. On peut encore y voir une incarnation morbide qui concentre d'inavouables pulsions meurtrières à l'encontre de son demi-frère sous l'effet de la jalousie (masquées par beaucoup d'égards, quoique comportant un « au revoir » ambigu), tout en exprimant sa propre incapacité à trouver sa juste place entre son père et sa belle-mère. L'autodépréciation est à ce point importante que Clémence se représente en étron. Jusque-là, le matériel utilisé appartient, si l'on ose dire, au registre infantile. La création de son avatar va déplacer sa position et donc son angle de vue, en lui donnant le pouvoir de la conception. Et Clémence ne peut s'en saisir qu'en répétant, à son insu, l'histoire de sa mère. Cette jeune fille qui se vit comme la « remplaçante ratée » de son frère, une sorte de monstre née à la place du mort, n'est pas loin de se considérer elle-même comme une œuvre diabolique. C'est le signe de Satan qu'elle s'est scarifié sur le ventre, et c'est aussi un bien étrange regard qui semble la dévisager lorsqu'elle donne vie à son avatar : les yeux du démon, ou le reflet des siens en sorcière démoniaque. On pense au film fantastique *Rosemary's Baby* de Roman

Polanski (1968) dans lequel l'héroïne donne naissance à un enfant du diable. Clémence est-elle un *don du ciel* comme sa mère le prétend, ou plutôt un suppôt de l'enfer ? Son indécision résonne comme une peur de basculer du mauvais côté. Et l'interruption de la séance, de même que le « trou noir suffocant » de son cauchemar, semble figurer un « accouchement avorté ».

Toutes ces interprétations restent bien entendu des hypothèses de travail destinées à éclairer le parcours thérapeutique. Et il n'est pas question de les assener à la jeune fille. Ce travail de représentations produit de toute évidence une élaboration psychique qui donne du sens à son mal-être. Le résultat est incontestable : Clémence se sent beaucoup mieux depuis qu'elle a pu donner des formes à sa souffrance.

La recette des âmes en peine : faire fondre son avatar

À l'étage des jeunes anorexiques, les patientes accueillent l'offre d'un atelier « avatars numériques » avec autant de fraîcheur que lorsque nous voulions les faire s'autoreprésenter en mettant la main à la pâte à modeler. La manipulation virtuelle n'a pourtant rien de charnel, alors pourquoi une telle réserve ? La plupart des jeunes filles se contentent de dire poliment que les jeux vidéo ne les intéressent pas. Seules les boulimiques semblent bien connaître les *Sims*, rejoignant en cela les jeunes suicidaires dont elles sont finalement assez proches, à travers la fuite et les diverses conduites de rupture qu'elles partagent – fugues, ivresses, automutilations, TS... Les autres patientes prennent un air blasé, certaines reconnaissant y avoir joué lorsqu'elles étaient très jeunes, mais laissant entendre que ce n'est plus de leur âge. Un comble de la part de jeunes filles qui dorment avec peluches et doudous, et qui ont même du mal à se séparer de leur « mounak » – cette poupée de chiffon à leur image qu'elles ont réalisée à partir de leur Petite Silhouette.

Nous mettons néanmoins en place, à l'essai, l'atelier de création des avatars à partir du jeu *Les Sims*. Quelques jours plus tard, lors d'une réunion soignants-soignés, les patientes nous informent que l'usage de ce logiciel leur pose un problème : le bridage d'origine du jeu empêche d'obtenir un avatar suffisamment maigre pour être jugé ressemblant, et aucune *add-on* ne permet d'« affiner » l'image 3D obtenue. À l'instar des différentes phases de réalisation de l'atelier de morpho-pictographie, les patientes souhaitent pouvoir « travailler » leur autoportrait virtuel en deux étapes : d'abord, créer un Sim en tant que « forme » de départ, puis pouvoir recourir au célèbre logiciel de retouche Photoshop pour faire fondre leur avatar. Leur chef de projet : un certain Alexis, 16 ans, *geek* respecté dans le petit monde abadien – un des rares jeunes hommes hospitalisés pour anorexie mentale.

Base Sim de l'autoportrait d'Alexis.

Autoportrait final d'Alexis.

Nous acceptons ces règles techniques et y trouvons un intérêt clinique majeur : mieux qu'en paroles, les jeunes anorexiques peuvent ainsi exprimer *de visu* à quels endroits du corps elles se veulent maigres, sous peine de se voir énormes et de ne pas supporter cet état. Les filles comme les garçons concernés ne cherchent pas seulement à effacer les formes évocatrices des attributs du corps sexué – rejet destiné, on l'a vu, à rester « petit(e)s » à l'ombre du giron familial. L'épure s'attaque aux bras et aux cuisses pour y faire disparaître toute vision du « gras », synonyme d'acceptation du *commerce des chairs* – l'insoutenable « légèreté » de l'être, selon le point de vue des âmes en peine.

Et, précisément pour *tenir* et se *soutenir*, les jeunes anorexiques se raccrochent au squelette, l'ossature qui, au sens propre, assure l'étayage et le soutien des « chairs

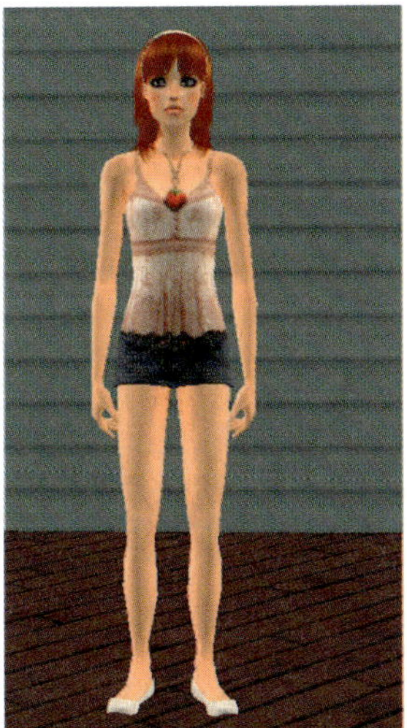

Autoportrait final de Priscilla,
15 ans, centre Abadie.

molles » – ces représentations de la faiblesse humaine et du manque de volonté. Chez nos patientes très amaigries, s'exposer en « squelettes ambulants », nous l'avons dit, n'a pas seulement pour but de maîtriser le regard d'autrui en lui infligeant une figuration de la mort. C'est un besoin d'étayage « en dur » pour pallier le manque insondable de confiance en soi qui donne ce vécu de vide intérieur qu'aucune nourriture matérielle ne peut venir combler. Attachées à « faire parler » les os, nos patientes regrettent que nous ne disposions pas d'un logiciel permettant de faire bouger leur squelette. « Voir les os s'animer, disent-elles, c'est comme pouvoir les palper sous la peau, ça nous rassure, l'os est bien là. » Une demande incroyable dont va se saisir Ève, une de nos patientes étudiante en conception graphique 3D, pour mettre en images le *jeu des clavicules*, à travers un court métrage vidéo de sa composition où l'on voit « jouer les os » sur un buste de jeune homme lorsqu'il se met en mouvements.

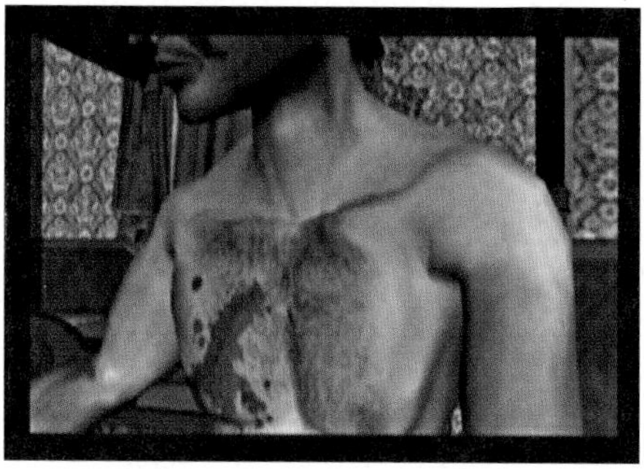

« Le jeu des clavicules », capture d'écran de l'animation vidéo d'un avatar numérique, œuvre d'Ève B., centre Abadie.

À la demande de ses camarades, Ève accepte de piloter un projet de création d'un logiciel expérimental permettant d'animer des avatars 3D réalistes, personnalisés à l'image de chacun, et « laissant voir le principal : la danse des os sous la peau ». Le titre du programme est trouvé, ce sera « Danse avec les os ». Il est aujourd'hui en cours d'élaboration graphique.

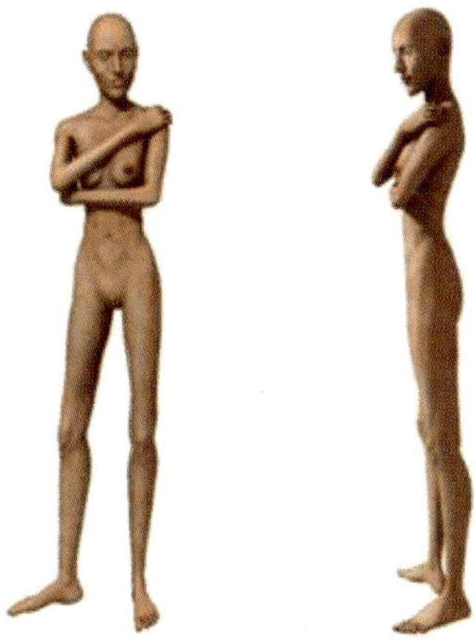

Avatars prototypes du projet « Danse avec les os », Ève B., centre Abadie.

Devenir acteur de ses émotions

L'unité pour troubles des conduites alimentaires a bénéficié d'une reconfiguration complète en 2008 pour répondre à nos besoins, grâce au soutien de la Fondation Hôpitaux de Paris-Hôpitaux de France présidée par Mme Chirac. L'unité pour adolescents suicidants a presque vingt ans. Le temps de sa rénovation architecturale est venu. Et, avec elle, l'adaptation des locaux à nos nouveaux outils thérapeutiques, grâce au même soutien. Le programme s'intitule « Des images pour la vie ». La Fondation prend en charge la moitié du financement des travaux, le CHU de Bordeaux assumant le reste. Les travaux débutent fin 2011 et se termineront en juin 2012.

Il s'agit de faciliter l'utilisation de nos outils de soins et de leur offrir les espaces qu'ils méritent. Si la création d'autoreprésentations en dessins, doudous, mounaks et figurines de pâte à modeler ne nécessite pas d'autres locaux qu'une grande salle de réalisation assortie de moyens d'exposition et d'un lieu de stockage des œuvres produites, impossible de ne pas disposer d'écrans géants disséminés aux quatre coins de l'unité, pour « accueillir » les avatars des patients, les voir évoluer au cours du séjour et, pourquoi pas les faire se réunir. L'évolution du patient et de son avatar constituera un aspect important de notre programme. Allons-nous créer un centre Abadie virtuel ? Nous ne savons pas exactement encore ce que nous allons faire. Notre souhait est d'introduire l'animation de ces avatars numériques pour les mettre en situation dans des milieux prédéfinis, et à partir de cela, d'organiser entretiens et groupes soignants-soignés pour en parler. Nous étudions ce que font certaines équipes nord-américaines dans le domaine des environnements virtuels réalistes où peuvent évoluer des avatars-patients qui apprennent à lutter contre les angoisses et les phobies.

Nous sommes donc déjà « en travaux » dans nos têtes, avec une conviction qui ne cesse de se densifier : la réalité virtuelle ne pourra en aucun cas se suffire à elle-même. Les écrans n'élimineront aucunement les salles d'entretien, et même le vaste espace que nous utilisons aujourd'hui pour les groupes de parole devra continuer à accueillir patients et soignants. Nous savons également que nous devrons disposer d'une petite scène de théâtre pour de vraies *mises en représentation*. La vraie limite entre le « théâtre numérique » et le *spectacle vivant* se trouve en effet au niveau de la saisie et du partage des mouvements affectifs : malgré le progrès des techniques, les émotions exprimées virtuellement n'ont pas la puissance et le réalisme de celles produites sur une scène et ressenties par le public. Les situations vécues en chair et en os, comme les concerts de musique *live* et les panoramas admirés *de visu*, résistent encore aux pixels. Pour avoir participé à plusieurs émissions télévisées, je me souviens personnellement d'avoir perçu et partagé, en plateau, la tension et le trac des autres invités, et de constater ensuite à ma grande surprise que ces expressions disparaissaient totalement au visionnage de la séquence. Cet effet de gommage des affects n'est pas seulement dû au fond de teint couvrant le visage des participants afin d'améliorer le rendu des couleurs à l'écran. Le mode de capture et de restitution des images abrase, lisse, épure ces imperceptibles mouvements affectifs que la « présence réelle » détecte parfaitement. Hormis la taille de l'écran et la dimension du lieu de projection, c'est peut-être aussi la *présence* d'un public qui distingue une salle de cinéma d'un *home cinema* de salon.

Pour en revenir à nos patients, il ne s'agit pas de les faire « s'exprimer » sans envisager un retour leur permettant de « saisir » ce qu'ils ont produit, y compris à travers le ressenti des tiers qui ont reçu l'« émission ». Je pense à l'image du sonar : une onde est émise qui, dès qu'elle rencontre un obstacle, fait retour sur l'émetteur, permettant d'établir une distance et une forme. Notre expérience montre qu'il y a toujours, dans la pratique de l'autoportrait ou de l'avatar, nécessité de *faire retour sur le sujet*. Il faut un « retour charnel », un retour sur l'incarnation réelle de l'adolescent, assorti de commentaires et d'échanges. Sinon le risque est grand que cette projection demeure un simple dédoublement et, partant, une voie sans issue sur le plan thérapeutique. C'est la raison pour laquelle nous prévoyons, dans notre nouveau dispositif, une véritable scène de théâtre : la mise en représentation ne saurait se réduire à la production d'images, aussi animées soient-elles. Nous voulons mettre l'ado.com *en situation*, comme on le dirait d'un artiste jouant son rôle. Une fois qu'il aura réalisé son avatar, et après l'avoir fait évoluer dans tous les sens du terme, l'adolescent ira incarner ce personnage sur scène. Il s'agit bien ici de se réapproprier un rôle d'*acteur*, ce que réclament nos ados.com en souffrance qui agissent et se donnent à voir plus qu'ils ne parlent. Nous donnerons alors véritablement « corps » au projet de l'adolescent suicidaire ou anorexique : celui d'exister et de renaître autrement. Inspirés des arts plastiques et des techniques du psychodrame, nos outils de projection renouent avec un principe vieux comme le monde : pour être entendus et compris, les discours ont besoin d'être relayés, illustrés, magnifiés par des *actes* artistiques réunissant un lieu d'expression, un temps, un support ou un type de jeu, et un public.

Un dernier point mérite un commentaire : même si au fond nous n'inventons rien qui n'appartienne déjà à l'histoire de la culture, cette souplesse adaptative que les ados.com nous forcent à « cultiver » dans les soins, nécessite entre nous une *croyance partagée* – celle de mieux les soigner en *accordant* nos méthodes à leurs ressources qui sont, on l'a vu, d'une richesse souvent insoupçonnée. « Accorder » – comme on le dirait d'instruments de musique destinés *à jouer ensemble* – plutôt que chercher à imposer à ces ados une partition dans laquelle ils n'auraient aucun espace de jeu. Et favoriser la mise en mots de ce qui est mis en scène. Avec, pour « discutants » de cette dialectique dans un cadre défini, les soignants, et pour étayage identitaire, le groupe des semblables. Sans oublier les parents qui font d'autant plus alliance avec nos équipes qu'ils ne sont pas disqualifiés ou « maltraités ». Nous observons d'ailleurs qu'eux aussi ont besoin de supports *pour se dire,* au-delà des groupes de parole et des prises en charge familiales. Mes collaboratrices ont créé à cet effet un atelier intitulé « L'Air de famille[1] » qui met en représentation et en mouvement la traditionnelle figuration du génogramme et qui suscite un intérêt croissant. Il s'agit en somme de redonner aux métaphores toutes leurs lettres de noblesse dans des actes thérapeutiques que le scientisme ambiant propre à notre modernité croit rendre inutiles ou illusoires. Rejouons-nous, ce faisant, une énième querelle des anciens contre les modernes ? Tel n'est pas notre objectif, et l'intérêt que nous portons aux outils numériques en est une preuve. Mais force est de constater qu'avec ces nouvelles méthodes « projectives » nous parvenons à soigner des ados.com en grande souffrance, sans les enfermer ni les abrutir de médicaments psychotropes. Tous ? malheureusement non. Mais huit adolescents sur dix quittent nos services avec l'envie de poursuivre un travail sur eux-mêmes, et la plupart des autres ne sortent pas fâchés avec la psychiatrie.

1. Christine Menneron, Marie-Pierre Luzès, « L'atelier "L'Air de famille" : un espace, un temps, une mise en œuvre de la représentation des liens pour un génogramme en mouvement », *Dialogue. Recherche sur le couple et la famille,* 4e trimestre 2010, p. 67-80.

Conclusion

Je les ai appelés « ados.com » – les *enfants de la com'* –, parce qu'ils savent se mettre en valeur à travers leur apparence, et surfer avec les textes et les images numériques qu'ils consultent et se transmettent de façon quasi permanente. Ils ne sont pas les seuls à vouloir *être en communication*. Une « com' d'enfer » anime les protagonistes de la scène familiale, sauf qu'elle confine souvent au « dialogue de sourds ». Lorsque les parents disent vouloir communiquer avec leur adolescent, ils entendent évidemment « parler, échanger » avec lui, mais ils n'ont pas toujours conscience que c'est aussi pour le contrôler, le convaincre d'adopter leurs vues, d'adhérer à leurs principes, d'accepter leurs règles. L'adolescent, lui, s'efforce de s'exprimer en images. Et, lorsqu'il veut lui-même communiquer, c'est avec ses pairs, à l'aide des moyens modernes d'échange faisant partie de l'attirail numérique – portable, ordinateur, Internet. Né avec l'avènement du pixel, l'ado.com est familier de ces nouvelles technologies. Ses parents le sont moins, mais ils font tout pour s'y mettre, et beaucoup veulent dorénavant « communiquer » avec leur ado par téléphone mobile, SMS ou tchat. Dans quel but ? Savoir où il est, ce qu'il fait, à quelle heure il rentre, combien il a eu à son dernier devoir, bref, ne laisser échapper aucune « info » le concernant. Leur objectif est de maintenir le contact, de rester *en lien* pour ne pas le lâcher, sans réaliser qu'ils sont alors davantage dans la maîtrise que dans l'ouverture. Quant à l'ado.com, il joue avec eux pour s'y dérober, répondeur et messagerie aidant, cherchant continuellement à se brancher avec ses semblables.

Et tandis que la *différence des générations* s'efface comme jamais, et avec elle la tolérance à l'absence et au différé de chaque côté, parents et ados se disputent ou se poursuivent autour du Net. Comble des paradoxes, ces incessantes parties de cache-cache ou de course-poursuite ne leur permettent pas de vraiment se situer, alors qu'ils disposent les uns et les autres de moyens de géolocalisation et de capture d'images proprement extraordinaires. Ils sont dans le flou, connectés sans fil par un équivalent de « cordon ombilical » qui serait anormalement resté en place. Cette trop grande « proximité » à la fois flottante et ubiquitaire n'est pas une bonne chose. Les *limites* manquent à l'appel, celles dont nous avons rappelé dès l'avant-propos la fonction essentielle d'*entre-deux*, à même de ménager des espaces de confrontation qui doivent dépasser les seules négociations au sujet des forfaits, des accès, des « emprunts » de tenue vestimentaire et des moments où chacun est censé être joignable.

Du côté des parents, il y a urgence à admettre que le look et les postures de l'ado.com « parlent » : l'écart cherche l'entre-deux, donc le compromis ; la rupture et le hérissement excessif sont signes de souffrance, imposant l'avis d'un spécialiste. Il faut donc « écouter » ce que l'ado donne à voir, ne pas le juger, ni le dévaloriser, encore moins se moquer de ses accoutrements. Prendre en compte le contexte, chercher à en percevoir les mises en lumière et les zones d'ombre en naviguant du sens propre au figuré. Que s'acharne-t-il à *dire* à travers ces tenues provocantes qui gênent jusqu'à sa fratrie ? À quelles figurations renvoient-elles ? Pourquoi sont-elles aussi dérangeantes ? Il ne faut jamais hésiter à demander l'avis d'un tiers lorsqu'on ne sait pas quoi en penser. Les parents ont souvent, eux aussi, tendance à l'exagération dans un sens ou dans un autre : soit ils banalisent ce qui devrait normalement susciter des inquiétudes, soit ils dramatisent une situation qui ne le mérite pas. La précocité de l'ado.com n'arrange rien, bouleversant les repères à un moment où les parents ne sont pas encore prêts à tenir leur place sur la crête des limites. Ils n'ont pas vu le temps passer et se font surprendre par l'orage adolescent qui menace. L'oncle, la tante, le voisin ou l'ami peuvent donner un point de vue les aidant à prendre du recul, ce qui leur permet de relativiser ou au contraire de s'interroger avant qu'il ne soit trop tard. Les tenues qui fâchent, les demandes de piercing ou de tatouage, les attitudes apparemment « antisociales » doivent être évaluées en regard de la norme que ces intervenants « extérieurs » sont susceptibles de rappeler, car il y a en effet des réponses à moduler en fonction de l'âge, des lieux de fréquentation, de la mode, des risques encourus, etc. Cet élargissement du champ de vision est généralement salutaire, car il permet la réouverture du dialogue parents-ado jusque-là impossible. À charge, côté parents, d'expliquer leur propre position et de définir des règles claires que l'ado peut entendre. Exemple ? À une demande de tatouage émanant d'un jeune à peine âgé de 16 ans, les parents peuvent répondre qu'il fera ce qu'il voudra une fois majeur, mais qu'en attendant ils ont la responsabilité légale de « sa peau » et ne sont pas d'accord pour assumer ce type de marquage cutané indélébile qu'il regrettera peut-être (voire leur reprochera) des années plus tard, à l'âge adulte.

Les usages des nouvelles technologies constituent un autre sujet de tensions familiales. Débarrassons-nous d'abord d'un faux débat : à la maison, faut-il résister aux pixels en retardant l'entrée des outils correspondants, censés nuire au « bon développement » des enfants ? La réponse est formellement non. Les parents qui s'opposent à toute *ouverture numérique*, sur l'air d'« On faisait très bien *sans*, de notre temps », se trompent lourdement. Les temps changent, les pratiques aussi. Eux ont connu les différentes étapes de l'histoire de la télévision et du téléphone, et ils ne se privent pas de les utiliser. Les ados sont les grands témoins de l'époque à laquelle ils appartiennent. Aujourd'hui, c'est aux parents de se mettre à la page numérique, non aux ados d'être obligés de revenir aux pratiques anciennes. Si l'ado.com s'y intéresse, tant mieux, un regard sur le passé est toujours profitable, mais laissons-le se pencher tranquillement tout seul et avec nostalgie sur nos « vieilleries » qui, en l'occurrence, relèvent des courants musicaux des années 1970-1980, des émissions et séries télévisées désuètes, des sonneries tintinnabulantes des vieux récepteurs à cadran, etc. Cela dit, l'attitude fermée des parents face à toute « nouveauté » investie par l'ado.com n'est pas recommandée, mais le copinage non plus. « Ni trop loin ni trop près », devrait être leur slogan.

Que doivent-ils éviter ? En termes de fermeture, de se montrer hostiles à ses besoins numériques, étant entendu qu'il ne s'agit pas de l'équiper du dernier mobile ou ordinateur qu'eux-mêmes ne sont pas en mesure de s'offrir ! Et que le temps que l'ado passe sur un jeu vidéo ou « en ligne » pour discuter et s'amuser avec ses amis, doit s'intégrer aux « plages de temps libre » consenties dans des limites raisonnables préservant le temps de sommeil et les exigences du travail scolaire. Fausse piste également que celle de choisir comme punition efficace la saisie du portable, sous prétexte « que l'ado y tient plus que tout au monde ». Une telle réponse est inappropriée à la maison, alors que la confiscation provisoire de l'appareil se justifie à l'école lorsqu'elle fait suite à un emploi interdit en classe. Les sanctions domestiques ont d'autant plus un impact utile qu'elles apparaissent justes, proportionnées, non humiliantes, ouvrant la voie d'une possible réparation. L'annonce d'une sanction ne doit pas être retardée, mais sa nature exige une concertation entre les deux parents – qu'ils soient ou non ensemble. La réflexion est toujours préférable à l'emportement et à la précipitation pour trouver la réponse la plus adaptée à une exaction ou à un manquement. Si la cause en est le dépassement du forfait téléphonique, il convient d'abord de se demander pourquoi les parents n'ont pas choisi au départ un abonnement dit « à forfait bloqué » pour éviter tout risque de consommation excessive. La discussion avec l'ado doit ensuite lui permettre de donner sa version des faits, et si punition il doit y avoir parce qu'il a fait une dépense inconsidérée et non autorisée, il faut s'efforcer de rester au plus près du problème posé, en donnant une portée symbolique à la sanction : si l'ado a trop dépensé, il doit « payer », et mieux vaut alors réfléchir avec lui sur la manière dont il pourrait s'acquitter de la facture en une ou plusieurs échéances. Chaque fois que possible, je conseille de privilégier comme « mode de paiement » un *travail d'intérêt général* appliqué aux tâches domestiques, dont la charge doit correspondre le plus justement possible à la dette contractée, en regard du coût que représenterait ce travail s'il était effectué par un employé de maison.

Les « fouilles » de messagerie et d'*historique Internet* sont absolument à proscrire, comme celles de la chambre et des tiroirs de bureau de l'ado.com. La surveillance d'allure policière, la suspicion imprégnant tous les échanges, la recherche de preuves et le procédé de l'interrogatoire en attente d'aveux ne sont précisément pas des modes de communication acceptables en famille. Aucune « bonne raison » ne justifie l'intrusion que s'autoriseraient les parents voulant *en savoir plus* sur les usages et pratiques de leur ado. S'ils se posent des questions à son sujet, qu'ils les expriment directement pour en parler avec lui. Témoigner de son inquiétude à un ado que l'on pense capable de faire « le grand écart » au niveau de ses conduites peut être un excellent préambule pour ouvrir la discussion – attitude qui, contrairement à certaines idées reçues, a aussi le mérite de rassurer l'ado concerné. Là comme ailleurs, il vaut toujours mieux savoir à quoi s'en tenir, plutôt que de laisser une situation dégénérer « à petit feu ».

Trouver la bonne distance relationnelle, tel doit être l'objectif des parents. L'entreprise n'est pas facile, et la réévaluation de la situation est régulièrement nécessaire. Mais se montrer *ouverts* ne revient ni à tout tolérer ni à copiner avec l'ado.com. Les échanges de vêtements, voire de sous-vêtements, entre mères et filles sont à éviter, comme les gestes et partages d'intimité qui nieraient la sexualisation des liens advenue avec la puberté, même s'ils sont effectués avec les meilleures intentions du monde. Une réserve prudente identique s'impose sur l'Internet : il est préférable que les parents renoncent à se définir en « amis » sur la page Facebook de l'ado.com. Quant à l'utilisation de l'ordinateur familial, à chacun ses sessions et ses codes, on ne mélange pas tout. Et, de la même manière qu'ils doivent se refuser à pénétrer dans le territoire personnel de l'ado sans son autorisation expresse, les parents ont à faire respecter leur propre intégrité territoriale, qu'elle soit réelle ou virtuelle.

Je voudrais que, parvenus au terme de cet ouvrage, les parents et adultes en charge d'adolescents acceptent définitivement que les temps ont changé, et que cette fameuse *communication* qu'ils ne cessent d'appeler de leurs vœux passe aujourd'hui par une lecture approfondie des « images » produites par nos ados.com à travers looks, postures et mises en scène. Il faut cesser de les exhorter à se raconter, à révéler « tout ce qui ne va pas », à rendre compte par le menu de tous leurs faits et gestes, à « s'expliquer » à propos de la moindre attitude d'opposition ou de refus de leur part et, lorsqu'ils parlent enfin, à mettre systématiquement leur parole en doute. Les ados.com se disent en images, parce qu'ils appartiennent avant tout à la génération de la révolution audiovisuelle. Et les difficultés ou réticences dont ils témoignent pour verbaliser leurs ressentis ne doivent pas laisser croire qu'ils sont indifférents aux mots pour le dire. Je l'ai dit et redit : ce sont les interfaces, les entre-deux, qui manquent cruellement à la relation adultes-ados. Ce manque de distance donne à l'échange verbal une tonalité trop « exposante » aux ados.com qui, de surcroît, se sentent vis-à-vis des adultes en situation d'infériorité par rapport à la maîtrise du langage. Sommés de s'expliquer, ils se gardent de « parler » – manière de sauver la face en se drapant dans une « pudeur d'élocution » qui leur permet de rester dignes.

En revanche, lorsqu'ils disposent d'un support pouvant *faire tiers* pour s'exprimer, ils mêlent les mots et les illustrations à travers journaux intimes, rédactions improvisées, longs développements dans les tchats et les forums, indiquant combien ils ont besoin d'*afficher* leur point de vue. Certes, la forme tient souvent d'une sorte de *sabir* – cette écriture un peu sommaire qui se limite à quelques règles et à un vocabulaire restreint. Mais les mêmes qui recourent aux raccourcis phonétiques sur leurs claviers numériques pour gagner du temps, continuent à écrire *à la main* des poèmes et à recopier des chansons avec soin dans des cahiers à spirale. Sont-ils en cela si différents des adultes ? La plupart de ces derniers portent un intérêt renouvelé aux double ou triple sens des mots, à leurs résonances, aux associations auxquelles ils mènent, ce qui fait la part belle aux humoristes. Les adultes se montrent eux aussi sensibles aux évocations poétiques et imagées, comme aux propos *cash*. Ils détestent la langue de bois, les discours ampoulés et savants d'autrefois, les jargons scientifiques et les acronymes administratifs. Ils ne sont pas fâchés avec le langage, ils veulent des « mots-images », des métaphores qui constituent un catalogue de « prêt-à-penser. » Le moindre fait divers est abondamment traité en images, et plus que jamais fonctionne le célèbre slogan du magazine *Paris-Match* : « Le poids des mots, le choc des photos. » Mon livre est d'ailleurs une illustration de ce phénomène de société : il est constitué de deux parties. La première a trait au passé et ne comporte que du texte ; la seconde parle du présent et du futur en joignant les images aux mots.

Si, de plus en plus jeunes, les ados.com parlent couramment un langage des actes et des représentations qui est davantage à voir qu'à entendre, *communiquer* avec eux revient-il pour les adultes qui les ont en charge à adopter la même attitude ? Là encore, attention au « dialogue de sourds » ! Singer les ados n'a jamais aidé ni à les approcher ni à les comprendre. Ceux qui vont bien, soit 85 % des moins de 18 ans, ont par contre besoin que les adultes admettent leurs modes d'expression et qu'ils leur définissent des *espaces d'évolution* acceptables et correctement balisés, aux limites desquels ils se montrent prêts à rappeler leurs positions, à en maintenir fermement certaines et à en modifier d'autres, en fonction des échanges, négociations et compromis qui y ont lieu. Il est éminemment souhaitable que des rencontres adultes-ados soient proposées, joignant – chaque fois que possible – le geste à la parole pour reconnaître les ados.com comme des *acteurs* à part entière, jouissant d'un certain pouvoir de décision. Et quitte à les considérer comme tels, il faut les encourager à investir les arts du *spectacle vivant*, à jouer et à se produire en scène pour voyager au pays de l'imaginaire, sans drogues à consommer.

Ceux qui vont mal, on l'a vu, sont tellement en errance identitaire qu'ils se cherchent désespérément à travers tous les déguisements et tous les subterfuges. *Eux ne jouent pas*... sinon leur propre vie. Ils se perdent dans l'illusion, veulent sauver les apparences, fuir leur propre ombre, « tout oublier », sans savoir qu'ils font précisément tout pour qu'on ne les oublie pas. Ils s'acharnent à se couper de leurs proches et, paradoxalement, revendiquent sur tous les tons un immense besoin de *reconnaissance*. Croyant souvent semer le faux pour connaître le vrai, ils s'incarnent en réalité au plus près de ce qu'ils sont vraiment, donnant à voir à leur insu leurs fêlures intérieures les plus secrètes. Faut-il les traiter comme des malades, en les considérant comme inaptes à la vie sociale ? Je suis convaincu que non. Les ados.com en souffrance ont des ressources insoupçonnées qui ne demandent qu'à se révéler dans l'*ouverture* et la *création* – deux principes dont j'ai fait avec mes équipes les balises de notre cadre thérapeutique.

Certains auront à prendre des médicaments, d'autres intégreront une institution spécialisée alliant soins et études, et, même lorsque de telles orientations ne seront pas nécessaires, la plupart devront être suivis par un psy pendant plusieurs mois, voire plusieurs années. Mais ces appoints et supports thérapeutiques seront d'autant plus efficaces que les soignants miseront sur les talents des ados.com en grande difficulté. C'est une des choses essentielles qu'ils m'ont apprises : la souffrance psychique est toujours le témoin d'une extrême sensibilité et d'une vive intelligence. Pris dans les rets d'une histoire personnelle et familiale aliénante ou désastreuse, ou réduits à être leur propre otage en raison de troubles de la personnalité ou de l'humeur, les jeunes les plus en souffrance ne connaissent pas eux-mêmes l'étendue de leurs ressources. C'est aux adultes qui ont ces ados en charge de les amener à les découvrir. Les parents doivent y croire : on peut s'en sortir, même lorsqu'on ne croit plus en rien. Dans les cas les plus graves, ils auront à se faire aider, mais je voudrais qu'ils sachent que ce que nous, soignants, leur demandons, c'est de garder espoir. Pour un grand nombre de nos jeunes patients, le pronostic était au départ particulièrement sombre et fermé. Et les méthodes thérapeutiques décrites dans le présent ouvrage leur ont permis de trouver la sortie de l'impasse. Ces méthodes évolueront avec le temps, d'autres les remplaceront, et je ne veux en aucune manière en faire des « actes magiques ». Mais le fait est que, preuves à l'appui, cette recherche incessante qui nous anime d'« accorder » nos méthodes de soins aux modes d'expression des ados.com permet de mieux les soigner. Les résultats sont là pour l'attester : *traiter* ces jeunes en acteurs et artistes capables d'utiliser autrement l'énergie qu'ils déploient à fuir leur souffrance, leur permet de devenir de véritables *combattants de la vie*.

Merci !

Ados.com en souffrance, parents désemparés ou déconnectés, soignants de l'âme à mes côtés... Sans vous, cette navigation d'*Abadie* en mers adolescentes n'aurait pu se faire.

À tous, merci !

Avec une mention spéciale pour les ados.com dont les pseudos, les prénoms ou les noms suivent : Alexandra R., Alexandre, Alex B.-Viaud, Alice G., Camille B., Clotilde-la-hérissonne, Ève Barbara, Aurélie I, Aurélie II, Clémence, Fanny L., Fred, Julia, Julie D., Julien S., Kitri, Laura, Laure C., Lauren, Léa, Léonor Delage, Noémie, Quentin, Rachel O., Sarah Darignac, Thomas C., Yumi...

Ainsi qu'à Athena69, internaute inconnue de la *Communauté des Sims 3*.

À Odile Jacob, qui m'a fait confiance.

À Jean-Philippe de Tonnac, qui m'a – cette fois encore – mis le pied à l'étrier.

À Caroline Rolland, pour sa relecture attentive et ses judicieux conseils.

À mes collaborateurs et collaboratrices du centre Jean-Abadie (CHU de Bordeaux), avec un grand merci pour l'aide et les conseils de Béatrice Desprès, Béatrice Dupin, Marie Faure, Chantal Gas, Delphine Murat-Dufois, Diana Nascimento, Marie Frugier, Sabine Kauffmann, Alain Pons.

À Christophe Auguin, grand navigateur des mers australes, qui m'a une nouvelle fois accueilli à bord de son Cigale 16 *Antipode* pour m'emmener suivre les baleines dans les quarantièmes rugissants.

Au Lieutenant Philippe, toujours fidèle au poste pour m'accompagner dans ces échappées au grand Sud, et au Major Carine qui y a gagné ses derniers galons.

À Florence Arthaud, amirale de notre désormais annuelle Croisière des Guerrières.

À Claude-Nicole Martinot, notre armatrice du Rotary-Club de Saint-Raphaël, qui rend l'aventure marine possible, et à Michèle Battista, ma collègue et amie de Fréjus (et maintenant de Nice) qui a bien voulu embarquer ses ados.com avec nous sur la même galère.

Table

DU MÊME AUTEUR

Dictionnaire de la folie. Les mille et un mots de la déraison, Paris, Albin Michel, 1995.

L'Adolescent suicidaire, 1996, 3e édition revue et remaniée, Paris, Dunod, 2005.

Quand l'adolescent va mal. L'écouter, le comprendre, l'aimer, Paris, J.-C. Lattès, 1997 ; J'ai Lu n° 7147.

Un coquelicot en enfer, roman, Paris, J.-C. Lattès, 1998.

Souffrances et violences à l'adolescence. Qu'en penser ? Que faire ?, avec P. Baudry, C. Blaya, M. Choquet et E. Debarbieux, Paris, ESF, 2000.

En ce moment, mon ado m'inquiète. À tort ou à raison ?, avec Laurence Delpierre, Paris, Albin Michel, 2004.

Ado à fleur de peau. Ce que révèle son apparence, Paris, Albin Michel, 2006.

Le Mystère de l'anorexie, avec Jean-Philippe de Tonnac, Paris, Albin Michel, 2007.

L'Adolescence scarifiée, avec Michaël Brun et Jean-Philippe Moutte, Paris, L'Harmattan, 2009.

Un corps en trop, BD, avec Fabrice Meddour, Marie-Noëlle Pichard et Aurélie Souchard, éditions Narratives, 2009.

Ados en vrille, mères en vrac, Paris, Albin Michel, 2010.

Ouvrage proposé par Boris Cyrulnik

Cet ouvrage a été transcodé et mis en pages
chez Nord Compo (Villeneuve-d'Ascq)

N° d'édition : 7381-2324-X
Dépôt légal : octobre 2011

Imprimé en France par I.M.E. - 25110 Baume-les-Dames
en septembre 2011

Imprimé en France